普通高等院校课程建设应用型教材
高职高专经管类核心教材

基础会计学

主　编　马光华　周　倩
副主编　王翔雯　崔　灿　李益求

武汉大学出版社

图书在版编目(CIP)数据

基础会计学/马光华,周倩主编. —武汉:武汉大学出版社,2015.8
普通高等院校课程建设应用型教材.高职高专经管类核心教材
ISBN 978-7-307-16548-9

Ⅰ.基… Ⅱ.①马… ②周… Ⅲ.会计学 Ⅳ.F230

中国版本图书馆 CIP 数据核字(2015)第 196601 号

责任编辑:辛 凯　　　责任校对:汪欣怡　　　版式设计:韩闻锦

出版发行:**武汉大学出版社**　(430072　武昌　珞珈山)
（电子邮件:cbs22@whu.edu.cn　网址:www.wdp.com.cn）
印刷:湖北民政印刷厂
开本:787×1092　1/16　印张:15.5　字数:358 千字　插页:1
版次:2015 年 8 月第 1 版　　2015 年 8 月第 1 次印刷
ISBN 978-7-307-16548-9　　定价:35.00 元

版权所有,不得翻印;凡购买我社的图书,如有质量问题,请与当地图书销售部门联系调换。

前　言

随着经济的发展和经济管理水平的提高，会计行业已成为市场经济中的重要组成部分。在我国会计与国际的进一步趋同背景下，本教材基于最新会计法、会计准则和会计制度而编写，同时吸收国际上先进的会计理论方法，与时俱进，全面、系统、科学地阐述会计的基本理论，会计核算的基本业务、基本方法。

"基础会计学"是财会专业的一门重要的专业基础课，也是高等院校经管类专业的一门公共基础课。它融合了学生将来从事经济管理工作必须掌握的基本会计知识，对学生会计思维的形成有着至关重要的影响。该课程具有较强的理论性，又具有较强的实际操作性，对于刚刚接触经济与管理知识的大学生来讲，能否掌握这门课程的内容对后续课程的顺利学习起着举足轻重的作用。非会计专业学生将来不一定从事会计信息的收集和整理工作，但是他们却是会计信息的使用者，培养这些学生分析和利用会计信息的能力远比生产会计信息的能力重要。

全书分为十个章节，涵盖了会计总论、会计对象与会计要素、会计账户与复式记账、制造业企业主要经济业务核算（一）、制造业企业主要经济业务核算（二）、会计凭证、会计账簿、财产清查、账务处理程序、会计报告。内容阐释的深浅程度上，尽量考虑不同层次、不同专业的需要。在结构安排上，更多地从学生角度考虑如何更好地对知识进行消化和吸收，合理编排了各章节的顺序及衔接，逻辑性更突出。

本教材的编写既考虑了会计专业的理论和实践需要，又适应了其他经管类专业必修课程的设置要求，在内容上针对高校人才培养目标和知识结构，立足于提高学生整体素质和学生综合职业技能，特别是创新能力和应用能力的提高。每一章节前设置"学习目标"和"技能目标"，概述本章节的学习目的和应掌握的专业技能。章后附有大量习题和业务技能题，作为教学辅助内容，可以满足学生预习、复习、巩固的需要，为学生自学创造条件，训练学生独立思考和动手操作的能力。在教材的结构上，以会计核算为主线，以会计核算的各种专门方法为主体，配以图标和实务举例，从会计基础理论到会计核算方法。各章之间相互衔接，由浅入深、循序渐进地介绍会计核算的基本理论方法和操作技能。

本书由新乡学院组织编写。马光华、周倩任主编，对全书初稿进行修改总纂，并编写了第1、2、4、10章；王翔雯任副主编，编写了第6、7章；崔灿编写了第3、5章；李益求编写了第8、9章。

本教材适用于应用型本科及专科的会计、国际经济与贸易、工商管理、物流管理、市场营销、金融学等专业的学生使用，也可供相关人员学习参考。

在编写过程中，参阅了大量的教材、著作，在此致以诚挚的谢意。限于编者水平，书中难免存在不妥和疏漏之处，恳请读者和广大会计界同仁批评指正。

编者
2015 年 6 月

目 录

第一章 总论 ... 1
- 第一节 会计概述 ... 1
- 第二节 会计基本前提和核算基础 ... 8
- 第三节 会计核算方法 ... 11
- 第四节 会计职业认知 ... 14
- 练习题 ... 20

第二章 会计对象和会计要素 ... 24
- 第一节 会计对象 ... 24
- 第二节 会计要素 ... 26
- 第三节 会计等式 ... 32
- 练习题 ... 36

第三章 账户与复式记账 ... 43
- 第一节 会计科目 ... 43
- 第二节 账户 ... 47
- 第三节 复式记账 ... 62
- 练习题 ... 76

第四章 制造业企业主要经济业务核算（一） ... 81
- 第一节 资金筹集的核算 ... 81
- 第二节 供应过程的核算 ... 84
- 第三节 生产过程的核算 ... 89
- 练习题 ... 96

第五章 制造业企业主要经济业务核算（二） ... 101
- 第一节 销售业务核算 ... 101
- 第二节 利润的形成 ... 105
- 第三节 利润的分配 ... 107

练习题 110

第六章　会计凭证 114
第一节　会计凭证的意义和基本分类 114
第二节　原始凭证及其填制和审核 115
第三节　记账凭证及其填制和审核 124
第四节　会计凭证的传递与保管 135
　　练习题 136

第七章　会计账簿 142
第一节　会计账簿的作用与分类 142
第二节　会计账簿的设置与登记 145
第三节　会计账簿启用与登记的规则 155
第四节　对账与结账 158
第五节　会计账簿的更换与保管 163
　　练习题 164

第八章　财产清查 170
第一节　财产清查的意义和种类 170
第二节　财产清查的方法 172
第三节　财产清查结果的账务处理 179
　　练习题 182

第九章　账务处理程序 187
第一节　账务处理程序概述 187
第二节　记账凭证账务处理程序 189
第三节　科目汇总表账务处理程序 195
第四节　汇总记账凭证账务处理程序 197
第五节　日记总账账务处理程序 200
第六节　多栏式日记账账务处理程序 202
　　练习题 203

第十章　会计报告 207
第一节　财务会计报告 207
第二节　利润表 224
第三节　现金流量表 228

第四节　会计报表附注……………………………………………………………… 232
练习题……………………………………………………………………………… 234

参考文献……………………………………………………………………………… 242

第一章 总 论

【学习目标】
1. 了解会计的产生和发展
2. 理解会计的概念及基本职能
3. 理解会计核算的基本前提和核算基础
4. 熟悉会计核算方法体系

【技能目标】
1. 根据资金运动的原理,能分析不同行业的企业资金运动的过程
2. 根据会计岗位的工作要求,会区分各岗位的工作核算内容和职责范围

第一节 会计概述

一、会计的产生与发展

物质资料的生产是人类社会生存和发展的基础。会计是伴随着人们的生产实践活动而产生的,是社会生产发展到一定阶段的产物。在经济活动中,人们总是以尽可能少的劳动耗费创造尽可能多的劳动成果。因此,人们在长期生产实践中逐渐意识到,要使生产活动能够顺利进行并达到预期的目的,有必要对生产活动中所发生的劳动耗费和取得的劳动成果进行计算、计量和记录。

唯有在生产所得,抵偿了消耗,供生活消费之用后还有剩余,生产才得以在扩大了的规模上重复进行。而再生产的规模能不能扩大,是社会能不能发展的关键。所以,对生产过程中的劳动耗费和取得的劳动成果进行必要的记录,从数量方面加强管理是十分有用的。会计正是在这种要求的基础上,经过长期发展过程,逐渐成为对生产经济活动进行核算、监督和管理的一种经济管理活动。

(一) 会计发展历程

会计是社会发展到一定历史阶段的产物,其产生和发展经历了一个漫长的过程。会计发展的历程,主要可以分为下列三个发展阶段,古代会计、近代会计和现代会计阶段。

1. 古代会计(原始社会末期—14世纪末)

会计从其产生到复式簿记应用这段时间,可称为古代会计。在这段时间里,尽管许多现代会计中大家已经熟知的概念或思想已经初露端倪,但是从严格的意义上来讲,这只是包括了统计、业务技术核算等其他经济核算的工具在内的混合体,会计还只是作为

生产的一个附带职能部门而存在，所具有的专门的方法、对象、职能等远未形成，会计也还没有形成为一门独立的学科。下面，我们根据目前所拥有的类似于会计的记录或会计活动的史料记载来了解一下世界上一些文明古国会计的发展。

我国远古时期就曾经出现过"结绳记事"、"刻木为记"等现象，对经济活动数量的最原始的记录、计算行为可以看作会计的萌芽。商代是"官厅会计"的创始时期。到了西周时期(公元前1100—前770年)，开始出现"会计"的命名，建立了较严格的会计机构，并设置了"司会"一职，主要掌管国家与地方的财产物资，并形成了"以参互考日成，以月要考月成，以岁会考岁成"这种比较严密的会计制度。"日成"、"月要"和"岁会"等报告文书初步具备了旬报、月报、年报等会计报表的雏形。

此后，官厅会计得到了一定程度的发展。最典型的是在唐宋时期(公元10世纪左右)，会计的方法与技术方面取得了突出的成就，即发明了"四柱清册"的结账与报账的方法，所谓"四柱"，即"旧管"、"新收"、"开除"、"实在"，其相互关系是：旧管+新收-开除=实在，相当于现在的期初结存+本期收入-本期支出=期末结存。"四柱清册"的出现，把传统的单式收付簿记提到一个较为科学的高度。在我国明代，曾使用叫"三脚账"的序时账簿对各收付事项进行记载。明末清初，随着手工业和商业经济较为繁荣，我国商人又设计了"龙门账"，一方面，通过"进"、"缴"、"存"、"该"(收、付、资产、负债)四类科目分类记录；另一方面，编制"进缴表"和"存该表"，实行双轨计算盈亏。继龙门账之后，又出现了"四脚账"，对每一笔经济业务，既登记"来账"，又登记"去账"，即反映同一账项的来龙去脉。"龙门账"和"四脚账"是我国复式记账方法的最初形式，为以后发展完善的复式记账方法奠定了基础。

在其他地区，如古代巴比伦人民在商业与公共管理领域设置专门的记录官；古埃及出现了"内部控制"的思想雏形，规定各个仓储官负责仓库的收发记录，任何人要想从仓库中提取财物必须持有权威人士签发的、相当于今天的"支付凭证"的批示；古雅典出现了古代会计发展史上的重大历史事件——"财务公开"思想；在欧洲，会计的发展主要源于庄园会计，在庄园主与管家的委托代理关系中，管理者定期向庄园主呈交"述职报告"。述职报告的出现，一方面，孕育了现代会计中的定期财务报告的思路；另一方面，也为审计的出现提供了契机。

2. 近代会计阶段(15世纪—20世纪20年代末)

近代会计是从运用复式簿记开始的。复式记账法在理论上的总结及推广揭开了会计由古代阶段迈向近代阶段的大门。一般认为，是以下面的两个重要事件为主要标志的：

第一，复式簿记的出现。13—14世纪，中世纪地中海沿岸的一些城市是世界贸易的中心。其中，意大利的佛罗伦萨、热那亚、威尼斯等地的商业和金融业特别繁荣。为适应实际需要，1494年，意大利数学家卢卡·巴其阿勒(Luca Pacolio)出版了他的《算术·几何·比与比例概要》一书，系统地介绍了威尼斯的复式记账法，并给予理论上的阐述。由于这本书的出版，复式簿记方法才在欧洲和全世界得到推广，开创了近代会计的历史，被认为是近代会计发展史上的第一个里程碑。

第二，职业会计师的出现及职业会计师团体——会计师协会的成立。19世纪，英国进行了产业革命，成为当时工业最发达、生产力水平最高的国家。同时，由于生产力的迅速提高，产生了适应大生产需要的新的企业组织形式——股份公司，对会计提出了新的要求，从而引起了会计内容的变化：①由于工厂制度的建立，机器化生产规模越来越大，长期资产日益增多，这就为会计上提出了"长期资产在生产中如何转化为成本"的问题，从而"折旧"概念应运而生；②会计服务的对象扩大了，过去只服务于单个企业，现在转向所有处于企业外部不直接参加企业经营管理的诸多投资者，会计实务必须将业主的投资与投资报酬收益进行严格的区分，正确计算期间收益，因此，划分资本与收益的思想得以确立；③重工业的发展与生产规模的扩大使企业的制造费用激增，成为产品成本的一个重要组成部分；同时伴随着企业生产的日益复杂化，制造程序与费用的归集与分配也相应复杂，这些变化为成本会计制度的出现提供了契机；④随着企业规模的扩大，所有者与经营者的分离成为必然。由于所有者与经营者之间的利益对立关系及信息不对称，使得所有者对管理当局提供的财务报表不可能完全信任，所以希望由客观、中立的会计师进行验证，以增强财务报表的可信度。鉴于此，公共会计师职业便悄然出现，财务报表审计制度得以迅速发展。1854 年，世界上第一个会计师协会——英国的爱丁堡会计师协会的成立，这被认为是近代会计发展史上的第二个里程碑。

而我们国家在这一阶段会计的理论与方法的发展非常缓慢，主要以改良中式簿记为主，出现了"中式簿记"和"西式簿记"并存的状态。

3. 现代会计阶段（20 世纪 30 年代—现在）

现代会计阶段实现了由簿记到会计的转变。一般认为现代会计从 1939 年第一分代表美国的"公认会计准则"（General Accepted Accounting Principles, GAAP）的"会计研究公报"（ARB）的出现为起点。这一会计发展阶段，会计理论与会计实务都取得惊人的发展，标志着会计的发展进入成熟时期。

第一次世界大战后，美国逐步成为世界上最发达的国家之一。经济的发展必然刺激投资，甚至出现了严重的投机行为。由于相关的法规没有适应经济形势发展的需要，使得许多公司提供虚假的财务报表——通过从资本中支付股利来吸引投资者。"泡沫性"的繁荣引发了 1929—1933 年的经济危机。经济危机过后，会计职业界进行了深刻的反思，松散、不规范的会计实务是经济危机爆发的主要原因之一，并着手制定会计准则，于是，世界上第一批公认会计准则得以产生，从此，会计的理论开始了突飞猛进的发展。会计准则制定团体先后经历了"会计程序委员会"（CAP）、"会计原则委员会"（APB）以及现在的"会计准则委员会"（FASB）。其中，FASB 自成立以来，迄今已经公布了 133 份财务会计准则公告（SFAC or FAS）。

从 20 世纪 50 年代前后，随着管理学科在工厂和会计领域内的逐步应用，管理会计逐步形成与发展，逐渐由单纯的执行性管理会计阶段，过渡到以"决策与计划会计"和"执行会计"为主体，把决策会计放到主要位置的现代管理会计阶段。管理会计从传统的、单一的会计系统中分离出去，使会计分化为财务会计和管理会计两大分支，这是会计发展史上第三个里程碑，使会计进入了其发展历程中的高级阶段。

另外，随着现代电子技术与会计的结合，电子计算机逐渐代替传统手工操作，使会计核算的手段更加现代化，会计电算化是现代会计发展又一重大突破。

新中国成立后，我国在财政部设置了主管全国会计事务的会计司。为满足日益发展的经济需要，财政都先后制定了不同行业的会计制度，逐步建立了我国的会计体系，强化了对会计工作的组织与指导。1985年，《中华人民共和国会计法》的颁布实施，使我国会计工作进入了法制阶段，《会计法》分别于1993年和1999年进行了两次修订；1993年，《企业会计准则》和《企业会计通则》的实施，标志着我国会计制度开始与国际会计惯例的接轨，初步实现了我国会计工作的国际化；截至2002年1月1日，我国已颁布并实施了1个基本准则和16个具体会计准则，形成了"1+16"的会计准则体系；2006年2月15日，财政部颁布了"1+38"会计准则体系，这是我国企业会计准则体系建设中新的跨越和突破，首次构建了比较完整的、有机统一的体系，实现了中国企业会计准则于国际财务报告准则之间实质性的趋同，是促进中国经济发展和提升中国在国际资本市场中地位的非常重要的一步。

纵观会计的产生和发展的历程可以看出，会计的产生与发展与一定时期的社会经济发展水平密切相关，并对社会经济的发展起到重要的促进作用。随着社会经济的不断发展，会计经历了由简单到复杂、由低级到高级的发展阶段。经济社会的发展也离不开会计这项经济管理活动。因此，经济越发展，会计越重要；反过来，会计的发展也对客观经济环境起到一定的促进作用。

二、会计的含义

在我国，"会计"一词最早见于《周礼》。按照《说文解字》的注解，"会"的意思是无遗漏地汇集起来，"计"的意思是计算，都有计算和计量的意思，两者可以通用。清代学者焦循在《孟子正义》一书中，根据会计实践加以解释为："零星算之为计，总合算之为会。"对"会"和"计"两字的含义有所区分，包括日常的零星核算和定期的总括核算。因此，会计在古代已有计算、记录、管理和考核等含义。随着经济社会的发展，会计的内涵不断扩充，方法日臻完善，会计理论逐步走向成熟。现代社会的会计含义与古代已有着显著不同。

当前，会计学界对会计的含义的理解主要有两种观点：一种观点是会计信息系统说；另一种观点是会计管理活动说。

（一）会计是一个经济信息系统

信息是物质的普遍属性，是事物的状态、特征及其变化的表述。系统是由若干个相互联系、相互作用的要素（部分、环节）所构成的具有特定功能的有机整体。会计作为一个信息系统，通过会计数据的收集、加工、存贮、输送及利用，对企业经济活动进行有效的控制；通过计量、分类和汇总，将多种多样的和大量重复的经济数据浓缩为比较集中的、高度重要的和相互联系的指标体系。会计对经济活动所提供的数据资料具有连续性、系统性、综合性和全面性。这些会计数据形成了会计信息，这些信息为信息使用者进行决策作出参考。具体来说：

企业外部的投资者和债权人，需要会计信息了解企业受托责任的履行情况并进行决策；企业内部管理层需要利用会计信息进行经营计划、预测、决策等行为以期提高企业经济效益；国家宏观管理部门，如财政、税务、统计等需要利用会计信息辅助宏观调控；其他与企业利益相关的各种团体，如职工、客户、供应商等了解企业的发展前景、信用状况等。

(二) 会计是一项经济管理活动

会计是人们进行的一项管理活动，它为管理提供经济信息，不仅从数量上反映社会再生产过程，而且也从质量上说明社会再生产过程；同时，它又直接履行着管理的职能。会计作为一项管理活动，具有以下几个基本特点：

(1) 会计是价值形式的管理。在商品货币经济存在的条件下，一切商品都有价值。因此，在社会再生产过程的经济活动中就有价值的耗费和形成、价值实现和收回、价值的分配和积累等经济现象。对于这些经济现象的核算和监督，主要是由会计管理来实现的。具体地说，会计管理利用货币作为主要计量尺度，以物质运动为基础，通过对价值运动的直接管理，使企业不仅生产出更多更好的使用价值，而且还要创造出更多的价值，带来最好的经济效益。这是会计管理区别于其他管理的重要标志。

(2) 会计对经济活动的管理具有连续性、系统性、全面性和综合性。所谓连续性，是指对经济活动中所发生的经济业务(也称会计事项)要按照发生的时间顺序不间断地进行记录；所谓系统性，是指对各种经济活动既要进行相互联系的记录，又要进行必要的科学分类，以便提供管理所急需的系统化的信息；所谓全面性，是指应当属于会计对象的全部经济业务都必须加以记录，不允许有所遗漏；所谓综合性，是指要通过货币计量尺度把会计记录加以汇总，以反映会计对象的各项总括的价值指标。

(3) 会计管理的最终目的是提高经济效益。经济效益，是指社会再生产过程经济活动中劳动耗费与取得成果之间的比例关系。会计本来就是为了适应人们有效地进行生产，正确比较所得与所费，在生产中不断提高经济效益的需要而产生和发展的。现代会计的目标是通过处理数据、提供信息、预测前景、参与决策、制定目标；掌握动态，进行控制；分析效果，考核业绩，指导未来等方式，最大可能提高经济效益。因此，现代会计是现代管理工作的基础，经济效益的钥匙。

不同的经济环境和不同的历史阶段下，人们对会计概念的理解是不同的。在现阶段，我国正处于社会主义市场经济的初级阶段，所以本书认为会计的概念是：会计是以货币为主要计量单位，以审核无误的凭证为依据，运用专门的技术方法，对一定主体的经济活动进行连续、系统、全面的核算和监督，从而向信息使用者提供信息的一种经济管理活动。

三、会计学与会计学体系

会计是会计学和会计工作的统一，也就是会计理论和会计实践的统一，人们从会计工作实践出发，对会计产生和发展的历史，对会计的内容和任务，特别是对会计的方法和技术，不断进行系统的研究，并从理论上加以概括，借以不断提高会计实际工作的水平，这就形成了会计学。

(一) 什么是会计学

会计学是经济管理科学的一个分支，主要研究如何建立运用各种会计方法和技术对生产过程的经济活动进行核算和监督的一门规范性的职能科学。

(二)会计学体系的划分

随着会计学内容的不断丰富和会计科学的发展,会计科学的细分化趋势和综合趋势并存。成为既相互独立,又相互联系、相互渗透的各会计分支学科的有机统一。

(1)会计学按会计知识涉及不同范围的会计主体划分为微观会计学、宏观会计学。

(2)会计学按其核算、监督的对象划分为企业会计学和预算会计学两大体系。

企业会计(也叫营利性会计)是以资本循环为中心,以营利为目的,以成本核算为重点,用以核算和监督社会再生产过程中,属于生产、流通等领域中各类企业的生产经营资金运动过程和结果的会计体系。

预算会计(也叫政府与非营利组织会计)是现代会计中与企业会计相对应的另一分支,是适用于各级政府部门、行政单位和各类非营利组织的会计体系。政府与非营利组织会计不以营利为目的,一般不直接生产物质产品,而是通过各自的业务(服务)活动,为上层建筑、生产建设和人民生活服务。

本书以企业会计为主介绍会计的含义、内容、职能、目的和方法等基本问题。

(3)会计学按其在会计教育中的课程体系分类。

目前,国内会计课程体系的构成日渐统一,一般由以下课程组成:会计学基础、财务会计学、成本会计学、财务管理学、管理会计学、审计学、会计制度设计、会计电算化、预算会计等。其中,会计学基础、财务会计学、成本会计学、管理会计学、财务管理学和审计学是会计学科体系中的主干学科,也是会计课程体系中的主干课程。

(4)会计学中新兴学科。

进入21世纪以来,随着全球一体化进程及市场经济的飞速发展对会计的要求的提高,会计的内容也更加充实和丰富,出现了许多新兴学科,如从宏观上对整个国民经济进行干预和调控的社会会计(Social Accounting);为从事超越国境的业务而进行的会计工作,对不同国家会计工作所进行的比较和协调以及对实现各国会计的标准化所从事的研究和探讨的国际会计(International Accounting);运用比较的方法,分析世界范围内不同国家的会计,不同时期的会计,本国不同部门、不同行业之间的区别与联系,寻找本国会计与他国会计之异同和优劣的比较会计(Comparative Accounting);对特定历史成本信息进行调整,以消除因通货膨胀而引起的会计反映偏差的通货膨胀会计(Inflation Accounting);旨在核算人力投资的价值及其成果,对企业或社会内的个别人员或群体进行财务性评估,从而更有效地挖掘人力资源潜能的人力资源会计(HumanResource Accounting),等等。

总之,会计正在向纵深发展,出现了许多新的领域,并向国际化方向迈进。

四、会计的职能

会计的职能,是指会计在经济管理中所具有的功能,即会计干什么。马克思在《资本论》中,关于簿记是"对过程的控制和观念的总结"的精辟论断,对我们理解财务会计的职能给予了极大的启发,马克思所说的"观念总结",是指用观念上的货币来总括地反映生产过程及其成果,即会计人员在凭证、账簿和报表上将生产过程及其成果用货币表现的数据,变成有用的财务信息;"控制"是指运用会计信息对生产过程进行监督,促进企业合法合理的组织经济活动,提高经济效益。因此,我们认为会计的基本职能可以概括为反映和控制,也称为核算和监督。

(一)会计的核算职能

会计的核算职能,主要是从数量上连续、系统和完整地记录、计算和报告各单位的已经发生或已经完成的经济活动情况。企业会计核算的内容,根据我国《会计法》第7条的规定,主要包括:款项和有价证券的收付;财物的收发、增减和使用;债权债务的发生和结算;资本、基金的增减和经费的收支;收入、费用(成本)的计算;财务成果的计算和处理等。会计核算具有以下特点:

(1)会计主要以货币为计量单位,辅以劳动度量和实物度量从数量上核算各单位的经济活动情况。会计核算只限于那些能够用货币计量的经济活动,凡不能用货币计量的经济活动均不在会计核算范围之内。

(2)会计核算的内容是已经发生或已经完成的经济活动。至于利用历史的和预计的数据来预测和计划未来的经济活动,一般认为是属于管理会计的范畴,是不同于会计核算这一基本职能。

(3)记录只是会计核算的基础,不是会计核算的全部。有时人们会产生错误的认识,认为会计就是核算,核算就是记账,记账就是记录。事实上,记录只是核算的基础,记录并不等于核算。各单位的经济活动情况,首先要记录下来,然后才能进行计算,最后形成可以报告的会计信息。核算实际上包括对经济业务的确认、记录、计算、分类、汇总和报告的全过程。

(4)会计核算具有连续性、完整性和系统性。

(二)会计的监督职能

会计的监督职能,主要是利用会计信息和相关资料对各单位经济活动全过程的合法性、合理性、有效性加以控制和指导。企业会计监督的内容,根据我国《会计法》第17条、第18条和第19条的规定,主要有三个方面:一是通过会计的业务工作把好关口,严格审核原始凭证,从中发现是否有贪污、舞弊等违法、违纪行为;二是通过财产物资管理,从中发现账实是否相符,在账务处理上有无弄虚作假的问题;三是会计机构、会计人员通过本单位的财务收支,进行会计监督。会计监督具有以下特点:

(1)会计是对经济活动全过程进行监督。即主要利用货币计价对各单位的经济活动的全过程进行事前监督、事中监督和事后监督相结合的全面的会计监督。

(2)会计主要利用货币计价进行监督,也要进行实物监督。另外,可以事先制定一些价值指标,控制有关经济活动。例如,事先规定一个部门全年费用预算后,会计部门就可以据此在总额上控制该部门开支的水平,从而达到控制和监督其经济活动的目的。

(3)会计监督是单位内部的监督,是外部监督不可替代的。国家通过财政、银行、审计、税务、海关、物价、工商行政管理等机构,对各单位的经济活动实行有效的监督属于外部监督形式,一般只能定期进行,或者只能针对某一类经济事项进行监督,而会计监督是单位内部的监督,它能够对经济活动全过程进行完整和连续的监督,这是外部监督无法替代的。

(三) 会计的核算职能和监督职能的关系

会计核算和监督是会计的两个基本职能。核算是全部会计工作的基础，要通过核算进行监督，离开了核算，监督就失去了依据；同时，也要通过监督进行核算，才能为会计信息的使用者提供真实可靠的数据资料，离开了监督，核算就毫无意义。会计的这两个职能是密切结合、相辅相成的。

随着会计发挥作用范围的扩大，会计的职能也更加丰富，除了以上核算与监督两项基本职能外，还具有预测、决策、控制、分析等职能。另外，会计职能不是一成不变的，是与经济发展不同阶段对会计的要求密切相关的，随着经济的发展，对会计要求的提高，会计职能也将不断更新完善。

第二节 会计基本前提和核算基础

一、会计基本前提

会计核算的基本前提，又称会计假设，它是对会计核算的对象、企业所处的经济环境以及会计核算的基本手段等所作出的规定，是会计核算赖以进行并正确选择会计方法的基本依据或前提条件。之所以需要一些基本前提或假设，是因为会计实务中存在着一些不确定的因素，在会计处理上难以作出肯定的判断和估计，而为了依照现时的情况进行正常的业务处理，这就需要依据时空观先行设定一些基本前提。会计核算的基本前提通常包括四个方面，即会计主体、持续经营、会计分期、货币计量。

(一) 会计主体

会计主体，又称会计实体，是指会计工作为之服务的特定单位或组织，它规定会计核算的空间范围。如果以一个独立核算的企业作为会计主体，那么会计所处理与提供的信息都必须是与该企业相关的，而那些与本企业无关的信息，则不属于本会计主体所核算的范围。会计主体的弹性很大，凡具有经济业务的任何特定的独立体，都可以也需要进行独立核算，它就可以成为一个会计主体，它既可以小到一个工厂的一个车间，也可以大到一个集团公司。

会计主体假设揭示了以下两层含义：(1)不仅要求严格区分本会计主体与其他会计主体之间的利益界限，而且要求区分作为会计主体的企业与其所有者之间的利益界限；(2)揭示了在进行会计核算时的明确立场，如本企业向其他企业销售商品一批，这笔经济业务对于本企业来说是一项销售业务，而对于对方企业而言则是一笔购进商品的业务。

(二) 持续经营

持续经营，是指在可以预见的将来，企业将会按当前的规模和状态继续经营下去，不会停业，也不会大规模削减业务。在持续经营前提下，会计核算应以企业持续正常的生产经营活动为前提。即会计主体在可以预见的未来不会面临破产，进行清算。它所持有的资产按既定的目标将在正常的经营过程中耗用、出售或转让，而它所承担的债务将按期偿还。会计核算的持续经营是建立公认会计原则和会计方法的基础和前提，如历史成本计价原则、固定资产计提折旧、划分收益性支出与资本性支出的原则及资本保全原则等。只有在持续经营的前提下，才可能建立起会计计量和公认的会计原则，解决财产计价和收益费用的确定以及费用分配等问题，提供的会计信息才具有连续性。

（三）会计分期

会计分期，是指人为地把持续不断的生产经营活动划分成一个个首尾相接、而时间间距相等的会计期间，以便分期确定每一个会计期间的收入、费用和利润，确定每一个会计期间期初和期末的资产、负债和所有者权益的数量，进行账目结算和编报财务报表。

会计分期假设与持续经营假设相结合，是权责发生制、配比性、一贯性等原则的前提。没有这两项假设，会计上的递延、应计、摊销等方法都失去了其存在的基础。我国《企业会计准则》规定会计期间为年度、半年度、季度和月度四种，会计分期只能采用公历制，即会计年度、季度和月份的起讫日期采用公历日期。

（四）货币计量

货币计量是要求对所有会计核算的对象采用同一种货币作为统一的尺度来予以计量，并把企业经营活动和财务状况的数据转化成按统一货币单位反映的会计信息。

货币计量假设包括两个层次：一个是货币计量单位，我国规定，人民币是我国会计核算的记账本位币，企业平时经营业务以外币为主的企业可以采纳某种外币作为记账本位币，但是年末编制财务报表时必须折合为人民币反映；另一个是货币的币值稳定与否的问题。为了解决作为记账本位币的价值稳定与否的问题，会计上在货币计量假设下衍生出一个子假设——即币值不变假设。

应该指出的是，对会计基本假设的认识不是一成不变的，而应该随着客观环境的变迁不断地修正我们已有的认识。

二、会计核算基础

企业在持续不断的生产经营过程中，不断取得收入和发生费用，而每一会计期间必须将本期的收入和费用相配比以正确计算本期的财务成果，但是，收入和费用的权益和责任发生期与款项的实际收支期有时并不一致，所以必须明确以什么标准来确定本期的收入和费用。权益和责任发生期是指应获得收入和应负担费用的会计期间；收支期是指实际收到款项和支付款项的会计期间。

会计核算基础就是指确定一个会计期间收入和费用的标准。会计核算基础有两种：权责发生制和收付实现制。

（一）收付实现制

收付实现制又称实收实付制，是指以收入和费用款项的实收实付为标准来确认本期收入和费用的会计核算基础。采用这一基础进行会计核算时，凡是本期实际收到的收入都作为本期的收入，凡是本期实际支付的费用都作为本期的费用；反之，凡是本期实际未收到和未支付的款项就不能作为本期的收入和费用。例如，某企业在200×年6月份预收7月份的租金3000元，则这3000元就是6月份的收入而不作为7月份的收入；又如，某企业在200×年9月份以银行存款支付下一年度的预订报刊费5000元，则这

5000元就作为9月份的费用。

采用收付实现制，按照款项的收付日期确定收入和费用的归属期，而不考虑取得收入的权益和费用的受益期，不利于切实反映企业的实际经营状况，不能准确计算和确定各个会计期间的经营成果，不适用于企业，一般行政单位会计核算实行收付实现制，事业单位会计也可根据单位实际情况和核算要求采用收付实现制和权责发生制。由于收付实现制基础下，实收的收入和实付的费用均已登记入账，所以期末不需要对收入和费用进行期末账项调整。

（二）权责发生制

权责发生制又称应收应付制，是以收入和费用的款项的应收应付为标准来确认本期收入和费用的会计核算基础。在采用这一标准进行会计核算时，凡是本期已实现的收入，不论款项是否收到均作为本期收入，凡是应由本期负担或本期受益的费用，不论款项是否支付均应作为本期费用；反之，不是本期实现的收入，即使收到款项，也不作为本期的收入；不应由本期负担的费用，即使已支付款项，也不作为本期的费用。例如，某企业在200×年6月份销售一批产品，货款30000元，本月底尚未收到货款，于7月份收到货款，则这30000元不属于7月份的收入而属于6月份的收入；又如，某企业在200×年12月份按协议规定支付本季度的利息9000元（每月3000元），则这9000元不全属于12月份的费用，12月份的费用只能记入3000元，10月份和11月份虽然没有支付利息费用，也应每月确认财务费用3000元。

采用权责发生制，可以科学、合理地反映各个会计期间实现的收入和实现收入所负担的费用，从而将本期的收入和相应的费用配比，正确计算本期损益。权责发生制基础主要适用于企业单位。根据权责发生制基础的要求，日常的账簿记录不能完整地反映本期的收入和费用，期末要进行期末账项调整，即将本期应收未收的收入和应付未付的费用计入账簿，将本期已收到款项的预收收入和已支付款项的预付费用在本期和以后各期之间进行分摊计入账簿。

【例1-1】根据下述经济业务内容分别按权责发生制和收付实现制原则计算企业本月份（7月份）的收入和费用（见表1-1）。

（1）销售产品40000元，货款存入银行。
（2）销售产品100000元，货款尚未收到。
（3）预付下半年的租金60000元。
（4）本月应计提银行借款利息1000元。
（5）收到上月应收的销货款4000元。
（6）收到购货单位预付货款8000元，下月交货。

表1-1　　　　　　权责发生制和收付实现制项下收入和费用对照表

业务号	权责发生制		收付实现制	
	收入	费用	收入	费用
1	40000		40000	

续表

业务号	权责发生制		收付实现制	
	收入	费用	收入	费用
2	100000		0	
3		0		6000
4		1000		0
5			4000	
6			8000	
合计	140000	1000	52000	6000

第三节　会计核算方法

会计方法是用来核算和监督会计对象的技术手段。会计方法随着会计本身的发展而不断丰富和完善。各种不同的会计方法有机地联系在一起所构成的整体便称为会计方法体系。现代会计方法体系由会计核算方法、会计分析方法、会计监督方法、会计控制方法、会计预测方法和会计决策方法等构成。上述各种方法相互联系，密切配合，构成一个完整的会计方法体系。会计核算方法是会计方法体系的基础和核心。

学习会计首先应从基础开始，即要从掌握会计核算方法入手，而且通常所说的会计方法，一般是指狭义的会计方法，即会计核算方法。在本门课程中主要是学习会计核算方法。至于其他会计方法将在以后的专业课中陆续学习。

一、会计核算方法

会计核算方法，是指会计对企业、事业、行政单位已经发生的经济活动进行连续、系统和全面地核算和监督所采用的方法。会计核算方法是用来核算和监督会计对象的，由于会计对象的多样性和复杂性，就决定了用来对其进行核算和监督的会计核算方法不能采用单一的方法形式，而应该采用方法体系的模式来进行，因此，会计核算方法具体由七种方法所构成，它们是设置科目与账户、复式记账、填制和审核凭证、登记账簿、成本计算、财产清查和编制会计报表。它们构成了一个完整的、科学的方法体系。

(一) 设置科目与账户

会计对象的内容是复杂多样的，为了对他们进行系统的核算和监督，必须根据会计对象的具体内容和经济管理的要求进行科学的分类，事先划分为若干个分类核算的项目即会计科目。设置账户就是在账簿中为每个科目开设具有一定结构和格式的记账实体，以便通过账户分门别类登记经济业务，反映这些经济内容的增减变动情况，通过设置账户，可以既有分工，又有联系地反映整个会计对象的内容，提供管理所需要的各种信息。

(二) 复式记账

复式记账就是对每笔经济业务，都以相等的金额在相互关联的两个或两个以上账户中进行登记的一种专门方法。复式记账可以相互联系地反映经济业务的全貌，也便于检查账簿记录是否正确。在这种方法下，每项经济业务都必须以相等的金额，在相互关联的两个或两个以上账户中进行登记，使每项经济业务所涉及的两个或两个以上的账户之间产生对应关系；同时，在对应账户中所记录的金额又相等。通过账户的对应关系，既可以了解经济业务具体内容，又可以反映该项经济活动的来龙去脉，完整、系统地记录资金运动的过程和结果；通过账户的相等关系，可以检查有关经济业务的记录是否正确。

例如，用银行存款 5000 元购买原材料。这笔经济业务，一方面，要在"银行存款"账户中记减少 5000 元；另一方面，又要在"原材料"账户中记增加 5000 元。使"银行存款"账户和"原材料"账户相互联系地分别记下 5000 元。这种记录反映了"银行存款"减少的 5000 元，是由于购入了等额的原材料；而"原材料"增加的 5000 元，是通过银行存款的等额减少实现的。

(三) 填制和审核凭证

填制和审核凭证是指为了审查经济业务是否合理合法，保证账簿记录正确、完整而采用的一种专门方法。会计凭证是记录经济业务，明确经济责任的书面证明，是登记账簿的重要依据。经济业务是否发生、执行和完成，关键看是否取得或填制了会计凭证，取得或填制了会计凭证，就证明该项经济业务已经发生或完成。对已经完成的经济业务还要经过会计相关部门和人员的严格审核，在保证符合有关法律、制度、规定而又正确无误的情况下，才能据以登记账簿。填制和审核凭证可以为经济管理提供真实可靠的会计信息。

(四) 登记账簿

登记账簿亦称记账，就是把所有的经济业务按其发生的顺序，分门别类地记入有关账簿。账簿是用来全面、连续、系统地记录各项经济业务的簿籍，也是保存会计信息的重要工具。它具有一定的结构、格式，应该根据审核无误的会计凭证序时、分类地进行登记。在账簿中应该开设相应的账户，把所有的经济业务记入账簿中的账户里后，还应定期计算和累计各项核算指标，并定期结账和对账，使账证之间、账账之间、账实之间保持一致。账簿所提供的各种信息，是编制会计报表的主要依据。

(五) 成本计算

成本计算是指归集一定计算对象上的全部费用，借以确定各该对象的总成本和单位成本的一种专门方法。通常是指对制造业产品进行的成本计算。例如，按制造业企业供应、生产和销售三个过程分别归集生产经营所发生的费用，并分别与其采购、生产和销售阶段中涉及的材料、产品的品种、数量联系起来，计算它们的总成本和单位成本。通过成本计算，可以考核和监督企业经营过程中所发生的各项费用是否节约，以便采取措施，降低成本，提高经济效益。通过成本计算，还可以为确定生产补偿尺度，正确计算和分配国民收入，确定价格政策等都具有重要作用。

(六)财产清查

财产清查就是通过盘点实物，核对账目来查明各项财产物资和资金的实有数，并查明实有数与账存数是否相符的一种专门方法。在日常会计核算过程中，为了保证会计信息真实正确，必须定期或不定期地对各项财产物资、货币资金和往来款项进行清查、盘点和核对。在清查中，如果发现账实不符，则应查明原因，并按有关部门和领导的批准作出处理，调整账簿记录，使账存数额同实存数额保持一致，做到账实相符。通过财产清查，还可以查明各项财产物资的保管和使用情况，以便采取措施挖掘物资潜力和加速资金周转。总之，财产清查对于保证会计核算资料的正确性和监督财产的安全与合理使用等都具有重要的作用。它是会计核算必不可少的方法之一。

(七)编制会计报表

会计报表是根据账簿记录，以一定的表格形式，定期总括地反映企业、事业单位一定时期的经营成果和某一日期的财务状况的书面报告。编制会计报表是对日常会计核算资料的总结，就是将账簿记录的内容定期地加以分类、整理和汇总，形成经营管理所需要的各种指标，再报送给会计信息使用者，以便据此进行决策。会计报表所提供的一系列核算指标，是考核和分析财务计划和预算执行情况以及编制下期财务计划和预算的重要依据。编制完成会计报表，就意味着这一期间会计核算工作的结束。

上述会计核算的各种方法是相互联系，密切配合的，在会计对经济业务进行记录和反映的过程中，不论是采用手工处理方式，还是使用计算机数据处理系统方法，对日常所发生的经济业务，首先要取得合法的凭证，按照所设置的账户，进行复式记账，根据账簿的记录，进行成本计算，在财产清查，账实相符的基础上编制会计报表。会计核算的七种方法相互联系，一环套一环，缺一不可，形成一个完整的方法体系。

二、会计核算程序

会计的核算程序是指会计核算方法在运用过程中经过的过程与阶段，一般分为三个阶段：

(一)原始记录转换阶段

任何单位要办理一项经济业务，都必须有原始凭证，用以证明该项经济业务是否已经执行或完成。原始凭证是收集会计数据的重要依据，所有的原始凭证都要经过财会部门和有关部门的审核。根据审核无误的原始凭证，再通过账户分析、归类，并应用货币计价和复式记账方法，把经济业务的原始记录转换为账簿能够接受的会计语言，其表现形式就是会计分录，也就是表明该项业务应登记的对应账户名称、增加或减少的数额，记录在会计专用的记账凭证上，以便连续地、系统地登记在账簿中。把发生经济业务的原始记录转换成会计分录，是日常重复性的大量核算工作，是会计资料的收集和核算的开始阶段，也是会计核算的基础。

(二)储存、计算阶段

账簿由许多账页组成。记账凭证上的会计分录，都要按照账户分门别类地、连续地记入账簿。账簿汇集的数据是各单位在一定时期的经济情况。账簿就像一台储存器，根据账户的编号、名称和数量开设许多储存单位，分类汇集各种核算资料。在账簿中，既要提供总括的核算指标,又要提供某些明细核算指标。账簿上的每个账户都要定期地进行结账,计算出各账户的本期增加、本期减少和结余数额。并根据企业经营的情况,计算出各期的损益增标。账簿的记录是否符合实际情况,还要通过财产清查的结果,核对账簿记录,使账实相符,为定期编制财务报告提供正确的、系统的、完整的核算资料。

(三)会计信息报出阶段

根据会计准则的要求,对账簿储存和计算的数据加工整理,编制出一套完整的会计指标体系,并通过财务报告揭示出来,供信息使用者决策之用。会计核算程序的三个阶段,以及各方法之间的关系可用图1-1表示。

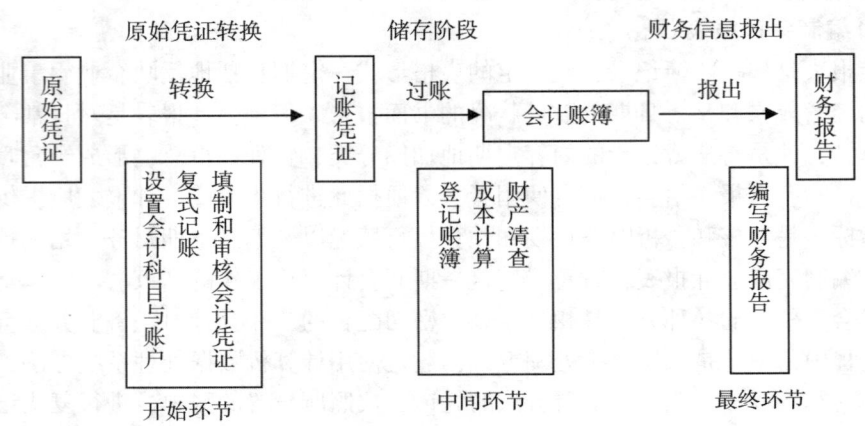

图 1-1　会计核算阶段与核算方法关系图

第四节　会计职业认知

一、会计人员

设置了会计机构,还应该配备相应的会计人员。会计人员通常是指在国家机关、社会团体、公司、企业、事业单位和其他组织中从事财务会计工作的人员,包括会计机构负责人(会计主管人员)以及具体从事会计工作的会计师、会计员和出纳员等。合理地配备会计人员,提高会计人员的综合素质是每个单位做好会计工作的决定性因素,对会计核算管理系统的运行起着关键的作用。

(一)会计人员的从业资格

我国的《会计法》规定,从事会计工作的人员,必须取得会计从业资格证书。担任会计机构负责人的,除取得会计从业资格证书外,还应当具备会计师以上专业技术职务资格或者从事会计工作3年以上经历。

我国财政部在2005年颁布了《会计从业资格管理办法》,对会计从业资格的管理作出了详细的规定,现简述如下:

1. 总原则

规定不具备会计从业资格的人员，不得从事会计工作，不得参加会计专业技术资格考试或评审、会计专业职务的聘任，不得申请取得会计人员荣誉证书。县级以上地方人民政府财政部门负责本行政区域内的会计从业资格管理。

2. 会计从业资格的取得

国家实行会计从业资格考试制度。申请参加会计从业资格考试的人员，应当符合下列基本条件：(1)遵守会计和其他财经法律、法规；(2)具备良好的道德品质；(3)具备会计专业基础知识和技能。

因有《会计法》第42条、第43条、第44条所列违法情形，被依法吊销会计从业资格证书的人员，自被吊销之日起5年内(含5年)不得参加会计从业资格考试，不得重新取得会计从业资格证书。因有提供虚假财务会计报告，做假账，隐匿或者故意销毁会计凭证、会计账簿、财务会计报告，贪污、挪用公款，职务侵占等与会计职务有关的违法行为，被依法追究刑事责任的人员，不得参加会计从业资格考试，不得取得或者重新取得会计从业资格证书。

会计从业资格考试科目为：财经法规与会计职业道德、会计基础、初级会计电算化(或者珠算五级)。申请人具备国家教育行政主管部门认可的中专以上(含中专，下同)会计类专业学历(或学位)的，自毕业之日起2年内(含2年)，免试会计基础、初级会计电算化(或者珠算五级)。

会计从业资格考试全科合格的申请人，可以向会计从业资格考试所在地的县级以上地方财政部门申请会计从业资格证书。县级以上地方财政部门会计从业资格证书的颁发权限由各省、自治区、直辖市、计划单列市财政部门确定。会计从业资格证书是具备会计从业资格的证明文件，在全国范围内有效。持有会计从业资格证书的人员不得涂改、转让会计从业资格证书。

3. 会计从业资格的管理

会计从业资格证书持证人员应当接受继续教育，提高业务素质和会计职业道德水平。持证人员每年参加继续教育不得少于24小时。会计从业资格管理机构应当加强对持证人员继续教育工作的监督、指导。各单位应鼓励持证人员参加继续教育，保证学习时间，提供必要的学习条件。

会计从业资格证书实行注册登记制度。持证人员从事会计工作，应当自从事会计工作之日起90日内，填写注册登记表，并持会计从业资格证书和所在单位出具的从事会计工作的证明，向单位所在地或所属部门、系统的会计从业资格管理机构办理注册登记。持证人员离开会计工作岗位超过6个月的，应当填写注册登记表，并持会计从业资格证书，向原注册登记的会计从业资格管理机构备案。

持证人员在同一会计从业资格管理机构管辖范围内调转工作单位，且继续从事会计工作的，应当自离开原工作单位之日起90日内，填写调转登记表，持会计从业资格证书及调入单位开具的从事会计工作的证明，办理调转登记。持证人员在不同会计从业资格管理机构管辖范围调转工作单位，且继续从事会计工作的，应当填写调转登记表，持会计从业资格证书，及时向原注册登记的会计从业资格管理机构办理调出手续；并自办理调出手续之日起90日内，持会计从业资格证书、调转登记表和调入单位开具的从事会计工作证明，向调入单位所在地区的会计从业资格管理机构办理调入手续。

（二）会计人员的专业技术职务

我国于1986年颁布了《会计专业职务试行条例》，对会计专业职务名称定为：高级会计师、会计师、助理会计师、会计员。高级会计师为高级职称，会计师为中级职称，助理会计师和会计员为初级职称。2000年，颁布了修订版的《会计专业技术资格考试暂行规定》。规定会计员、助理会计师、会计师实行资格考试制度，高级会计师实行考试与评审结合的评价制度。具体办法如下：助理会计师，大专毕业担任会计员职务满2年；中专毕业担任会计员职务满4年；不具备规定学历，担任会计员职务满5年。不符合助理会计师条件的人员，只可聘任会计员职务。取得中级资格并符合国家有关规定，可聘任会计师职务。高级资格（高级会计师资格）实行考试与评审结合的评价制度。

通过全国统一考试，取得会计专业技术资格的会计人员，表明其已具备担任相应级别会计专业技术职务的任职资格。用人单位可根据工作需要和德才兼备的原则，从获得会计专业技术资格的会计人员中择优聘任。

（三）会计人员的职责、权限和法律责任

1. 会计人员的主要职责

会计人员的职责也是会计机构的职责，具体包括以下几项内容：

（1）进行会计核算。

会计人员应按照会计制度的规定，切实做好记账、算账、报账工作。各单位必须根据实际发生的经济业务事项进行会计核算，要认真填制和审核原始凭证，编制记账凭证，登记会计账簿，正确计算各项收入、支出、成本、费用、财务成果。按期结算、核对账目，进行财产清查，在保证账证相符、账账相符、账实相符的基础上，按照手续完备、数字真实、内容完整的要求编制和报出财务会计报告。

（2）实行会计监督。

实行会计监督，即通过会计工作，对本单位的各项经济业务和会计手续的合法性、合理性进行监督。对不真实、不合法的原始凭证不予受理，对账簿记录与实物、款项不符的问题，应按有关规定进行处理或及时向本单位领导人报告；对违反国家统一的财政制度、财务规定的收支不予受理。此外，各单位必须依照法律和国家有关规定，接受财政、审计、税务机关的监督，如实提供会计凭证、会计账簿、会计报表和其他会计资料以及有关情况。

（3）编制业务计划及财务预算，并考核、分析其执行情况。

会计人员应根据会计资料并结合其他资料，按照国家各项政策和制度规定，认真编制并严格执行财务计划、预算，遵照经济核算原则，定期检查和分析财务计划、预算的执行情况。遵守各项收支制度、费用开支范围和开支标准，合理使用资金，考核资金使用效果等。

（4）制定本单位办理会计事项的具体办法。

会计主管人员应根据国家的有关会计法规、准则及其他相关规定，结合本单位具体情况，制定本单位办理会计事项的具体办法，包括会计人员岗位责任制度、钱账分管制度、内部稽核制度、财产清查制度、成本计算办法、会计政策的选择以及会计档案的保管制度等。

2. 会计人员的主要权限

为了保障会计人员更好地履行其职责，我国《会计法》及其他相关法规在明确了会计人员职责的同时，也赋予了会计人员相应的权限，具体有以下三个方面的权限：

（1）有权要求本企业有关部门、人员认真执行国家的有关方针政策，遵守国家财经纪律和财务会计法规。如有违反，会计人员有权拒绝付款、报销或执行，并向本单位领导人报告。否则会计人员也应当承担责任。

（2）有权参与本企业编制计划、预算，制定定额，对外签订经济合同，参加有关生产、经营管理会议；有权要求本单位有关部门、人员提供同财务会计工作有关的情况和资料。

（3）有权监督、检查本企业有关部门的财务收支、资金使用和财产保管、收发计量、检验等情况。

《会计法》还从法律上保护并鼓励会计人员为维护国家利益和社会公众利益坚持原则，履行自己的职责。规定：单位负责人对依法履行职责、抵制违反本法规定行为的会计人员以降级、撤职、调离工作岗位、解聘或者开除等方式实行打击报复，构成犯罪的，依法追究刑事责任；尚不构成犯罪的，由其所在单位或者有关单位依法给予行政处分。对受打击报复的会计人员，应当恢复其名誉和原有职务、级别。

3. 会计人员的法律责任

我国《会计法》还对会计人员的法律责任作出了一些相关的规定。

对于不依法设置会计账簿的；私设会计账簿的；未按照规定填制、取得原始凭证或者填制、取得的原始凭证不符合规定的；以未经审核的会计凭证为依据登记会计账簿或者登记会计账簿不符合规定的；随意变更会计处理方法的；向不同的会计资料使用者提供的财务会计报告编制依据不一致的；未按照规定使用会计记录文字或者记账本位币的；未按照规定保管会计资料，致使会计资料毁损、灭失的；未按照规定建立并实施单位内部会计监督制度或者拒绝依法实施监督或者不如实提供有关会计资料及有关情况的；任用会计人员不符合本法规定的，要对相关人员处以罚款处罚。

对于伪造、变造会计凭证、会计账簿，编制虚假财务会计报告，隐匿或者故意销毁依法应当保存的会计凭证、会计账簿、财务会计报告，授意、指使、强令会计机构、会计人员及其他人员伪造、变造会计凭证、会计账簿，编制虚假财务会计报告或者隐匿、故意销毁依法应当保存的会计凭证、会计账簿、财务会计报告，单位负责人对依法履行职责、抵制违反本法规定行为的会计人员以降级、撤职、调离工作岗位、解聘或者开除等方式实行打击报复，财政部门及有关行政部门的工作人员在实施监督管理中滥用职权、玩忽职守、徇私舞弊或者泄露国家秘密、商业秘密，构成犯罪的，依法追究刑事责任。

(四) 会计岗位责任制

1. 会计岗位责任制的含义

会计岗位责任制，指在会计机构内部按照会计工作的内容和会计人员的配备情况，进行合理的分工，使每项会计工作都有专人负责，每位会计人员都能明确自己的职责的一种管理制度。将会计机构的工作划分为若干个工作岗位，并根据分工情况为每个岗位规定其各自的职责和要求。分工可以一岗多人、一岗一人，也可以一人多岗。各个岗位的会计人员，既要认真履行本岗位职责，又要从企业全局出发，相互协作，共同做好会计工作。

2. 会计岗位责任制的具体内容

不同的单位应该根据自身管理的需要、业务的内容以及会计人员配备情况，确定各自的岗位分布。《会计基础工作规范》规定，会计工作岗位可以分为：会计机构负责人、出纳、财产物资核算、工资核算、成本费用核算、财务成果核算、资金核算、往来核算、总账报表、稽核、档案管理等。

(1) 会计机构负责人工作岗位。

负责组织领导本单位的财务会计工作，完成各项工作任务，对本单位的财务会计工作负全面责任；组织学习和贯彻党的经济工作的方针、政策、法令和制度，并根据本单位的具体情况，制定本单位的各项财务会计制度、办法，组织实施；组织编制本单位的财务成本计划、单位预算，并检查其执行情况；组织编制财务会计报表和有关报告；负责财会人员的政治思想工作；组织财会人员学习政治理论和业务知识；负责对财会人员的工作考核等。

(2) 出纳工作岗位。

出纳工作岗位的具体职责是负责办理现金收付和银行结算业务；登记现金、银行存款日记账；保管库存现金和各种有价证券；保管有关印章、空白收据和空白支票。

(3) 财产物资核算工作岗位。

按会计有关法规的要求，会同有关部门制定本企业材料物资核算与管理办法；负责审查材料物资供应计划和供货合同，并监督其执行情况。会同有关部门制订和落实储备资金定额，办理材料物资的请款和报销业务，计算确定材料物资采购成本。严格审查核对材料物资入库、出库凭证，进行材料物资明细核算，参与库存材料、物资的清查盘点工作。对于固定资产的核算，负责审核、办理有关固定资产的购建、调拨、内部转移、盘盈、盘亏、报废等会计手续，配合固定资产的管理部门和使用部门建立固定资产管理制度。进行固定资产的明细核算，参与固定资产清查，按规定正确计算提取固定资产折旧，以真实地体现固定资产价值。制订固定资产重置、修理计划，指导和监督有关部门管好用好固定资产。

(4) 工资核算工作岗位。

负责计算职工的各种工资和奖金，办理职工的工资结算，并进行有关的明细核算，分析工资总额计划的执行情况，控制工资总额支出，参与制订工资总额计划。在由各车间、部门分散计算和发放工资的组织方式下，还应协助企业劳动工资部门负责指导和监督各车间、部门的工资计算和发放工作。

(5) 成本费用核算工作岗位。

负责编制成本、费用计划，并将其指标分解落实到有关责任单位和个人。会同有关部门拟定成本费用管理与核算办法，建立、健全各项原始记录和定额资料，遵守国家的成本开支范围和开支标准,正确地归集和分配费用,计算产品成本,登记费用成本明细账,并编制有关的会计报表,分析成本计划的执行情况。

(6)财务成果核算工作岗位。

负责编制收入、利润计划并组织实施。随时掌握销售状况,预测销售前景,及时督促销售部门完成销售计划,组织好销售货款的回收工作,正确地计算并及时地解交有关税利。负责收入、应收款和利润的明细核算,编制有关收入、利润方面的会计报表,并对其进行分析和利用。

(7)资金工作岗位。

负责资金的筹集、信用和调度。资金岗位的人员应随时了解、掌握资金市场的动态,为企业筹集生产经营所需资金并满足需要,同时应合理安排调度使用资金,本着节约的原则,运用好资金,以尽可能低的资金耗费取得尽可能好的效果。

(8)往来结算工作岗位。

负责办理其他应收、应付款项的往来结算业务,对于各种应收、应付、暂收、暂付等往来款项,要随时清理结算,应收的抓紧催收,应付的及时偿付,暂收暂付款项要督促清算;负责备用金的管理和核算,负责其他应收款、应付款和备用金的明细核算;管理其他应收应付款项的凭证、账册和资料等。

(9)总账报表工作岗位。

负责总账的登记与核对,并与有关的日记账和明细账相核对,依据账簿记录编制有关会计报表和报表附注等相关内容,负责财务状况和经营成果的综合分析,收集、整理各方面经济信息以便进行财务预测,制订或参与制订财务计划,参与企业的生产经营决策等。

(10)档案管理工作岗位。

负责制定会计档案的立卷、归档、保管、查阅和销毁等管理制度,保证会计档案的妥善保管、有序存放、方便查阅,严防毁损、散失和泄密。

(11)稽核工作岗位。

负责确立稽核工作的组织形式和具体分工,明确稽核工作的职责、权限,审核会计凭证和复核会计账簿、报表。

上述会计工作岗位的设置并非是固定模式,企事业单位可以根据自身的需要合并或重新分设。总而言之,应做到各项会计工作有岗有责,各司其职。必要时可以将各岗位人员进行适当的轮换,以便提高会计人员的综合能力,也有利于各岗位之间的相互协调与配合。

二、会计职业与会计职业道德

(一)会计职业

会计人员作为会计信息的提供者,所从事的职业一般有三大类:企业会计、政府和非营利组织会计、注册会计师。

(1)企业会计:服务于以营利为目的的各种性质的企业。有财务会计、管理会计、成本会计、决策会计、控制会计、责任会计、内部审计、首席信息主管(Chief

Information Officer，CIO)等。

(2)政府和非营利组织会计：服务于政府和各种非营利组织。有财政总预算会计(反映和控制国家预算执行过程及其结果的会计)、行政单位会计(反映和控制各政府机关预算执行过程及其结果的会计)、事业单位会计(学校、医院等非营利组织单位中的会计)。

(3)注册会计师：注册会计师是一种超然独立的专门性职业，它与律师、医师、建筑师相同，以向当事人提供专业性服务、收取报酬为业。

注册会计师实行全国统一考试制度：凡具有高等专科以上学校毕业学历，或者具有会计或相关专业中级以上技术职称的中国公民，可以申请参加注册会计师全国统一考试。

注册会计师考试每年举行1次，考试科目为：《会计》、《财务成本管理》、《审计》、《税法》和《经济法》。参加注册会计师全国统一考试成绩合格，并从事审计业务工作2年以上的专业人员，在向省、自治区、直辖市注册会计师协会申请并办理注册手续后，可成为注册会计师。注册会计师执行业务，应当加入会计师事务所。注册会计师组成会计师事务所，从事的最基本业务为审计。注册会计师在执行查账工作时必须保持独立的地位。

(二)会计职业道德的基本内容

根据我国《会计基础工作规范》的规定，会计职业道德包括以下基本内容：

(1)会计人员在会计工作中应当遵守职业道德，树立良好的职业品质、严谨的工作作风，严守工作纪律，努力提高工作效率和工作质量。

(2)会计人员应当热爱本职工作，努力钻研业务，使自己的知识和技能适应所从事工作的要求。

(3)会计人员应当熟悉财经法律、法规、规章和国家统一会计制度，并结合会计工作进行广泛宣传。

(4)会计人员应当按照会计法律、法规和国家统一会计制度规定的程序和要求进行会计工作，保证所提供的会计信息合法、真实、准确、及时、完整。

(5)会计人员办理会计事务应当实事求是、客观公正。

(6)会计人员应当熟悉本单位的生产经营和业务管理情况，运用掌握的会计信息和会计方法，为改善单位内部管理、提高经济效益服务。

(7)会计人员应当保守本单位的商业秘密。除法律规定和单位领导人同意外，不能私自向外界提供或者泄露单位的会计信息。

(8)财政部门、业务主管部门和各单位应当定期检查会计人员遵守职业道德的情况，并作为会计人员晋升、晋级、聘任专业职务、表彰奖励的重要考核依据。

练 习 题

一、单项选择题

1. 会计对经济活动进行综合反映，主要是利用(　　)。

  A. 劳动度量　　　B. 实物度量　　　C. 货币度量　　　D. 工时度量
 2. 会计的基本职能是(　　)。
  A. 记录和计算　B. 核算和监督　C. 预测和决策　D. 分析和考核
 3. 会计主体假设规定了会计核算的(　　)。
  A. 时间范围　　　　　　　　　B. 空间范围
  C. 期间费用范围　　　　　　　D. 成本开支范围
 4. 企业固定资产可以按照其价值和使用情况，确定采用某一方法计提折旧，它所依据的会计核算前提是(　　)。
  A. 会计主体　　B. 持续经营　　C. 会计分期　　D. 货币计量
 5. 在全国范围内有效，进入会计岗位的证书是(　　)。
  A. 初级会计师证书　　　　　　B. 中级会计师证书
  C. 会计从业资格证书　　　　　D. 注册会计师证书
 6. 会计人员在进行会计核算的同时，对特定主体经济活动的真实性、合法性和合理性进行审查称为(　　)。
  A. 会计审查　　B. 会计监督　　C. 会计分析　　D. 会计核算
 7. 会计核算方法体系中的中间环节是(　　)。
  A. 填制和审核会计凭证　　　　B. 复式记账
  C. 登记账簿　　　　　　　　　D. 编制会计报表
 8. 在会计核算的基本前提中，界定会计工作和会计信息的空间范围的是(　　)。
  A. 会计主体　　B. 持续经营　　C. 会计期间　　D. 货币计量
 9. 按照权责发生制原则，以下属于本期的收入和费用的是(　　)。
  A. 支付明年的房屋租金　　　　B. 本期已经收款，但商品下月发出
  C. 当期按照税法规定预缴的税费　D. 商品在本期销售，但货款尚未收到
 10. 确认办公用楼租金60万元，用银行存款支付10万元，50万元未付。按照权责发生制和收付实现制分别确认费用(　　)。
  A. 10万元，60万元　　　　　　B. 60万元，0万元
  C. 60万元，50万元　　　　　　D. 60万元，10万元

  二、多项选择题
 1. 会计是(　　)。
  A. 经济管理活动　　　　　　　B. 以凭证为依据
  C. 以货币为主要计量单位　　　D. 针对一定主体的经济活动
 2. 属于会计核算方法的有(　　)。
  A. 成本计算　　　　　　　　　B. 财产清查
  C. 登记账簿　　　　　　　　　D. 填制和审核会计凭证
 3. 我国《企业会计准则》规定，会计期间分为(　　)。
  A. 年度　　　　B. 半年度　　　C. 季度　　　　D. 月度
 4. 会计为企业外部各有关方面提供信息的作用，主要是指(　　)。
  A. 为政府提供信息　　　　　　B. 为投资者提供信息

C. 为债权人提供信息　　　　　D. 为社会公众提供信息

5. 下列说法正确的是（　　）
   A. 会计主体可以是企业中的一个特定部分，也可以是几个企业组成的企业集团
   B. 会计人员只能核算和监督所在主体的经济业务，不能核算和监督其他主体的经济业务
   C. 会计主体一定是法律主体
   D. 会计主体假设假定了从事会计工作和提供会计信息的空间范围

6. 会计监督的主要内容包括（　　）。
   A. 监督和控制经济活动过程的真实性和合法性
   B. 监督各项财产物资的收发、转移、保管、使用和报废是否合乎程序，是否遵循了财务制度和财经纪律
   C. 监督各项收付、支出和费用是否合理、合法，是否执行了计划或预算
   D. 监督成本和盈亏的计算是否真实正确，是否完成计划或预算

7. 会计监督包括（　　）。
   A. 事前监督　　B. 事中监督　　C. 事后监督　　D. 决策监督

8. 会计的方法包括（　　）。
   A. 会计核算方法　B. 会计分析方法　C. 会计控制方法　D. 会计检查方法

9. 下列说法中正确的是（　　）。
   A. 会计核算过程中采用货币为主要计量单位
   B. 我国企业的会计核算职能以人民币为记账本位币
   C. 业务收支以外币为主的单位可以选择某种外币为记账本位币
   D. 在境外设立的中国企业向国内报送的财务报告，应当折算为人民币

10. 会计特点的具体表现在（　　）。
    A. 以货币为主要计量单位　　　　B. 以真实、合法的会计凭证为依据
    C. 以实物为主要计量单位　　　　D. 以真实、合法的会计账簿为依据

三、判断题

1. 会计只能以货币为计量单位。（　　）
2. 会计核算的三项工作是指记账、对账、报账。（　　）
3. 签订经济合同是一项经济活动，因此，属于会计对象。（　　）
4. 会计对象就是社会再生产过程中的资金运动。（　　）
5. 为了如实反映经济活动情况，各会计主体每发生一项经济业务，都必须取得或填制凭证作为记账依据。（　　）
6. 法律主体不一定是会计主体，但会计主体一定是法律主体。（　　）
7. 单位聘任会计人员必须取得会计从业资格证。（　　）
8. 会计和会计学是两个相同性质的概念。（　　）
9. 会计核算所提供的各种信息是会计监督的依据。（　　）
10. 会计主体前提为会计核算确定了时间范围，会计分期前提为会计核算确定了空间范围。（　　）

四、业务技能题

1. 目的：练习权责发生制与收付实现制。
2. 资料：某公司201×年12月份的有关经济业务如下：
（1）支付上月份的水电费5600元。
（2）收到上月销售产品的货款6500元。
（3）预付明年一季度的房屋租金1800元。
（4）支付本季度借款利息3300元。
（5）预收销货款80000元。
（6）销售产品一批，售价56000元，已收回货款36000元，其余尚未收回。
（7）本月份分摊财产保险费2000元。
（8）计算本月份应付职工工资12000元。
3. 要求：分别按收付实现制和权责发生制计算本月份的收入费用和利润。

业务号	权责发生制		收付实现制	
	收 入	费 用	收 入	费 用
1				
2				
3				
4				
5				
6				
7				
8				
合 计				
利润额				

第二章 会计对象和会计要素

【学习目标】
1. 了解会计对象及资金运动的内涵
2. 了解资金平衡原理和会计等式的内涵
2. 熟知会计要素的概念、特点、确认条件及分类
3. 掌握经济业务对会计等式的影响及变化规律

【技能目标】
1. 能够正确识别经济业务的特征，准确划分会计要素
2. 能够灵活运用会计等式
3. 能够分析经济业务的发生对会计等式的影响

第一节　会 计 对 象

　　会计的对象，是指会计核算和监督的内容，即会计行为的客体。马克思曾经把会计的对象高度概括为由生产、分配、交换、消费四个相互关联的环节构成的社会再生产过程。会计只核算和监督能够以货币表现的那些经济活动。在商品经济条件下，这部分经济活动既表现为实物运动，也表现为劳务活动，更构成价值运动。会计正是利用货币具有的价值尺度职能来衡量其他商品和劳务的价值，从而对再生产过程中的经济活动进行综合核算和监督。由于社会再生产过程中的财产物资等经济资源以货币表现，往往习惯地叫做资金，它是价值的计量反映，因此，价值运动往往又叫做资金运动。会计对象的一般内容，就是社会再生产过程中的价值方面，即能以货币表现的经济活动或叫做资金运动。

　　由于企业、行政、事业等单位都要进行会计管理，但各个单位的会计对象不尽相同，因此，关于会计对象问题，还有一个阐述角度：从各单位的会计对象的不同点即特点，说明各单位的会计的具体对象。下面以最全面，也最为典型的工业企业为例来研究企业会计核算和监督的内容。

　　工业企业是进行经济活动的基本单位。在生产经营过程中，企业必须拥有一定数量的房屋、设备、材料和银行存款等财产物资，前已指明，这些财产物资的货币表现就是资金，并且企业的资金不是静止不变的，而是随着生产经营活动不停地运动着。这种运动通常可以表现为资金进入企业、资金周转和资金退出企业三种形式。

　　1. 资金的投入

　　资金的投入是资金运动的起点，指企业通过吸收投资、银行借入、发行股票或债券筹措而引起的资金的增加。这些不同渠道汇集起来的企业资金，从来源角度来看包括负

债和所有者权益两个组成部分,从运用角度又体现为企业具体的经济资源诸如流动资产、固定资产、无形资产等。

2. 资金的循环与周转

工业企业资金的循环与周转包括供应过程、生产过程、销售过程三个阶段。企业拥有一定数量的资金后,就要使其在此三个过程中周而复始的循环和周转。

在供应过程中,企业以现金或银行存款等货币资金购买原材料、支付采购费用,形成生产储备,使货币资金转化为储备资金。

生产过程是工人运用劳动工具对原材料进行加工,制造出新的产品,在这个过程中消耗了人力、物力和财力。在耗费这三个要素的过程中使资金形态发生了两次变化:第一次变化是材料的耗用、工资的支付和机器等固定资产的磨损引起的储备资金、货币资金、固定资金转化为生产资金;第二次是产品制成入库后,生产资金又转化为成品资金。

在销售过程中,出售产品收回货款,就使成品资金转化为货币资金。到这里三个过程告一段落,出现了资金形态的第四次转换,这种从货币资金开始到货币资金收回的过程称为资金循环。不断重复的资金循环称为资金周转。

资金在任何企业内部的运动本身就是资金的耗费和收回的过程。资金耗费,如购买原材料的支出、工资支出、费用支出等构成企业的费用和成本,资金收回构成企业的收入,收入与费用成本进行比较,如果收入大于费用(成本),就是盈利;反之,则为亏损。盈利越多,经济效益就越好;反之,则越差。

3. 资金的退出

企业获得的销售收入,扣除各项费、税后的利润,还要按照有关合同或协议偿还各项债务,还要提取盈余公积,并向所有者分配利润、股利等。其中,用于偿还各项债务、上缴各项税金、向所有者分配利润、股利等的这部分资金就退出了本企业的资金循环与周转,剩余的资金则留在企业,继续用于企业的再生产过程。

其运动状态见图2-1。

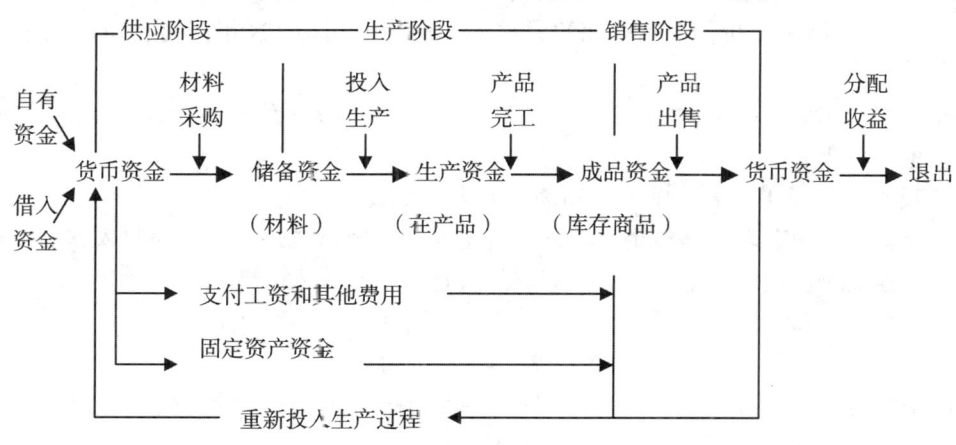

图2-1 工业企业资金运动循环与周转

第二节 会计要素

一、会计要素的概念

价值运动或资金运动作为会计的内容只是会计内容的一般描述，而且比较抽象。为了便于计量、记录和报告，以及适应不同会计主体要求，还要将企业会计的内容进行具体化，按照经济特性进行分类，就形成了会计要素。会计要素是指为了便于会计核算，按其经济特征对会计对象所作的进一步分类。它不仅可以对不同经济类别进行确认、计量、记录和报告，而且还可以建立会计科目和设计会计报表提供依据。

凡是与资金运动有关的经济活动，都构成会计要素的内容，凡是与资金运动无关的经济活动，都不属于会计要素的内容。

会计要素是会计对象的基本组成部分，是会计核算和监督具体内容的高度归并和概括，同时构成了财务会计报告内容的基本框架。因此，会计要素又称为财务报表要素。根据我国《企业会计准则》的规定，我国企业财务会计的基本要素有资产、负债、所有者权益、收入、费用和利润六大要素。

1. 反映财务状况、表现资金运动静态的会计要素

资金运动的静态表现是指在某一时点上企业的资产总值和权益总值，其内容反映在企业的资产负债表中。权益是指对总资产的所有权，分为债权人权益（即负债）和所有者权益。构成资产负债表的会计要素有资产、负债和所有者权益。

资产、负债和所有者权益三要素之间存在着恒等关系，用等式表示为：

$$资产 = 负债 + 所有者权益（静态）$$

【例2-1】利华公司是由A、B双方共同出资创办的新企业，其中A方投入价值200000元的房屋及建筑物和20000元的现金，B方投入价值150000元的专利权和价值50000元的原材料。该公司又从当地农行借入为期1年的借款50000元（已存入公司开户银行），并赊购一批价值10000元的原材料。利华公司201×年1月初资产与权益情况如表2-1所示。

表2-1清晰表明了甲公司在201×年1月初资产和权益（负债和所有者权益）之间数量上存在的平衡关系。

2. 反映经营成果、表现资金运动动态的会计要素

资金运动的动态表现是指企业在某一特定时期的经营成果，表现为收入、费用和利润，其内容反映在利润表中。构成利润表的会计要素有收入、费用和利润。

收入、费用和利润三要素之间同样存在着恒等关系，用公式表示为：

$$收入 - 费用 = 利润（动态）$$

根据"资产=负债+所有者权益"和"收入-费用=利润"的会计等式，可以把会计对象归纳为资金运动静态要素和资金运动动态要素。

表 2-1 利华公司资产负债和所有者权益情况

201×年 1 月 1 日   单位：元

资产		负债及所有者权益	
流动资产		**负债**	
库存现金	20000	短期借款	50000
银行存款	50000	应付账款	10000
原材料	60000		
流动资产总额	130000	负债合计：	60000
非流动资产		**所有者权益**	
固定资产：	200000	实收资本	420000
无形资产	150000		
非流动资产总额	350000	所有者权益合计：	420000
资产总额	**480000**	**负债及所有者权益总额**	**480000**

二、会计要素的内容

1. 资产

资产是指企业过去的交易或者事项形成的、由企业拥有或者控制、预期会给企业带来经济利益的资源。

(1) 资产的特征。

①资产是企业过去的交易或者事项形成的。它是过去已经发生的交易或者事项所产生的结果，包括购置、生产、建造等行为或其他交易或者事项，预期在未来发生的交易或者事项不形成资产；

②资产是由企业拥有或者控制的资源。它是指企业享有某项资源的所有权，或者虽然不享有某项资源的所有权，但该资源能被企业所控制；

③资产是预期会给企业带来经济利益的经济资源。预期会给企业带来经济利益，是指直接或者间接导致现金和现金等价物流入企业的潜力。如果预期不能给企业带来经济利益，就不能确认为企业的资产。

凡是符合上述定义的资源，同时还需满足以下两个条件才能确认为资产：一是与该资源有关的经济利益很可能流入企业；二是该资源的成本或者价值能够可靠地计量。

(2) 资产的构成。

企业的资产范围很广，形态各异，有的具有实物形态，如房屋、建筑物、机器、设备等；有的不具有实务形态，如以债权形态出现的各种应收和预付款项，以特殊权利形态出现的专利权、商标权等无形资产。

资产按其流动性不同，即变现和被耗用的速度划分流动资产和非流动资产。

①流动资产。它是指预计在1年或者超过1年的一个营业周期内变现、出售或耗用的资产。货币资金是指存在于货币形态的资金，包括库存现金、银行存款等。

应收及预付款项（或结算债权）是指企业在日常经营过程中发生的各种债权，主要包括应收账款、应收票据、其他应收款和预付账款等。

存货是指企业在日常活动中持有以备出售的产成品或商品、处在生产过程总的在产品、在生产过程或提供劳务过程中耗用的材料和物料等。

②非流动资产。它是指流动资产以外的资产，主要包括可供出售金融资产、持有至到期投资、长期股权投资、固定资产、无形资产及其他非流动资产等。

固定资产是指使用寿命超过一个会计年度，并在使用过程中保持原来物质形态的资产，包括房屋及建筑物、机器设备、运输设备、工具器具等。

无形资产指企业长期使用而没有实物形态的资产，包括专利权、商标权、专有技术、版权、土地使用权等。

资产要素的构成如图2-2所示：

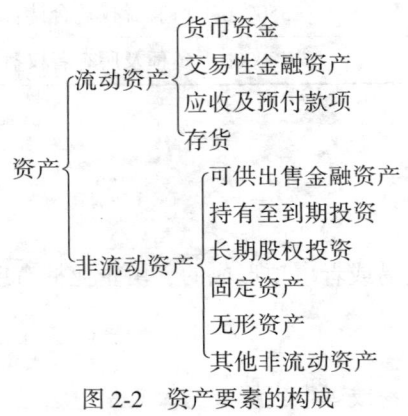

图2-2 资产要素的构成

2. 负债

负债是指企业过去的交易或者事项形成的、预期会导致经济利益流出企业的现时义务。

（1）负债的特征。

①负债是过去的交易或事项形成的，未来发生的交易或者事项形成的义务不应当确认为负债；

②现时义务是指企业在现行条件下应承担的义务，已履行的偿还义务不再作为负债；

③清偿负债会导致经济利益流出企业，企业无论是以货币资金、产品或其他资产，还是以提供劳务或是以举借新债偿还旧债等方式来偿还债务，最终都会导致经济利益流出企业。

凡是符合上述负债定义的义务的同时还需满足以下两个条件才能确认为负债：一是

与该义务有关的经济利益很可能流出企业；二是未来流出的经济利益的金额能够可靠地计量。

（2）负债的构成。

按照负债的流动性，分为流动负债和非流动负债：

①流动负债是指指预计在1年或者超过1年的一个营业周期内偿还的债务，主要包括短期借款、应付票据、应付账款、预收账款、应付职工薪酬、应交税费、应付股利、其他应付款、应付利息等。

短期借款是指企业向银行或其他金融机构借入的偿还期限在1年以内的各种借款。

应付票据是指企业采用商业汇票结算方式采购材料、商品等时应偿付给持票人的债务。

应付账款是指企业因购买材料、商品或接受劳务等而发生的债务。

预收账款是指买卖双方根据协议的规定，由购买方预先支付一部分货款给供货方而产生的一种负债。

应付职工薪酬是指企业应付而未付给职工个人的劳动报酬。

应交税费是指企业在生产经营过程中按税法规定应缴而未缴纳的税金所形成的一种负债。

应付股利是指企业分配给投资者的现金股利或利润在未付之前所形成的一种负债。

应付利息是指预先提取计入费用但尚未实际支付的借款利息而形成的负债。

②非流动负债是指偿还期在1年或者超过1年的一个营业周期以上的债务，包括长期借款、应付债券、长期应付款等。

长期借款是指企业向银行或其他金融机构借入的，偿还期限在1年以上的各种借款。

应付债券是指企业为筹集长期资金而对外发行债券所形成的一种负债。

长期应付款主要包括补偿贸易引进设备款、应付融资租赁款等长期负债。

负债要素的构成如图2-3所示：

$$
\text{负债}\begin{cases}\text{流动负债}\begin{cases}\text{短期借款}\\\text{应付票据}\\\text{应付账款}\\\text{预收账款}\\\text{应付职工薪酬}\\\text{应交税费}\\\text{应付股利}\\\text{应付利息}\\\text{其他应付款}\end{cases}\\\text{非流动负债}\begin{cases}\text{长期借款}\\\text{应付债券}\\\text{长期应付款}\end{cases}\end{cases}
$$

图2-3 负债要素的构成

3. 所有者权益

所有者权益是指企业资产扣除负债后由所有者享有的剩余权益。所有者权益表明企业的产权关系，所有者仅对企业的净资产享有所有权，其金额为资产减去负债后的余额。公司的所有者权益又称为股东权益。

所有者权益的构成。所有者权益包括所有者投入的资本、直接计入所有者权益的利得和损失、留存收益等。

①所有者投入的资本为实收资本，也称股本，是企业在创办时以及在经营过程中所有者和投资人按照公司章程投入到企业的资本金。这部分资本金一经投入，除非以后追加投资或撤回投资，金额一般不得随意变动。

资本公积。资本公积是指经营过程中因资本交易所产生的溢余，包括所有者缴付的出资额超过资本金所占份额的差额，或因汇率变动而产生的外币资本折算差额，以及在经营过程中所发生的接受各种捐赠资产、企业资产按照法定程序进行重估所产生的增值等。在我国，资本公积一般包括资本（股本）溢价、资产评估增值、接受捐赠资产价值等。它和投入资本都可以视为来自所有者的资本，与投入资本相同，资本公积金的数量也是明确的。

②直接计入所有者权益的利得和损失是指不应计入当期损益、会导致所有者权益发生增减变动的、与所有者投入资本或者向所有者分配利润无关的利得或损失。

③留存收益包括盈余公积和未分配利润。

盈余公积是指企业按照规定从净利润中提取的法定盈余公积和任意盈余公积，属于各种积累资金。

未分配利润是企业由于经营发展策略的需要而留待以后年度分配的利润或本年度待分配利润。它与盈余公积一样，是企业在经营过程中实现的投资增值。

所有者权益要素的构成如图 2-4 所示：

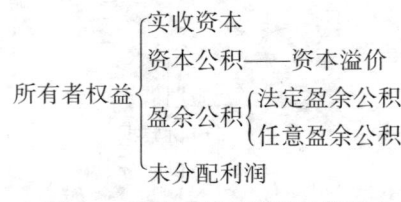

图 2-4　所有者权益要素的构成

4. 收入

收入是指企业在日常活动中形成的经济利益的总流入，这种流入是与所有者投入资本无关的，会导致所有者权益增加。

（1）收入的特征。

①收入从企业日常生产经营活动中产生，而不是从偶发的交易或事项中产生。所谓日常活动是指企业正常的经营活动，如工业企业制造和销售产品、流通企业从事销售商品、服务企业提供劳务、出租等日常活动。一些偶尔发生的交易或事项也能为企业带来

经济利益，但不属于企业日常活动，其流入的经济利益不能作为收入确认。如企业处置固定资产、转让无形资产所有权而取得的收益就不作为收入，而作为营业外收入。

②只限于属于本企业资源的流入，不包括为第三方或客户代收的款项；

③收入没有实在的表现形式，依靠资产、负债、所有者权益的变动来体现，具体来讲，收入可能导致资产的增加或者负债的减少，最终会导致所有者权益增加。

（2）收入的确认条件。

只有在经济利益很可能流入从而导致企业资产增加或者负债减少，且经济利益的流入额能够可靠计量时才能予以确认。

（3）收入的构成。

按照企业经营业务的主次划分为主营业务收入和其他业务收入。

①主营业务收入也称基本业务收入。它是由企业经常性的、主要经营活动所带来的收入，按不同行业，可分为产品销售收入、工程价款收入、劳务收入等。

②其他业务收入是由企业主要经营活动外的辅助业务所带来的收入，如工业企业因材料销售、出租包装物等取得的收入。

5. 费用

费用是指企业在日常活动中发生会导致所有者权益减少的与向所有者分配利润无关的经济利益的总流出。

（1）费用的特征。

①费用是企业日常生产经营活动中产生的。一些偶发的、与生产经营无关的经济利益流出不能确认为费用，作为损失处理。如企业排污超标支付的罚款、自然灾害造成的损失等；

②费用只限于属于本企业资源的流出，不包括为他人垫付的款项；

③费用没有实在的表现形式，依靠资产、负债、所有者权益的变动来体现，具体来讲，费用可能导致资产的减少或者负债的增加，最终会导致所有者权益减少。

（2）费用的确认条件。

费用只有在经济利益很可能流出从而导致企业资产减少或者负债增加，且经济利益的流出额能够可靠计量时才能予以确认。

（3）费用的构成。

按照费用的性质可分为生产费用和期间费用。

①生产费用。它是指企业为生产产品、提供劳务等发生的费用，应计入产品成本、劳务成本。包括直接材料、直接人工和制造费用。

②期间费用。它是指不计入成本直接计入当期损益的费用，包括管理费用、销售费用和财务费用。

6. 利润

利润是企业在一定会计期间的最终经营成果。即收入与费用配比、相抵之后的差额，它是反映经营成果的最终要素。代表企业能用货币表现的最终和综合的经营成果。

利润由以下几个方面构成：

①营业利润是企业经营成果的主要部分。

②利润总额是营业利润加上营业外收入，减去营业外支出后的金额。

③净利润是指利润总额减去所得税费用后的金额。

利润的内容包括收入减去费用后的净额即营业利润，以及直接计入当期利润的利得和损失等。利得是指由企业非日常活动所形成的、会导致所有者权益增加的、与所有者投入资本无关的经济利益的流入。损失是指由企业非日常活动所发生的会导致所有者权益减少的、与向所有者分配利润无关的经济利益的流出。

动态会计要素的构成如图2-5所示：

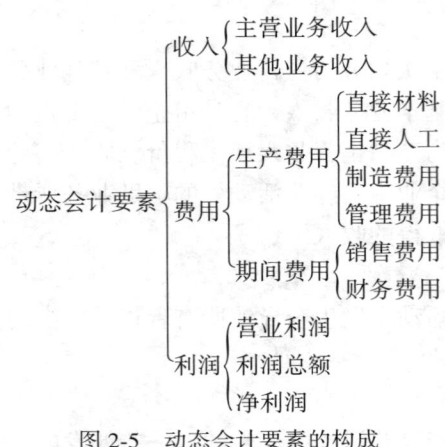

图2-5　动态会计要素的构成

第三节　会计等式

一、资金平衡关系

任何企业为了从事经营活动，必须拥有或控制一定数量的资金，作为从事经济活动的基础。这些资金在生产经营中分布在各个方面，表现为不同的形态，如房屋、建筑物、机器设备、原材料、在产品、产成品、货币资金等。这些不同形态的资金从实物形态上称为资产。形成资产的这些资金都是从一定的来源中取得的，有的来自债权人，有的来自投资者。会计上对资金取得或形成的上述来源渠道，前者称为债权人权益，简称负债，后者称为所有者权益。债权人权益和投资人权益，统称权益。资产和权益是资金这个统一体的两个方面，资产表现为资金的占用，权益表现对资金的要求权，因而客观上存在必然相等的关系，这种关系就叫作资金的平衡关系。即从数量上来看，有一定数额的资产，必定有相等数额的负债和所有者权益；反之，有一定数额的负债和所有者权益，也必定有相等数额的资产，即资产与负债及所有者权之间在数量上必然相等。

例如，某公司所有者投入资本100000元，向银行借入60000元，用于购买原材料30000元、购置设备80000元，银行存款50000元。资金总额为160000元，即资金来源是160000元，资金使用也是160000元。两者总额是相等的，如图2-6所示(单位：元)。

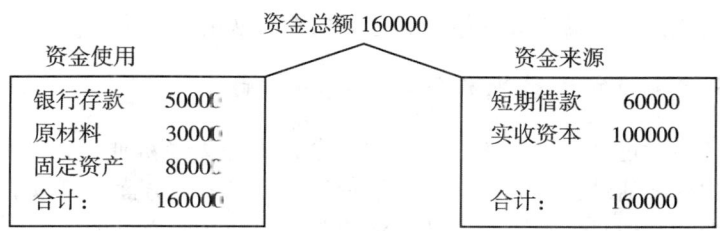

图 2-6　资金平衡关系

这种平衡关系用公式表示称为会计等式。会计等式是由会计要素组成的，反映了会计要素之间的平衡关系，会计等式的经济内容和数量上的等量关系是资金平衡的理论依据。

资金运动在静态情况下，其资产、负债和所有者权益三要素存在着平衡关系。资产各项目反映了资金使用情况，负债和所有者权益各项目反映了资金来源情况，其等式关系如下：

$$资产=权益$$
$$资产=债权人权益+所有者权益$$
$$资产=负债+所有者权益$$

这种数量关系表明了企业在一定时点上的财务状况，因此称为静态会计等式，它是编制资产负债表的理论基础，也称基本会计等式。

企业通过负债和接受所有者投资形成企业的资产，如房屋、建筑物、机器设备、原材料、货币资金等，为从事生产经营活动提供了物质基础。企业在日常的经营活动中必然会发生各种费用，如材料费、工资费、折旧费、管理费等，而费用的发生最终是为了取得收入，收入和费用相配比，其差额表现为企业的经营成果。当收入大于费用时，其差额为利润；反之，则为亏损。收入、费用和利润三者之间的等式关系用公式表现为：

$$收入-费用=利润$$

收入、费用是资金在动态情况下，循环周转过程中发生的，反映的是企业这一会计期间的经营成果，因此称为动态会计等式，它是编制利润表的理论基础。

收入可以导致企业资产的增加或负债的减少，最终导致所有者权益的增加。而费用可以导致企业资产的减少或负债的增加，最终导致所有者权益的减少。若收入大于费用，则所有者权益将按确定的企业净利润额增加；若收入小于费用，则所有者权益将按确定的企业亏损减少，也就是说企业的所有者要承担企业的盈亏。上述两个平衡公式相互之间存在着有机的联系，静态和动态会计等式可以扩展为以下会计等式：

$$资产=负债+所有者权益+利润$$
$$资产=负债+所有者权益+(收入-费用)$$
$$资产+费用=负债+所有者权益+收入$$

将基本会计等式与扩展会计等式联系起来，有利于揭示资产、负债、所有者权益这一资产负债表要素和收入、费用及利润这一利润表要素内部及其相互之间的内在联系和数量上的依存关系。会计等式完整的反映了企业财务状况和经营成果及其形成过程，它是设置账户、复式记账、编制会计报表等会计核算方法的理论依据。

二、经济业务的发生对基本会计等式的影响

企业在生产经营过程中发生的经济活动在会计上称为经济业务，又称为会计事项。作为会计事项的经济活动，一方面，可以用货币计量；另一方面，可以引起会计要素具体项目的增减变动。但是，无论企业的经济业务引起会计要素具体项目发生怎样的数量变动都不会破坏会计等式数量的平衡关系，资产总额总是等于权益总额。

一个企业在生产经营过程中所发生的经济业务是多种多样的，但它们对企业会计要素的影响不外乎9种类型：

1. 引起等式一边等额此增彼减的经济业务
（1）一项资产增加，另一项资产减少；
（2）一项负债增加，另一项负债减少；
（3）一项所有者权益增加，另一项所有者权益减少；
（4）一项负债增加，一项所有者权益减少；
（5）一项负债减少，一项所有者权益增加。

2. 引起等式两边等额同增同减的经济业务
（1）一项资产增加，另一项负债增加；
（2）一项资产减少，一项负债减少；
（3）一项资产增加，一项所有者权益增加；
（4）一项资产减少，一项所有者权益减少。

从以上经济业务的9种变动情况可以看出，经济业务的发生会引起会计等式左右两边资产和权益发生等额的增加或减少；或者引起会计等式左边资产项目，或右边权益项目的内部发生等额增减变动。无论哪种经济业务的发生都不会破坏会计等式的平衡关系。

3. 各类经济业务对会计基本等式的影响

下面举例予以说明：

【例2-2】某公司201×年初资产总额为1000000元，负债总额150000元，所有者权益总额为850000元，该公司201×年1月发生下列部分经济业务。

（1）5日以银行存款购进原材料50000元。

这项经济业务的发生，使企业的原材料增加了50000元，银行存款减少50000元，总资产不变。另外，这项经济业务没有涉及负债和所有者权益项目，不会引起权益总额发生变化。所以，这项经济业务的发生不会破坏会计等式的平衡关系。其变动后的结果如下：

资产	=	负债	+	所有者权益
1000000		150000		850000
+50000				
−50000				
1000000	=	150000	+	850000

(2) 10 日该企业向银行借入短期借款 30000 元,偿还前欠外单位的部分货款。

这项经济业务的发生,使企业的短期借款增加了 30000 元,应付账款减少了 30000 元。这样变动的结果短期借款增加到 130000 元,应付账款减少到 20000 元,总负债不变。另外,这项经济业务没有涉及资产和所有者权益项目,不会引起资产总额发生变化。所以,这项经济业务的发生不会破坏会计等式的平衡关系。其变动后的结果如下:

资产	=	负债	+	所有者权益
1000000		150000		850000
		+30000		
		−30000		
1000000	=	150000	+	850000

(3) 15 日,投资人向企业投入资本 100000 元,存入银行。

这项经济业务的发生,一方面,引起资产——银行存款增加了 100000 元;另一方面,又引起所有者权益——实收资本增加了 100000 元。不涉及负债要素,不影响会计基本等式的平衡关系,资产和权益同时增加相同的金额,但使上笔业务后的等式金额发生了变化。等式两边同时增加了 100000 元。其变动后的结果如下:

资产	=	负债	+	所有者权益
1000000		150000		850000
+100000				+100000
1100000	=	150000	+	950000

(4) 25 日企业用银行存款 50000 元,偿还到期的部分银行短期借款。

这项经济业务的发生,一方面,使资产——银行存款减少了 50000 元;另一方面,使负债——短期借款减少了 50000 元。不涉及所有者权益要素,不影响会计基本等式的平衡关系。但使上笔业务后的等式金额发生了变化,等式两边同时减少了 50000 元。其变动后的结果如下:

资产	=	负债	+	所有者权益
1100000		150000		950000
		−50000		−50000
1050000	=	100000	+	950000

(5) 根据有关决议,决定向投资人分配利润 50000 元,红利尚未实际发放。

这项经济业务的发生,一方面,引起所有者权益——未分配利润减少 100000 元;另一方面,又引起负债——应付股利增加 50000 元,不涉及资产要素,不影响会计基本等式的平衡关系。

资产	=	负债	+	所有者权益
1050000		100000		950000
		+50000		−50000
1050000	=	150000	+	900000

(6) 董事会决定,从公司盈余公积中拿出 100000 元转增资本金,已办理转账手续。

这项经济业务的发生,一方面,引起所有者权益——盈余公积减少 100000 元;另一方面，又引起所有者权益——实收资本增加 100000 元，不涉及资产要素和负债要素，不影响会计基本等式的平衡关系，也没有使原有等式金额发生变化。

资产	=	负债	+	所有者权益
1050000		150000		900000
				−100000
				+100000
1050000	=	150000	+	900000

（7）采购一批生产用原材料，价值 50000 元，货款未付。

这项经济业务的发生，一方面，引起资产——原材料增加 50000 元；另一方面，又引起负债——应付账款增加 50000 元，不涉及所有者权益要素，不影响会计基本等式的平衡关系，但使上笔业务后的等式金额发生了变化。等式两边同时增加了 50000 元。

资产	=	负债	+	所有者权益
1050000		150000		900000
+50000		+50000		
1100000	=	200000	+	900000

（8）某投资人代发公司偿还到期的 50000 元短期借款，并协商同意作为对公司的追加投资，已办理。

这项经济业务的发生，一方面，引起负债——短期借款减少 50000 元；另一方面，引起所有者权益——实收资本增加 50000 元，不涉及资产要素，不影响会计基本等式的平衡关系，也没有使原有等式金额发生变化。

资产	=	负债	+	所有者权益
1100000		200000		900000
		−50000		+50000
1100000	=	150000	+	950000

（9）用银行存款 50000 元，归还某投资人投资。

这项经济业务的发生，一方面，引起资产——银行存款减少 50000 元；另一方面，又引起所有者权益——实收资本减少 50000 元，不涉及负债要素，不影响会计基本等式的平衡关系，但使上笔业务后的等式金额发生变化，两边同时减少了 50000 元。

资产	=	负债	+	所有者权益
1100000		150000		950000
−50000				−50000
1050000	=	150000	+	900000

练 习 题

一、单项选择题

1. 下列属于反映企业财务状况的会计要素是（　　）。

A. 资产　　　　B. 收入　　　　C. 费用　　　　D. 利润

2. 下列属于反映企业经营成果的会计要素是(　　)。

A. 资产　　　　B. 负债　　　　C. 所有者权益　　D. 收入

3. 下列关于所有者权益的说法，不正确的是(　　)。

A. 所有者权益包括实收资本(或股本)、资本公积、盈余公积和未分配利润等

B. 所有者权益的金额等于资产减去负债后的余额

C. 盈余公积和未分配利润又统称为留存收益

D. 所有者权益包括实收资本(或股本)、资本公积、盈余公积和留存收益等。

4. 下列属于企业资产的是(　　)。

A. 应付账款　　　　　　　　B. 融资租入的设备

C. 预收账款　　　　　　　　D. 即将购入的原材料

5. 下列不属于所有者权益的是(　　)。

A. 实收资本　　B. 资本公积　　C. 盈余公积　　D. 营业利润

6. 下列经济业务的发生不会使等式两边总额发生变化的有(　　)。

A. 向银行取得借款存入银行　　B. 从银行提取现金

C. 用银行存款支付前欠材料款　D. 收到预收账款存入银行

7. 企业所拥有的资产，从财产权利归属来看，一部分属于投资者，另一部分属于(　　)。

A. 企业职工　　B. 债务人　　　C. 债权人　　　D. 企业法人

8. 一项资产增加、负债增加的经济业务发生后，都会使资产与权益原来的总额(　　)。

A. 发生同增的变动　　　　　B. 发生同减的变动

C. 不会变动　　　　　　　　D. 发生不等额的变动

9. 某企业上期期末的资产总额为 500 万元，本期发生一笔以银行存款 10 万元偿还银行借款的经济业务，此时，该企业的资产总额为(　　)。

A. 500 万元　　B. 490 万元　　C. 510 万元　　D. 10 万元

10. 某公司资产总额为 20 万元，负债总额为 5 万元，以银行存款 2 万元偿还短期借款，并以银行存款 2 万元购买设备。则上述业务入账后该公司的负债总额为(　　)万元。

A. 2　　　　　B. 3　　　　　C. 25　　　　　D. 15

二、多选题

1. 下列等式中正确的会计等式有(　　)。

A. 资产=权益

B. 资产=负债+所有者权益

C. 利润=收入−费用

D. 资产=负债+所有者权益+(收入−费用)

2. 属于引起会计等式左右两边会计要素变动的经济业务有(　　)。

A. 以银行存款偿还银行借款　　B. 收到某单位前欠货款存入银行

C. 收到某单位投来机器一台　　D. 以银行存款偿还前欠货款
E. 以银行存款支付购料款

3. 下列会计要素中，反映企业一定时点的财务状况的静态会计要素是(　　)。
　A. 资产　　　B. 负债　　　C. 利润　　　D. 收入

4. 下列反映企业经营成果的会计要素是(　　)。
　A. 收入　　　B. 费用　　　C. 所有者权益　　D. 利润

5. 下列属于资产的特征的是(　　)。
　A. 资产是由于过去或现在的交易或事项所形成的
　B. 资产必须能够用货币计量其价值
　C. 资产能够给企业带来未来经济利益
　D. 资产一定具有具体的实物形态

6. 下列属于流动资产的是(　　)。
　A. 预收账款　B. 预付账款　C. 应收账款　D. 应收票据

7. 根据会计等式可知，下列哪类经济业务不会发生(　　)。
　A. 资产有增有减，权益不变
　B. 债权人权益增加，所有者权益减少，资产不变
　C. 资产不变，负债增加，所有者权益增加
　D. 资产增加，负债减少，所有者权益不变

8. 企业的收入可能会引起(　　)。
　A. 现金的增加　　　　　　B. 银行存款的增加
　C. 负债的减少　　　　　　D. 负债的增加

9. 工业生产企业的资金循环形态有(　　)。
　A. 货币资金　B. 储备资金　C. 生产资金　D. 成品资金

10. 只引起会计等式左边会计要素变动的经济业务有(　　)。
　A. 购买材料款项未付　　　B. 从银行提取现金
　C. 以银行存款购买固定资产　D. 收到某单位前欠货款

三、判断题

1. 资产和权益是同一个事物的两个方面，两者在数量上必然相等。　　(　)
2. 所有者权益是指企业投资人对企业资产的所有权。　　(　)
3. 利润包括收入减去费用后的净额、直接计入当期利润的利得和损失。(　)
4. 对于企业发生的任何经济业务，会计等式的左右两方金额不变，故永相等。
　　(　)
5. 资产、负债和所有者权益的平衡关系是反应企业资金运动的静态，如考虑收入、费用等动态要素，则资产与权益总额的平衡关系比如被破坏。(　)
6. 如果某项资产不能再为企业带来经济例疑似，那么，即使是由企业拥有或控制的，也不能作为企业的资产在会计报表中列示。(　)
7. 只要是为企业所拥有的资源，即可确认为企业的资产。　　(　)
8. 费用导致的经济利益总流出应与向所有者分配利益无关。　　(　)

9. 会计恒等式是指"收入-费用=利润"。（　　）
10. 企业的会计核算应以权责发生制为基础，按实际发生的收入和支出确认企业的收益和支出。（　　）

四、业务技能题

习题（一）

1. 目的：练习会计基本等式。
2. 资料：某企业月末资料如下：
(1) 企业开户银行的存款额120000元。
(2) 向银行借入半年期的借款500000元。
(3) 出纳处存放现金1500元。
(4) 仓库里存放的原材料519000元。
(5) 仓库存放的产成品194000元。
(6) 正在加工中的产品75500元。
(7) 应付外单位货款80000元。
(8) 向银行借入2年期的借款600000元。
(9) 房屋及建筑物420000元。
(10) 所有者投入资本7000000元。
(11) 机器设备2500000元。
(12) 应收外单位货款100000元。
(13) 以前年度尚未分配的利润750000元。
(14) 对外单位长期投资5000000元。
3. 要求：
(1) 判断上列资料中各项目的类别（资产、负债、所有者权益）并将各项目金额一并填入下表。

项目	金额		
	资产	负债	所有者权益

续表

项 目	金 额		
	资 产	负 债	所有者权益
合计			

（2）计算表内资产总额、负债总额、所有者权益总额是否符合会计基本等式。

习题（二）

1. 目的：练习收入、费用和利润的数量关系。
2. 资料：某公司月内收支情况如下：
（1）本月销售收入 690000 元，销货进价成本 600000 元。
（2）支付房租 3000 元，办公用品 500 元，煤气、电、水费 1500 元，工资 28000 元。
（3）支付运杂费 600 元，包装费 500 元。
（4）支付职工医药费 6000 元，差旅费 3000 元。
3. 要求：计算该公司本月利润额。

习题（三）

1. 目的：联系企业资金变化类型。
2. 资料：某企业发生经济业务如下：
（1）用银行存款购买材料。
（2）用银行存款支付前欠 A 单位货款。
（3）用盈余公积弥补职工福利费。
（4）向银行借入长期借款，存入银行。
（5）收到所有者投入的设备。
（6）向国外进口设备，款未付。
（7）用银行存款归还长期借款。
（8）企业以固定资产向外单位投资。

（9）用银行借款归还前欠 B 单位货款。
（10）经批准代所有者××以资本金偿还其应付给其他单位欠款。
（11）企业所有者甲代企业归还银行借款，并将其转为投入资本。
（12）将盈余公积金转做资本。
3. 要求：分析以上各项经济业务的类型，填入下表：

类　　型	经济业务序号
1. 一项资产增加，另一项资产减少	
2. 一项负债增加，另一项负债减少	
3. 一项所有者权益增加，另一项所有者权益减少	
4. 一项资产增加，一项负债增加	
5. 一项资产增加，一项所有者权益增加	
6. 一项资产减少，一项负债减少	
7. 一项资产减少，一项所有者权益减少	
8. 一项负债减少，一项所有者权益增加	
9. 一项负债增加，一项所有者权益减少	

习题（四）

1. 目的：了解经济业务发生后所引起的资产、负债、所有者权益的增减变化情况。
2. 资料：某企业 2010 年 5 月份发生的部分经济业务（不考虑相关税费）如下：
（1）收回应收账款 50000 元存入银行。
（2）以银行存款 120000 元购入机床一台。
（3）收到甲投资者投入的现金 1000000 元。
（4）从银行提取现金 40000 元。
（5）以银行存款 26000 元偿还短期借款。
（6）以银行存款支付前期欠东方公司的购货款 180000 元。
（7）将多余的现金 6000 元存入银行。
（8）购入材料 250000，货款未付。
（9）以现金 20000 元发放职工工资。
（10）收回应收账款 80000 元，其中 50000 元直接归还银行短期借款，其余存入银行。
3. 要求：
（1）分析每笔经济业务所引起的资产和权益有关项目的增减变化情况，填入下表：

资产和权益变动情况表

2010 年 5 月

业务顺序号	涉及的资产、权益项目	资　产		负债和所有者权益	
		增加金额	减少金额	增加金额	减少金额
合计					

（2）计算资产和权益的增减净额，验证两者是否相等。

第三章 账户与复式记账

【学习目标】
1. 熟悉会计科目和账户的概念及两者的区别
2. 掌握各类账户的基本结构
3. 了解账户按用途和结构分类的基本内容
4. 理解复式记账原理
5. 熟练掌握借贷复式记账法的基本要点

【技能目标】
1. 能够对企业发生的基本经济业务进行分析、分类,正确运用会计科目(账户)
2. 能判断不同类型账户的基本结构
3. 能对借贷复式记账法进行运用

第一节 会 计 科 目

一、会计科目的概念

会计核算的对象是能够以货币表现的经济业务,而一系列经济业务在会计上可以通过会计要素反映出来。但会计要素反映的经济业务是粗线条的,会计作为一种管理活动,客观上要求在反映经济业务全貌时应该具体化,以说明资金运动的具体情况,提供反映经济活动的翔实会计资料。为此,就应该对会计六个要素进行分类,形成反映某一会计要素的分类项目,如将资产这一会计要素进行分类,分为流动资产、长期投资、固定资产、无形资产和其他资产。将流动资产作进一步分类,分为现金、银行存款、交易性金融资产、应收账款、预付账款、存货等。存货还可以分为原材料、库存商品等。这样,对会计要素的具体内容进行分类核算的项目称为会计科目。上面提到的现金、银行存款、交易性金融资产、应收账款、预付账款、原材料、库存商品等都是会计科目。

会计科目的设置是进行会计核算的基本依据。因为任何企事业单位账户的开设、会计凭证的填制、会计账簿的设置、会计报表的编制等日常账务处理,都要运用会计科目。会计科目在整个会计核算和经济管理中具有重要意义。因此,为了全面、分类、系统地核算和监督各项经济活动的发生情况,以及由此引起的各项会计要素的增减变化情况,各单位都要合理地设置会计科目。

二、设置会计科目的原则

会计科目设置的合理与否直接关系到会计信息的质量,它对于加强经济管理工作和提高会计核算效益有着重要意义。因此,设置会计科目应遵循以下原则:

1. 科学而完整地反映会计对象的内容

会计科目是对会计要素进行科学分类的项目,是会计对象的客观反映。因此,会计科目的设置,首先,要全面反映会计对象的全部内容,不能遗漏。其次,还要考虑各行业会计对象的特点,根据不同行业经济业务的特征,有针对性的设置。如各企业单位是从事生产和流通经营活动的,按照经济核算的要求,以收抵支,并有盈余,就需要设置收入、费用成本、利润、利润分配等经营过程科目和经营成果科目。而行政事业单位并不从事商品生产和商品交换活动,无须进行成本和成果的计算,只需设置反映经费收入和经费支出类科目。

2. 满足经济管理的要求

设置会计科目目的之一是使会计核算能为经济管理提供必要的会计信息,以供预测、决策之用。设置会计科目应充分考虑各有关方面对会计信息的需求,不仅要符合国家宏观经济管理的需要,而且还要满足企业内部经济管理的需要,也要满足投资者、债权人和其他有关方面的需要,以利于有关方面进行经济决策。例如,为了加强宏观经济调控,反映利税的取得、分配和上交情况,需要设置"本年利润"、"利润分配"、"应交税费"、"应付股利"等科目。又如,企业内部经济管理与企业外部有关方面对会计信息的需求不尽相同,这就要求在设置会计科目时,既设置能够提供总括核算指标的会计科目,以满足企业外部有关方面的信息需求,又要设置能够提供明细核算指标的明细科目,主要满足企业内部经营管理的需要。

3. 统一性和灵活性相结合

为了适应国家宏观经济管理的需要,保证对外提供的会计指标口径一致,使会计信息具有可比性,我国财政部根据《企业会计准则》及行业特点,统一制定各主要行业的会计制度,其中相应规定了统一的会计科目。企业根据会计制度规定,设置统一的会计科目,可以对外提供统一的会计指标,以满足会计信息使用者的需求。另外,为适应企业经营活动的特点,满足内部经营管理对会计信息的不同要求,企业在符合国家统一要求的原则下,可以具有一定的灵活性。统一的会计科目表,是根据大多数企业的常规业务设置的,没有考虑每一个企业的特殊情况。因此,企业在不影响会计核算要求和会计报表指标汇总等前提下,可以根据实际情况自行增设、减少或合并某些会计科目。

4. 严格规定每个会计科目的核算内容

会计科目是会计核算工作的工具。为了便于理解和实际运用,必须对每个会计科目都明确规定其特定的核算内容,要按照《企业会计准则》的要求,编写会计科目说明,阐明有关基本概念、定义和会计政策等内容。编写会计科目使用说明,要做到会计科目的内涵明确、界限清楚、简明适用,以保证会计确认的正确性。

三、会计科目的分类

为了正确设置和运用会计科目,必须对会计科目进行分类。会计科目的分类标准主要有两个:一是按其核算的经济内容分类;二是按其提供核算指标的详略程度分类。

1. 按经济内容分类

会计科目按其反映的经济内容不同,可以分为资产类、负债类、所有者权益类、损益类和成本类会计科目。

(1)资产类科目。

资产类科目按资产的流动性,可分为流动资产、长期投资、固定资产、无形资产和其他资产。其中流动资产又分为现金、银行存款、交易性金融资产、应收账款、预付账款、原材料、库存商品等。

(2)负债类科目。

负债类科目按负债偿还期限分为流动负债和长期负债。其中,流动负债又可分为短期借款、应付账款、预收账款、应付职工薪酬、应交税费、应付股利等。

(3)所有者权益科目。

所有者权益科目包括实收资本、资本公积、盈余公积、本年利润、利润分配等。

(4)成本类科目。

成本类科目包括生产成本、制造费用、劳务成本等。

(5)损益类科目。

损益类科目包括主营业务收入、其他业务收入、投资收益、营业外收入、主营业务成本、其他业务成本、销售费用、管理费用、财务费用、营业外支出、所得税费用等。

2. 按提供核算资料的详略程度分类

会计科目按其提供核算指标的详略程度,可以分为总分类科目和明细分类科目。

总分类科目,也称为总账科目或一级科目,是对会计对象的具体内容进行总括分类的科目。例如,"原材料"为总分类科目,只提供原材料总括资料,原材料更详细的资料还须设置"原材料"明细科目。明细分类科目,也称为明细科目或细目,是对某一总分类科目核算内容所作的进一步详细分类的科目。例如,甲材料、乙材料、丙材料等,为"原材料"总分类科目提供更为具体和详细的资料。

当某一总分类科目下属的明细分类科目较多时,可以在总分类科目和明细分类科目之间增设二级科目,也称为子目。二级科目所提供核算指标或会计信息的详略程度介于总分类科目和明细分类科目之间,以加强对有关经济业务的核算与监督,满足管理的需要。例如,当"原材料"总分类科目所属的明细分类科目较多时,可以按材料类别设置"原料及主要材料"、"辅助材料"、"燃料"等二级科目。一级科目(总目)、二级科目(子目)、三级科目(细目)共同对会计要素的有关项目提供详细程度不同的核算资料,既可满足企业内部经营管理的需要,也能满足各方面会计信息使用者对会计核算指标详略不同的需要。

以原材料为例,列表说明总分类科目与明细分类科目按其提供指标详略程度分类,如表3-1所示。

表 3-1　　　　　　　　　总分类科目与明细科目关系表

总分类科目	明细分类科目	
一级科目（总目）	二级科目（子目）	三级科目（细目）
原材料	原料及主要材料	炭钢
		生铁
	辅助材料	润滑油
		防锈漆
	燃料	汽油
		原煤

四、企业会计科目表

会计科目依据《企业会计准则》的规定制定，涵盖了各类企业的交易或者事项。企业在不违反会计准则中确认、计量和报告规定的前提下，可以根据本单位的实际情况自行增设、分拆、合并会计科目。企业不存在的交易或者事项，可不设置相关会计科目。会计科目编号供企业填制会计凭证、登记会计账簿、查阅会计账目、采用会计软件系统参考，企业可结合实际情况自行确定会计科目编号。在基础会计学中常用的会计科目列示如表 3-2 所示。

表 3-2　　　　　　　　　　企业会计科目表

科目编号	会计科目名称	科目编号	会计科目名称
一、资产类		二、负债类	
1001	库存现金	2001	短期借款
1002	银行存款	2201	应付票据
1012	其他货币资金	2202	应付账款
1101	交易性金融资产	2203	预收账款
1121	应收票据	2211	应付职工薪酬
1122	应收账款	2221	应交税费
1123	预付账款	2231	应付利息
1131	应收股利	2232	应付股利
1132	应收利息	2241	其他应付款
1221	其他应收款	2501	长期借款
1231	坏账准备	2502	应付债券
1401	材料采购	2701	长期应付款

续表

科目编号	会计科目名称	科目编号	会计科目名称
1402	在途物资	2711	专项应付款
1403	原材料	2801	预计负债
1404	材料成本差异	三、所有者权益类	
1405	库存商品	4001	实收资本
1406	发出商品	4002	资本公积
1407	商品进销差价	4101	盈余公积
1408	委托加工物资	4103	本年利润
1471	存货跌价准备	4104	利润分配
1501	持有至到期投资	四、成本类	
1502	持有至到期投资减值准备	5001	生产成本
1511	长期股权投资	5101	制造费用
1512	长期股权投资减值准备	5201	劳务成本
1531	长期应收款	五、损益类	
1601	固定资产	6001	主营业务收入
1602	累计折旧	6051	其他业务收入
1603	固定资产减值准备	6061	汇兑损益
1604	在建工程	6111	投资收益
1605	工程物资	6301	营业外收入
1606	固定资产清理	6401	主营业务成本
1701	无形资产	6402	其他业务成本
1702	累计摊销	6403	营业税金及附加
1703	无形资产减值准备	6601	销售费用
1801	长期待摊费用	6602	管理费用
1901	待处理财产损益	6603	财务费用
		6711	营业外支出
		6801	所得税费用

第二节 账 户

一、账户的概念

会计科目只是对会计要素的具体内容进行分类的项目，要把发生的经济业务分类、连续、完整地记录下来,还需要借助于一定的记账实体,即账户。所谓账户,就是根据会计科目开设的,用来分类记录经济业务内容并具有一定格式和结构的记账实体。

二、账户的结构

账户的结构是指账户应由哪几个部分组成,以及如何在账户上记录会计要素的增加、减少及结存情况等。账户的结构取决于不同的记账方式和账户的性质。在现代会计中,账户的基本结构都由左右两方组成,其中,一方记增加,另一方记减少。至于账户哪一方记增加,哪一方记减少,则取决于记账方法和账户性质。但无论何种记账方法,何种性质的账户,左右两方的增减意义都是相反的,即如果左方记增加,则右方记减少;如果左方记减少,则右方记增加。

账户结构中除了增加、减少两个要素外,还有期初余额和期末余额。作为一个账户,所记录和提供的四项核算指标,即期初余额、本期增加额、本期减少额和期末余额。四个核算指标之间的数量关系,可用下列公式表示:

$$期末余额 = 期初余额 + 本期增加发生额 - 本期减少发生额$$

账户除了记录期初余额、本期增加发生额、本期减少发生额和期末余额,还包括日期、凭证字号、摘要等内容。账户的一般结构如表3-3所示。

表3-3　　　　　　　　　　　账户的一般结构

账户名称(会计科目)

年		凭证号数	摘要	左方	右方	余额
月	日					

为了简化起见,在教学实践和教材中账户的格式常用 T 型账户来代替账户的正规格式。常用的 T 型账户格式如表3-4所示。

表3-4　　　　　　　　　　　T 型账户结构

左方　　　　　　　　　　账户名称(会计科目)　　　　　　　　　　右方

在 T 型账户中,其左右两边主要用来登记该账户增减变动时的金额,至于哪一方登记增加额,哪一方登记减少额,则取决于所采用的记账方法和账户的性质。

三、会计科目与账户的关系

会计科目和账户是两个既有联系又有区别的概念。会计科目是对会计对象的具体内容进行分门别类的核算所规定的项目，而账户是根据会计科目在账簿中开设的，用来分类记录经济业务并具有一定格式和结构的记账实体。例如，任何单位的经济活动都要涉及现金收付业务，因此，为了反映和监督有关现金收付，设置"库存现金"会计科目。"库存现金"是会计科目的名称，它指明现金反映的经济内容，其本身并不能记录有关现金收付的具体情况，而"库存现金"账户则依据"库存现金"科目开设，能够对涉及现金业务的增减变化及其结果分类、连续、全面地记录下来，加以反映。由此可见，账户是依据会计科目开设的，它们所反映的经济内容相同，名称一样。它们的区别在于：第一，会计科目是在会计核算之前，对会计对象的具体内容进行分类所确定的项目；账户则是在经济业务发生之后所进行的分类记录的载体。第二，会计科目只是对会计对象的经济内容分类规定的项目，指明应反映的经济内容，其本身并不能记录经济内容的增减变化情况；而账户既有名称和经济内容，又有结构形式，能够对经济内容的增减变化及其结果分类、连续、完整地进行记录和反映。

四、账户分类

(一) 账户分类的意义

通过前面的学习，结合企业主要经营业务的核算，介绍了各主要账户。例如，在资金筹集业务的核算中需要设置实收资本、短期借款、长期借款等账户；在生产准备业务的核算中需要设置材料采购、原材料、应付账款、预付账款等账户；在产品生产业务的核算中需要设置生产成本、制造费用、应付职工薪酬、累计折旧、库存商品等账户；在产品销售业务的核算中需要设置主营业务收入、主营业务成本、营业税金及附加、应收账款、预收账款等账户；在财务成果形成及分配核算中需要设置本年利润、利润分配、所得税费用、盈余公积、应付股利等账户。这些账户中的每一个账户都有其特定的核算内容和用途、结构，并且只能反映经济活动中的某一部分内容，不可能对企业的全部经济业务加以记录。而企业的经济活动作为一个整体，是需要一个相互联系的账户体系加以反映的。为了实现会计核算的连续性、系统性、完整性，所建立的账户体系中的各个账户之间既有区别，又有联系，从而能够记录全部经济活动。

为了更深一步地理解账户体系中各账户之间存在的共性、一般规律、账户间的内在联系和区别，以便准确、熟练地运用每一个账户，必须将账户按不同的标志进行分类，对同一类账户从理论上认识、了解并加以运用。研究账户分类的根本目的就是为了更加熟练地运用账户，使账户能全面、系统、完整地反映经济业务。通过账户分类可以在对账户的个性认识基础上进一步总结其共性，掌握账户设置和运用的一般规律；同时，通过账户分类可以了解每一账户在账户体系中的地位和作用，加深对账户的共同特性及差异性的认识，了解账户是如何相互结合来反映企业的经济活动的。

(二) 账户分类的标志

账户分类的标志主要有四种：账户按其经济内容分类，账户按其用途和结构分类，账户按其与会计报表的关系分类,账户按其提供核算指标详细程度分类。

第一,账户按其经济内容分类。

账户的经济内容是账户所反映和监督的会计对象的具体内容。由于账户之间最根本的区别就在于其反映的经济内容不同,因此账户最基本的分类就是按经济内容分类。根据现行的企业会计制度,账户按其经济内容可以分为资产类账户、负债类账户、所有者权益分类账户、成本类账户和损益类账户五大类。

第二,账户按其用途和结构分类。

账户的用途是指设置和运用账户的目的,通过账户的记录提供哪些核算指标;账户的结构是指在账户中怎样记录经济业务,才能取得各种必要的核算指标,即账户中的借方和贷方登记什么,余额的方向及其表示的含义。

账户按用途和结构分类,其中对资产类、负债类、所有者权益类账户按用途和结构分类可以分为盘存账户、结算账户、资本账户、跨期摊销账户、调整账户、暂记账户;对成本类账户按用途和结构分类可以分为集合分配账户、成本计算账户、计价对比账户;对损益类账户按用途和结构分类可以分为收益账户、费用支出账户、财务成果账户。

第三,账户按其与会计报表的关系分类。

会计报表是根据账户的日常核算资料编制的。通过账户的设置和运用,为编制各种会计报表提供必要的资料,利用特定的账户资料编制相应的会计报表,还需要按账户与会计报表的关系对账户进行分类。

按账户与会计报表的关系分类,账户可以分为资产负债表账户和损益表账户。资产类账户、负债类账户和所有者权益类账户的余额,可以随时表示各项资产、负债、所有者权益的实有数额。期末要根据这些账户的余额编制资产负债表,因此,资产类账户、负债类账户、所有者权益类账户称为资产负债表账户。收入类账户、费用类账户本期发生额期末结转至"本年利润"账户以便计算当期损益。期末要根据这些账户的发生额编制损益表,因此,收入类账户、费用类账户被称为损益表账户。

第四,账户按其提供核算指标详细程度分类。

账户按其提供核算指标详细程度,分为总分类账户和明细分类账户,前面章节已作介绍,不再重述。

账户按其所反映的经济内容进行分类,便于从理论上认识各类账户不同的性质,为编制会计报表提供便利条件;将账户按其用途和结构进行分类,便于从操作的角度来认识各类账户的用途和结构特征,为账户的设置和运用提供方便。因此,按经济内容的分类是账户分类的基础,在此基础上,再账户按用途和结构的分类。以下重点介绍这两种分类。

(三)账户按其经济内容分类

账户的经济内容是指账户所反映的会计要素的具体内容。如前所述,会计要素包括资产、负债、所有者权益、收入、费用、利润。因此,从理论上讲,账户按经济内容也可以分为资产类账户、负债类账户、所有者权益类账户、收入类账户、费用类账户和利润类账户。另外,工业企业为了进行产品成本计算,需要设置用来核算产品成本的成本类账户。

在会计核算实务中，企业在一定期间内实现的利润，除了分配给投资者的以外，按一定比例提取的盈余公积和尚未分配的利润，最终归属于企业所有者。因此，用来反映企业利润的形成和分配情况的账户"本年利润"和"利润分配"账户，就其性质应归属于所有者权益账户。另外，设置收入类账户和费用类账户的目的是归集一定期间内发生的收入和费用，二者都要在期末结转到"本年利润"账户，以此计算企业的经营成果。因此，习惯上将收入类和费用类账户并称为损益类账户。归纳起来，账户按经济内容可以分为五类：资产类账户、负债类账户、所有者权益类账户、成本类账户和损益类账户。

研究账户按经济内容分类，有助于确切了解各个账户核算和监督的内容。当经济业务发生后，准确地判断应记入的账户，以及如何正确地设置和运用账户。同时，可以了解账户提供会计信息的规律性，为经济管理提供一套完整的会计核算资料。

1. 资产类账户

资产类账户是用来核算企业各种资产增减变动及其结余情况的账户。由于资产按其流动性不同，可以分为流动资产和非流动资产两类。因此，资产类账户也可以分为反映流动资产的账户和反映非流动资产的账户。

（1）反映流动资产的账户。

反映流动资产的账户，如"库存现金"、"银行存款"、"交易性金融资产"、"应收账款"、"其他应收款"、"预付账款"、"材料采购"、"原材料"、"库存商品"等账户。

（2）反映非流动资产的账户。

第一，反映长期投资的账户，如"长期股权投资"、"持有至到期投资"等账户。

第二，反映固定资产的账户，如"固定资产"、"累计折旧"、"在建工程"、"固定资产清理"等账户。

第三，反映无形资产和其他资产的账户，如"无形资产"、"长期待摊费用"、"待处理财产损益"等账户。

需要说明的是，"待处理财产损益"账户下设两个明细账，即"待处理固定资产损益"和"待处理流动资产损益"，分别核算企业在财产清理过程中查明的固定资产和流动资产的盘盈、盘亏和毁损情况。因此，该账户应按明细账户反映的内容分别归属于流动资产和非流动资产账户。

2. 负债类账户

负债类账户是用来核算企业各种负债增减变动及其结余情况的账户。按照负债偿还期的不同，负债类账户可以分为反映流动负债的账户和反映长期负债的账户两类。

（1）反映流动负债的账户。

反映流动负债的账户，如"短期借款"、"应付账款"、"预收账款"、"应付职工薪酬"、"应付股利"、"应交税费"、"其他应付款"等账户。

（2）反映长期负债的账户。

反映长期负债的账户，如"长期借款"、"应付债券"、"长期应付款"等账户。

3. 所有者权益类账户

所有者权益类账户是用来核算企业投资人对企业净资产所有权增减变动和结存情况

的账户。按照所有者权益的来源不同,所有者权益账户可以划分为反映所有者原始投资的账户和反映所有者经营积累的账户。

(1)反映所有者原始投资的账户。

反映所有者原始投资的账户,如"实收资本"(或"股本")、"资本公积"等账户。

(2)反映所有者经营积累的账户。

反映所有者经营积累的账户,如"盈余公积"、"本年利润"、"利润分配"等账户。

4. 成本类账户

对于工业企业来说,反映成本类的账户按照成本所处经营过程的阶段,可以分为反映供应过程的成本账户和反映生产过程中各种耗费的生产成本账户。

(1)反映供应过程的成本账户。

反映供应过程成本的账户,是为了专门核算外购材料物资的采购成本而设置的账户,如"材料采购"账户。

(2)反映生产过程的成本账户。

反映生产过程中各种物化劳动和活劳动耗费的生产成本账户,如"生产成本"、"制造费用"等账户。

需要说明的是,成本类账户与资产类账户有着密切的联系。资产一经耗用也就转化为费用成本。若成本费用类账户有期末余额,则应当列入资产负债表中的流动资产。例如,"材料采购"账户的期末余额反映的内容为在途物资,在资产负债表中列为存货;"生产成本"账户的期末余额表示尚未完工的在产品成本,也应列入资产负债表中的存货。因此,从一定意义上说,成本类账户也是资产类账户。

5. 损益类账户

损益类账户是指用来反映企业的收入和费用并据以计算财务成果的账户。按照收入的来源和费用支出的用途,可以分为反映收入的账户和反映费用的账户。

(1)反映收入的账户。

反映企业日常营业收入的账户,如"主营业务收入"、"其他业务收入"、"投资收益"等账户。

反映企业非日常营业收入的账户,如"营业外收入"账户。

(2)反映费用的账户。

反映企业日常营业费用的账户,如"主营业务成本"、"营业税金及附加"、"其他业务成本"、"销售费用"、"管理费用"、"财务费用"、"所得税税费"等账户。

反映与企业日常经营无关的支出账户,如"营业外支出"账户。

(四)账户按用途和结构分类

按账户反映的经济内容对账户进行分类,能够使我们了解各类账户反映什么内容,明确账户的性质。但是为正确地运用账户来记录各项经济业务,还需要在研究账户反映的经济内容的基础上,进一步研究账户的用途和结构。

所谓账户的用途,是指通过账户的记录能够提供什么指标,也就是开发和运用账户的目的是什么。账户的结构,是指在账户中怎样记录经济业务,以取得必要的核算指标,也就是账户的借方登记什么,贷方登记什么,在一般情况下,余额在哪一方,表示什么。账户的用途和结构,受账户反映的经济内容的制约。所以,在对账户进行分类研究时,应在将账户按其反映的经济内容分类的基础上,再按其用途和结构进行分类。账户按用途和结构的分类,是对账户按经济内容分类的必要补充。研究账户按用途和结构分类,有利于掌握各类账户在怎样提供核算指标方面的规律性,以达到正确地运用账户,充分发挥账户作用的目的。

根据前面的介绍,账户按用途和结构可以分为12类,下面具体说明各类账户的用途和结构特点。

1. 盘存账户

盘存账户是用来核算和监督各种财产物资和货币资金的增减变动及其结存情况的账户。其用途是提供各种可盘存的财产物资的增减变动及结存情况。盘存账户可以通过财产清查和对账的方法检查账面结存数是否与实存数相等,检查财产物资在经营管理上存在的问题。财产物资的账户在进行明细分类核算时,除了用货币计量外,还需要进行实物计量。此类账户的结构是借方登记各种财产物资和货币资金的增加额,贷方登记减少额,期末余额在借方,表示期末财产物资和货币资金的结存数额。盘存账户的结构见表3-5。

表 3-5　　　　　　　　　　　　　　盘存账户结构

借方	账户名称	贷方
期初余额:财产物资和货币资金的期初结存额		
发生额:财产物资和货币资金的本期增加额	发生额:财产物资和货币资金的本期减少额	
期末余额:财产物资和货币资金的期末结存额		

属于盘存账户的主要有:"库存现金"、"银行存款"、"原材料"、"固定资产"、"库存商品"等账户。

2. 结算账户

结算账户是用来核算和监督企业与其他单位或个人之间债权、债务结算情况的账户。根据结算业务性质不同,结算账户又可分为债权结算账户、债务结算账户和债权债务结算账户。

(1)债权结算账户。

债权结算账户也称为资产结算账户,是用来核算和监督企业债权(应收款项)的增减变动及其结存情况。为了保证核算资料的正确性,债权人需要定期通过与有关债务单位或个人核对账目来保证账账相符。债权结算账户,无论总分类核算还是明细分类核算,都只需要提供货币信息。

此类账户的结构是借方登记债权的增加额,贷方登记债权的减少额,期末余额在借方,表示期末尚未收回的债权。债权结算账户的结构见表3-6。

表 3-6　　　　　　　　　　　　　　　债权结算账户结构

借方	账户名称	贷方
期初余额：应收及预付款项期初结存额		
本期发生额：应收及预付款项的增加额		本期发生额：应收及预付款项的减少额
期末余额：应收及预付款项的期末结存额		

属于债权结算账户的主要有："应收账款"、"应收票据"、"其他应收款"、"预付账款"等账户。

(2) 债务结算账户。

债务结算账户也称为负债结算账户，是用来核算和监督企业债务（应付款项）的增减变动及其实有数额的账户。为了保证核算资料的正确性，债务人需要定期与有关债权单位或个人核对账目来保证账账相符。债务结算账户，无论是总分类核算还是明细分类核算，都只需要提供货币信息。此类账户的结构是贷方登记债务的增加额，借方登记债务的减少额，期末余额在贷方，表示期末尚未偿付的债务。债务结算账户的结构见表3-7。

表 3-7　　　　　　　　　　　　　　　债务结算账户结构

借方	账户名称	贷方
		期初余额：应付及预收款项期初结存额
本期发生额：应付及预收款项的减少额		本期发生额：应付及预收款项的增加额
		期末余额：应付及预收款项的期末结存额

属于债务结算账户的主要有："应付账款"、"应付票据"、"其他应付款"、"预收账款"等账户。

(3) 债权债务结算账户。

债权债务结算账户也称为资产负债结算账户，是用来核算和监督企业与其他单位或个人之间发生的债权和债务往来结算情况的账户。企业在经济活动中，会与某些单位有着经常性的往来业务。这些单位和个人有时是企业的债务人，有时是企业的债权人，为了集中反映企业与这类单位和个人之间发生的债权和债务往来结算情况，在会计实务中，有必要在同一账户中集中反映企业与有关单位和个人之间的债权债务增减变动情况。这类账户既反映债权结算业务，又反映债务结算业务，具有双重性质，也称为往来结算账户。例如，企业向某单位销售产品，按合同预收部分购货款，企业收到预收款项时，记入"预收账款"账户贷方，企业是该单位的债务人。当企业向该单位销售产品，而未收回货款时，销货款大于预收款，"预收账款"账户出现借方余额，企业成为该单位的债权人。对于购货单位，当预付购货款时，记入"预付账款"账户借方，该单位是企业的债权人。该单位收到所购物资，而尚未支付购货款时，购货款大于预付款，"预付账款"账户出现贷方余额，该单位成为企业的债务人。这样，"预收账款"、"预付账款"账户根据其明细账的余额,来判断其账户是债权还是债务,成为债权债务账户。

按会计制度规定,预付货款业务不多的企业也可以将预付货款直接记入"应付账款"账户的借方,这样"应付账款"账户也成为债权债务结算账户。同样,预收货款业务不多的企业也可以将预收货款直接记入"应收账款"账户的贷方,这样"应收账款"账户也成为债权债务结算账户。

债权债务结算账户的期末余额可能在借方,也可能在借方。如果在借方,则表示期末债权大于债务的差额,即债权净额;如果在贷方,则表示期末债务大于债权的差额,即债务净额。债权债务结算账户的结构见表 3-8。

表 3-8 债权债务结算账户结构

借方	账户名称	贷方
期初余额:期初债权大于债务的差额		期初余额:期初债务大于债权的差额
本期发生额:债权的增加和债务的减少额		本期发生额:债务的增加和债权的减少额
期末余额:期末债权大于债务的差额		期末余额:期末债务大于债权的差额

属于此类账户的主要有:"应收账款"、"应付账款"、"预付账款"、"预收账款"等账户。

3. 资本账户

资本账户是用来核算和监督企业所有者权益增减变动及其结存情况的账户。所有者权益的增减变动主要取决于投入资本和内部形成的积累的增减变动。若资本账户有期末余额在贷方,则总分类账户和明细分类账户只需要提供货币指标。

此类账户的结构是贷方登记投资和积累的增加额,借方登记投资和积累的减少额,期末余额总是在贷方,表示投资和积累的期末实有额。资本账户的结构见表 3-9。

表 3-9 资本账户结构

借方	账户名称	贷方
		期初余额:期初投资或积累的实有额
本期发生额:本期投资或积累的减少额		本期发生额:本期投资或积累的增加额
		期末余额:期末投资或积累的实有额

属于资本账户的主要有:"实收资本"、"资本公积"、"盈余公积"等账户。

4. 跨期摊销账户

跨期摊销账户是用来核算和监督应由几个会计期间共同负担的费用,并将这些费用在各个会计期间中进行分摊和预提的账户。跨期摊销账户有"长期待摊费用"等账户。设置跨期摊销账户的目的在于贯彻权责发生制原则,严格划分费用的受益期限,正确计算各个会计期间的损益。这两个账户有不同之处,"长期待摊费用"账户属资产类账户,在结构和用途上也不尽相同,分述如下:

"长期待摊费用"账户是用来核算企业已经支付但应由以后各年度分别负担的费用。该账户的借方登记费用的实际支付或发生额,贷方登记费用的摊销额,余额在借方,表示已经支付或发生但尚未摊销的费用额。"长期待摊费用"账户的结构见表3-10。

表3-10　　　　　　　　　　　　长期待摊费用账户结构

借方	账户名称	贷方
期初余额：期初已经支付而尚未摊销的待摊费用额		
本期发生额：本期支付应由本期和以后各期负担的费用额	本期发生额：本期已摊销的费用额	
期末余额：已经支付尚未摊销的待摊费用额		

5. 调整账户

调整账户是用来调整有关账户的账面余额而设置的账户。在会计核算中,由于管理的需要或其他原因,对于某些资产、负债、所有者权益项目,需要开设两个账户,用两种不同的数字来进行反映。其中,一个账户用来反映资产、负债、所有者权益的原始数字;另一个账户用来反映对原始数字的调整数字。将原始数字与调整数字相加或相减,即可求得现在的实有数字。在会计核算中,把记录和反映原始数字的账户,称为被调整账户;记录和反映对原始数字进行调整的账户,称为调整账户。将调整账户和被调整账户相互配合,既能全面、完整地反映同一个会计对象,又能提供管理上所需要的某些特定指标。

调整账户按其调整方式的不同,可分为备抵账户、附加账户、备抵附加账户。

(1)备抵账户。

备抵账户也称为抵减账户,是用来抵减被调整账户的余额,以求得调整后的实际余额的账户。其调整方式可用公式表示如下:

被调整账户余额-备抵账户余额=被调整账户的实际余额

备抵账户的余额与被调整账户的余额必定方向相反,如果被调整账户的余额在借方(或贷方),则备抵账户的余额一定在贷方(或借方)。按照被调整账户的性质,备抵账户又可分为资产备抵账户和权益备抵账户两类。

①资产备抵账户。

资产备抵账户是用来抵减某一资产账户的余额,以求得该资产账户实际余额的账户。例如,"累计折旧"账户就是"固定资产"这一资产账户的备抵账户。"固定账户"账户登记固定资产原始价值的数额,而"累计折旧"账户登记固定资产因计提折旧而减少的价值即累计折旧额。用"固定资产"账户的借方余额减去"累计折旧"账户的贷方余额,其差额就是固定资产的账面净值。资产备抵账户与被调整账户的账户结构见表3-11。

表 3-11　　　　　　　　　　　　　资产备抵账户结构

借方	被调整账户	贷方	借方	资产备抵账户	贷方
余额：某项资产的原始数额					余额：某项资产的原始数额

属于资产备抵账户的还有"坏账准备"账户。"坏账准备"账户是"应收账款"账户的备抵账户。"应收账款"账户借方余额表示应收账款的原始数额，"坏账准备"账户贷方余额表示预计可能发生的坏账数额，用"应收账款"账户借方余额减去"坏账准备"账户的贷方余额，其差额为应收账款预计可收回净额。

②权益备抵账户。

权益备抵账户是用来抵减某一权益账户的余额，以求得该权益账户实际余额的账户。例如，"利润分配"账户就是"本年利润"这一权益账户的备抵账户。"本年利润"账户的期末贷方余额表示会计期间取得的净利润，"利润分配"账户的期末借方余额表示会计期间利润的分配，用"本年利润"账户的贷方余额减去"利润分配"账户的借方余额，其差额表示期末尚未分配的利润，权益备抵账户与被调整账户的账户结构见表 3-12。

表 3-12　　　　　　　　　　　　　权益备抵账户结构

借方	被调整账户	贷方	借方	权益备抵账户	贷方
		余额：某项权益的原始数额	余额：该项权益的抵减数额		

（2）附加账户。

附加账户是用来增加被调整账户的余额，以求得被调整账户调整后实际余额的账户。这类账户的调整方式与备抵账户的调整方式恰恰相反，其调整方式是将被调整账户的余额加上附加账户的余额，以求得调整后的实际数额。其调整方式可用公式表示如下：

被调整账户余额+附加账户余额=被调整账户的实际余额

附加账户的余额与被调整账户的余额一定在同一方向，如果被调整账户的余额在借方（或贷方），则附加账户的余额也一定是借方（或贷方）余额。

在我国会计实务中，单纯的附加账户已很少见。

发行在外的债券的实际负债额=发行在外的债券总面值+发行在外的债券溢价

（3）备抵附加账户。

备抵附加账户是用来抵减或增加被调整账户的余额，以求得调整后余额的账户。备抵附加账户同时具有备抵账户和附加账户两种调整功能。当此账户的余额与被调整账户余额的方向相反时，调整方式与备抵账户相同，起着备抵账户的作用；当它的余额与被调整账户余额的方向一致时，调整方式与附加账户相同，起着附加账户的作用。该类账户在实际工作中的运用也较少，为了便于掌握其基本原理，这里以"原材料"和"材料成本差异"账户加以说明备抵附加账户的用途和结构。

制造企业在采用计划成本进行材料的日常收发核算时,所设置的"材料成本差异"账户,就是"原材料"这个被调整账户的备抵附加账户。当"材料成本差异"账户是贷方余额时,表示实际成本低于计划成本的节约额,将"原材料"账户的借方余额减去"材料成本差异"账户的贷方余额,其差额就是库存原材料的实际成本;当"材料成本差异"账户期末有借方余额时,表示实际成本高于计划成本的超支额,将"原材料"账户的借方余额加上"材料成本差异"账户的借方余额,所得之和就是库存原材料的实际成本。备抵附加账户的结构见表 3-13 和表 3-14。

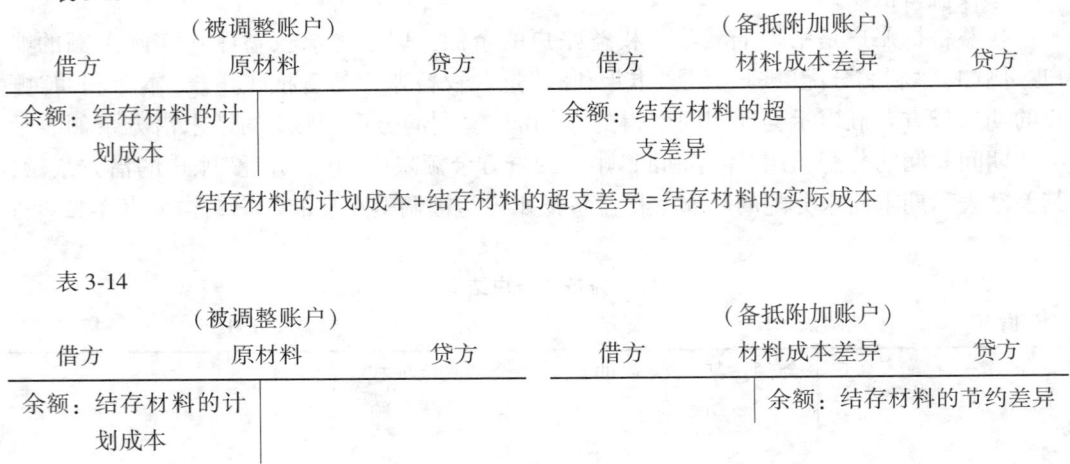

表 3-13

结存材料的计划成本+结存材料的超支差异=结存材料的实际成本

表 3-14

结存材料的计划成本−结存材料的节约差异=结存材料的实际成本

从上表可以看出,当"材料成本差异"账户出现借方余额时,以附加的方式,将"原材料"账户所反映的材料的计划成本调整为实际成本;相反,当"材料成本差异"账户出现贷方余额时,则以抵减的方式,将"原材料"账户所反映的材料的计划成本调整为实际成本。

6. 暂记账户

暂记账户是用来核算和监督企业内部需要经过一定批准程序才能转账,或暂时不能确定如何转账的业务的账户。"待处理财产损益"就是典型的暂记账户。在财产清查时,所发现的财产物资的盘盈、盘亏和毁损,在尚未查明原因或未经过有关部门批准之前,就先通过暂记账户加以记录。待查明原因,经有关部门按照规定程序报经批准后,再按有关规定进行转账处理。

"待处理财产损益"账户结构,借方登记发生待处理的财产物资盘亏、毁损额和报经批准转账处理的财产物资盘盈额;贷方登记发生待处理的财产物资盘盈额和报经批准转账处理的财产物资盘亏、毁损额。该账户期末如有借方余额,为尚未处理的财产物资的净损失;若有贷方余额,则为尚未处理的各种财产物资的净溢余。其账户结构见表 3-15。

表 3-15　　　　　　　　　　　　　　**暂记账户结构**

借方 待处理财产损益	贷方
发生额：(1) 发生的待处理的财产物资的盘亏、毁损额 (2) 报经批准转销的财产物资的盘盈额	发生额：(1) 发生的待处理的财产物资的盘盈额 (2) 报经批准转销的财产物资的盘亏、毁损额
期末余额：尚待处理的财产物资的盘亏、毁损额	期末余额：尚待处理的财产物资的盘盈额

7. 集合分配账户

集合分配账户是用来归集生产经营过程中某个阶段所发生的间接费用，先归集再按一定标准向有关受益对象进行分配的账户。设置这类账户的目的是将生产经营过程中应由各个成本计算对象共同负担的间接费用，在一定时期先归集再一次分配，可简化繁杂的摊配手续，提高工作效率。

集合分配账户借方登记归集的费用发生额，贷方登记分配的费用结转额。在一般情况下，这类账户所归集的费用在期末按一定标准全部分配给各受益对象后，期末无余额。集合分配账户的结构见表 3-16。

表 3-16　　　　　　　　　　　　　　**集合分配的账户结构**

借方	账户名称	贷方
本期发生额：归集生产经营过程中发生的某种费用额		本期发生额：期末分配到各成本受益对象的费用额
期末一般无余额		

属于集合分配的账户的主要有"制造费用"账户。

8. 成本计算账户

成本计算账户是用来核算和监督企业在生产经营过程中某一经营阶段所发生的全部费用，并据以确定该过程各成本计算对象实际总成本和单位成本的账户。设置和运用成本计算账户，对于正确计算物资采购、产品生产和工程项目的实际成本，考核有关成本计划的执行和完成情况具有重要意义。

此类账户的结构是借方登记应计入成本的全部费用，包括直接发生的费用和按一定标准分配计入的费用，贷方登记转出的已完成某阶段生产经营活动的成本计算对象的实际成本，期末如有余额在借方，表示尚未完成某一阶段生产经营活动的成本计算对象的实际成本。成本计算账户的结构见表 3-17。

属于成本计算账户的主要有："物资采购"、"生产成本"、"在建工程"等账户。

9. 计价对比账户

计价对比账户用来核算和监督企业对某项经济业务，按照两种不同的计价标准进行对比，借以确定其业务成果的账户。这类账户的基本结构是对某项经济业务，借方按一种计价标准登记其数额,而贷方按另一种计价标准登记其数额,将借贷双方的发生额进行对比,就可以确定其业务成果。

表3-17　　　　　　　　　　　　成本计算账户结构

借方	账户名称	贷方
期末余额:期初尚未完成经营过程某一阶段的成本计算对象的实际成本		
本期发生额:归集经营过程某一阶段发生的全部费用额		本期发生额:转出已完成该阶段经营过程的成本计算对象的实际成本额
期末余额:期末尚未完成的某一阶段经营过程的成本计算对象的实际成本		

"固定资产清理"账户是较典型的计价对比账户。该账户的借方登记出售、报废和毁损的固定资产转入清理时的固定资产净值,以及清理过程中发生的各种清理费用,贷方登记出售清理固定资产的收入。通过借贷双方的对比,确定固定资产清理的业务成果。当借方大于贷方的差额为固定资产清理的净损失,期末转入"营业外支出"账户时,记入该账户的贷方;当贷方大于借方的差额为固定资产清理的净收益,期末转入"营业外收入"账户时,记入该账户的借方。不论是清理净损失还是清理净收益,结转后"固定资产清理"账户均无余额。

在材料日常核算按计划成本计价的情况下,"材料采购"账户也是计价对比账户。该账户的借方登记材料的实际采购成本,贷方登记按照计划价格核算的材料采购成本。通过借贷双方两种计价的对比,确定物资采购的业务成果。借方大于贷方表明物资采购成本的超支额,贷方大于借方表明物资采购成本的节约额。无论是超支额还是节约额,都应从"材料采购"账户转入"材料成本差异"账户,结转后该账户应无余额。计价对比账户的基本结构见表3-18。

表3-18　　　　　　　　　　　　计价对比账户结构

借方	账户名称	贷方
本期发生额:(1)某项经济业务按一种计价标准核算的数额 (2)贷差(贷方计价大于借方计价)的结转数额		本期发生额:(1)某项经济业务按另一种计价标准核算的数额 (2)借差(借方计价大于贷方计价)的结转数额

10. 收益账户

收益账户是用来核算和监督企业在一定会计期间实现的各种收入和收益的账户,其用途是用以计算当期的损益,此类账户的结构是贷方登记本期实现的收入和收益的增加额,借方登记本期收入和收益的冲减额以及期末结转至"本年利润"账户的收入和收益额,期末结转后该类账户无余额。收益账户的结构见表3-19。

表 3-19 　　　　　　　　　　　　**收益账户结构**

借方	账户名称	贷方
本期发生额：（1）收入和收益的冲减额 　　　　　（2）期末转入"本年利润"账户的收入和收益额	本期发生额：收入和收益的增加额	

属于收益账户的主要有："主营业务收入"、"其他业务收入"、"营业外收入'和"投资收益"等账户。

11. 费用支出账户

费用支出账户是用来核算和监督企业在一定会计期间发生的应计入当期损益的各种费用支出的账户。其用途是以计算当期损益。此类账户的结构是借方登记应计入当期损益的各种费用支出的发生额，贷方登记当期费用支出的冲减额以及期末结转至"本年利润"账户的费用支出额，期末结转后该类账户无余额。费用支出账户的结构见表3-20。

表 3-20 　　　　　　　　　　　　**费用支出账户结构**

借方	账户名称	贷方
本期发生额：费用和支出的发生额	本期发生额：（1）费用支出的冲减额 　　　　　（2）期末转入"本年利润"账户的费用支出额	

属于费用支出账户的主要有："主营业务成本"、"营业税金及附加"、"其他业务成本"、"销售费用"、"管理费用"、"财务费用"、"营业外支出"和"所得税费用"等账户。

12. 财务成果账户

财务成果账户是用来核算企业在一定会计期间全部经营活动的最终成果的账户。其用途是通过"本年利润"账户将当期各项收益和各项费用支出通过借贷对比，计算出当期最终财务成果，即利润或亏损。"本年利润"账户属于财务成果账户，该账户的贷方登记期末从收益账户转入的本期各项收益数额，借方登记期末从费用支出账户转入的本期各项费用支出数额。期末将借方发生额和贷方发生额进行对比，就可以计算出本期的最终财务成果。如果期末贷方余额，则表示至本期已累计实现的利润净额；如果是借方余额，则表示至本期已累计发生的亏损总额。财务成果账户的结构见表3-21。

表 3-21 　　　　　　　　　　　　**财务成果账户结构**

借方	本年利润	贷方
期初余额：期初累计发生的亏损	期初余额：期初累计实现的净利润	
本期发生额：本期转入的各项费用	本期发生额：本期转入的各项收益	
期末余额：期末累计发生的亏损总额	期末余额：期末累计实现的利润净额	

财务成果账户通常是指"本年利润"账户。需要说明的是，年终结算时"本年利润"的余额，无论实现的利润净额，还是发生的亏损总额，应全部转入"利润分配"账户，年终转账后该账户无余额。

必须指出，上列账户分类是按其主要用途和结构的分类。有时一个账户可以同时属于两个类别，例如，"物资采购"账户既是成本计算账户，材料日常核算按计划成本计价时，也属于计价对比账户。又如"生产成本"账户，既是成本计算账户，用于计算产品的计算成本，同时该账户期末借方余额表示期末在产品，属于期末盘存的财产物资，也是盘存账户（见图3-1）。

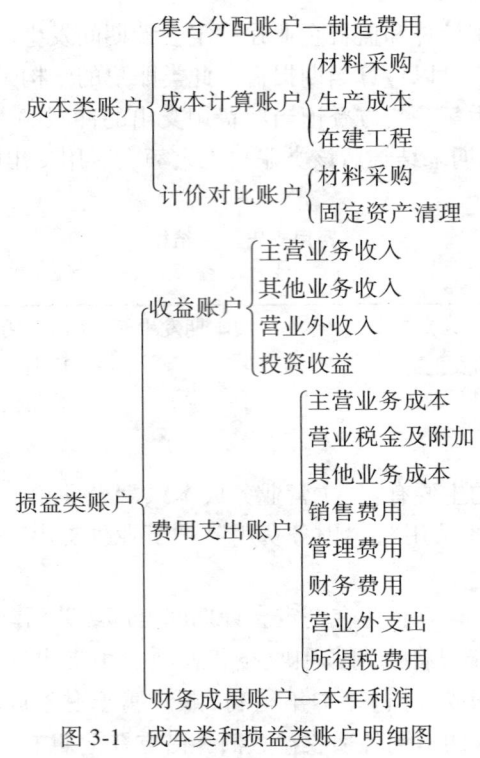

图3-1 成本类和损益类账户明细图

第三节 复 式 记 账

一、记账方法概述

记账方法是指会计人员在工作中，根据一定的原理和原则，运用货币作为主要计量单位，利用文字或数字，在账户中记录企业已经发生的经济业务的一种专门方法。作为现代社会记录经济业务的方式，记账方法包括的要素有：记账符号、记账规则和试算平衡公式等。

(一) 记账方法的种类

自从产生了专门记录经济活动过程及结果的会计以来，用来准确记录经济业务的记账方法就成为人们追求的目标，在不同的历史时期、不同的经济发展阶段以及不同的国家和地区，产生并应用着不同的记账方法。

从记录经济业务方式的角度划分，可以将记账方法分为两种：单式记账法和复式记账法。

1. 单式记账法

单式记账是一种比较简单，不完整的记账方法，它是对企业所发生的每一笔经济业务，只在一个账户中进行记录，只反映经济业务的一个侧面，与此相联系的另一个侧面不予考虑。例如，用银行存款购买原材料这一经济业务发生以后，会计人员只记录银行存款的付出业务，而对于原材料的增加却不做相应的记录。这种方法在选择单方面记账时，主要考虑的是现金、银行存款和债权债务方面发生的经济业务，因此，一般只设置有限的几个账户，如"现金"、"银行存款"、"应收账款"等。

单式记账法具有以下特点：

(1) 账户设置不完整，没有完整的账户体系，一般只设货币资金和结算性质的账户，因此，不能全面反映企业所发生的经济业务的全部情况；

(2) 在单式记账法下，由于只设置少数几个账户，所以许多经济业务发生以后无法在相关账户中相互联系地反映出来，而反映的经济业务只是一个侧面或一个方面，不能体现经济业务引起的来龙去脉；

(3) 在采用单式记账法时，由于对于所发生的经济业务只片面地记录，每笔经济业务都无法从会计账簿记录中进行试算平衡，因此，在一定时期内所发生的经济业务无法根据会计记录进行总体平衡验算。

总之，在单式记账法下，由于账户之间也没有形成相互对应的关系，因而不能全面、完整地反映经济业务的来龙去脉，也不便于检查账户记录的正确性。随着社会经济的发展和市场竞争的加剧，企业的经济业务日趋复杂，单式记账必然让位于另一种记账方法——科学的复式记账法。

2. 复式记账法

复式记账法是以会计等式为依据建立起来的一种记账方法。它是对每一种经济业务的发生，都要以相等的金额，同时在两个或两个以上相互联系的账户中进行全面登记以反映资金来龙去脉的一种记账方法。

由于企业所发生的每一笔经济业务，在客观上都会引起两方面的变化，例如，从银行存款中提取现金这笔业务，一方面，是银行存款的减少；另一方面，是现金等额的增加，当采用复式记账法时，这两方面的变化要同时反映出来。也就是说，银行存款的减少是由于现金增加引起的；反之，现金的增加使银行存款的金额减少。这样，一笔经济业务的来龙去脉就非常清楚地在相互联系的会计账户中反映出来。

复式记账法具有以下特点：

(1) 在复式记账法下，需要设有完整的账户体系。

复式记账法是针对单式记账法的不足而设计的一种科学的记账方法。在这种方法下，要对企业所发生的每一笔经济业务，在相互联系的两个或两个以上的账户中进行全面反映，因此，必须设置一整套科学的账户体系，用以反映各种各样的经济业务。如企业既要设置所有资产类账户，又要设置各种权益类账户；既要设置各种收入类账户，又要设置各种成本费用类账户和各种利润类账户。所有账户形成一个科学的体系，用来对企业各项经济业务进行综合反映。

(2)在复式记账法下，账户之间体现了各项经济业务的来龙去脉，便于检查账户记录的正确性。

复式记账法的记账要点是：对于任何一笔经济业务的记录，都要以同等数额、在两个或两个以上账户中相互联系登记。这种方法不仅可以全面、清晰地反映出经济业务的全过程和经济活动的结果，而且还能够据以对账户记录进行试算平衡，以检查账户记录的正确性。这种方法如实地反映了资金运动的过程和结果，从经济业务相互联系的两个方面反映了来龙去脉，账户之间具有严格的对应关系和数字的钩稽关系。

例如，以银行存款归还银行借款的业务，一方面，是存款发生减少；另一方面，是借款也减少，复式记账客观反映了资金两方面的变化，体现了资金运动的来龙去脉，即体现了资金从何处来，到何处去的双重变化。

(3)复式记账法有利用对全面经济业务进行试算平衡。

因为对每一笔经济业务都要以相等的金额，在相互联系的两个或两个以上的账户中进行登记，因此，当某一会计期结束时，对所有会计记录是否正确的检验就非常方便：因为每一笔经济业务都是平衡的，一定时期内全部经济业务的记录也必然是平衡的。

复式记账法根据记账符号的不同，可以分为借贷记账法、收付记账法和增减记账法三种。目前，世界各国普遍使用是借贷记账法，我国要求境内所有企业采用统一的借贷记账法。

下面通过例题来说明复式记账如实反映资金运动来龙去脉的双重变化情况。

第一，在复式记账法下，经济业务的发生引起资产和权益双方同时以相等的金额增加。

【例3-1】A公司与B公司订有长期购销合同。2月份，A公司向B公司购入原材料100吨，每吨价格为150元，货款共支付15000元，合同并规定了购货所发生的运费和途中损失全部由A公司负担，A公司在到货后一周内付款。

经济业务发生后，会计人员根据审核无误的原始凭证，在应付账款和原材料两个账户中进行相互联系的记录(见图3-2)：

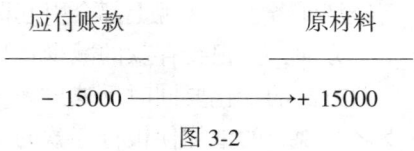

图 3-2

这样的记账结果所表现的资金运动形式为：资金从来源(权益)来；到占用(资产)去。

第二，在复式记账法下，经济业务的发生引起资产和权益双方以相等的金额同时减少。

【例3-2】A公司为业务发展的需要，于上年向银行借入期限为3个月的短期借款

10000元现已到期,根据企业的银行存款情况,会计人员开出付款凭证,从银行存款中划出10000元支付这笔已到期的短期负债(见图3-3)。

```
    银行存款              短期借款
   ─────────            ─────────
   — 10000 ──────────→ + 10000
              图 3-3
```

这样的记账结果表现出的资金运动形式为:资金从占用(资产)来,回到来源(权益)去。

第三,经济业务的发生引起资产内部的各不同项目之间发生有增有减、增减金额相等的变化。

【例3-3】A企业用银行存款19800元购入一批材料,货款已从银行存款账中付出(见图3-4)。

```
    银行存款              原材料
   ─────────            ─────────
   — 19800 ──────────→ + 19800
              图 3-4
```

这样记账的结果表现的资金运动形式为:资金从占用(资产)来,到另一项占用(资产)去。

第四,经济业务的发生引起负债及所有者权益方内部不同项目之间发生有增有减、增减金额相等的变化。

【例3-4】企业将资本公积金100000元转作实收资本(见图3-5)。

```
    实收资本              资本公积金
   ─────────            ─────────
   + 100000 ──────────→ — 100000
              图 3-5
```

这样记账的结果所表现的资金运动的形式为:资金从一项来源(权益)来,到另一项来源(权益)去。

上述四笔经济业务发生以后,会计人员在处理的时候都采用了复式记账方法,到一个会计期的期末,企业会计人员要在编制会计报表之前,检查账务记录的正确性。这种检查通常是先把已发生的经济业务以及期初余额编在一张试算平衡表中,以便检查变化以后的资产与权益双方的总额是否仍保持平衡。

复式记账法如实地反映了资金的来龙去脉双重变化,是一种科学的记账方法。

二、借贷记账法

借贷记账法是以"借"、"贷"为记账符号,对每一笔经济业务,都在两个或两个以上的账户的相反方向,以相等的金额,相互联系地、全面反映各项会计要素增减变动情况的一种复式记账方法，是复式记账法中应用最基本的一种方法。

（一）记账符号

记账符号，就是在运用复试记账方法时，指明记入账户方向的标记，表示经济业务数量的增加或减少。在借贷记账法下，以"借"、"贷"为记账符号，在T型账户中，通常账户的左方标记为"借方"，右方标记为"贷方"。

（1）"借"和"贷"是抽象的记账符号。借贷记账法是以"借"和"贷"作为记账符号，用以指明记账的增减方向。"借"、"贷"两个字已经失去了其本身的含义，仅仅是借贷记账法的专门符号。

（2）"借"和"贷"所表示的增减含义。"借"和"贷"作为记账符号，都具有增加和减少的双重含义。"借"和"贷"哪一方为增加，哪一方为减少，必须结合账户的具体性质才能准确说明。

（二）账户的结构

在借贷记账法下，账户按经济内容的性质分为资产类、负债类、所有者权益类、成本类和损益类，其结构分别为：

1. 资产类账户的结构

在资产类账户中，账户的借方登记增加额，贷方登记减少额。期末资产类账户余额一般在借方，表示期末资产的实有数。资产类账户的结构见表3-22。

表3-22　　　　　　　　　　　　资产类账户的结构

借方	资产类账户	贷方
期初余额		
本期增加发生额	本期减少发生额	
期末余额		

一般资产类账户的期末余额计算公式如下：

期末余额＝期初余额＋本期借方发生额－本期贷方发生额

2. 权益类账户的结构

负债和所有者权益类账户统称为权益类账户，账户的借方登记减少额，贷方登记增加额。期末余额一般在贷方，表示负债和所有者权益的期末实有数。权益类账户的结构见表3-23。

表3-23　　　　　　　　　　　　权益类账户的结构

借方	权益类账户	贷方
	期初余额	
本期减少发生额	本期增加发生额	
	期末余额	

一般权益类账户的期末余额计算公式如下：

期末余额＝期初余额+本期贷方发生额−本期借方发生额

3. 成本类账户的结构

从某种意义上来说，成本类账户也是资产类账户，所以成本类账户的结构与资产类账户的结构基本一致，成本类账户借方登记增加额，贷方登记减少额。期末资产类账户余额一般在借方，表示期末成本的实有数。成本类账户的结构见表3-24。

表 3-24　　　　　　　　　　　　成本类账户的结构

借方	资产类账户	贷方
期初余额		
本期增加发生额	本期减少发生额	
期末余额		

一般资产类账户的期末余额计算公式如下：

期末余额＝期初余额+本期借方发生额−本期贷方发生额

4. 损益类账户的结构

损益类账户是用来反映企业在一定时期内获得的收入、收益以及发生的费用、损失的账户。损益类账户包括了收入和费用两类要素的账户，即收入类账户和费用类账户，它们的性质是相反的。

由于收入能增加所有者权益，所以其账户的结构与所有者权益类账户相似，账户的借方登记减少额，贷方登记增加额。企业的各种收入将导致企业利润的增加，因此期末时收入的当期增加额减去收入的当期减少额后的净额，应转入计算利润的账户"本年利润"的贷方，同时记入有关收入账户的借方，因此，收入类账户一般期末没有余额。收入类账户的结构见表3-25。

表 3-25　　　　　　　　　　　　收入类账户的结构

借方	收入类账户	贷方
本期减少发生额	本期增加发生额	

由于费用会导致所有者权益的减少，所以其账户的结构与所有者权益类账户相反，而与资产类账户相似，其借方登记增加额，贷方登记减少额。企业的各种费用将导致企业利润的减少，因此期末时费用的当期增加额减去收入的当期减少额后的净额，应转入计算利润的账户"本年利润"的借方，同时记入有关费用账户的贷方，因此，费用类账户一般期末没有余额。费用类账户的结构见表3-26。

表 3-26　　　　　　　　　　　　费用类账户的结构

借方	费用类账户	贷方
本期增加发生额	本期减少发生额	

(三)记账规则

记账规则是记账时应遵循的规律,是根据会计对象运动的规律性加以确定的。借贷记账法的记账规律是:

(1)对于发生的每一笔经济业务,都要在两个或两个以上相互关联的账户中进行登记;

(2)所记入的账户可以属于同一类,也可以属于不同类,这取决经济业务内容,但登记账户时,对一笔经济业务必须是一方面记在账户的借方,另一方面记在另外有关账户的贷方;

(3)在登记账户数额时,登记在借方的数额与登记在贷方的数额必须相等,体现了复式记账的特点。

概括地说,借贷记账法的记账规则就是"有借必有贷,借贷必相等"。

"有借必有贷"反映了账户之间借贷的对应关系,"借贷必相等"体现了借贷双方数字上的钩稽关系。这一记账规则适于任何经济业务。如果是复杂的经济业务,则需要涉及几个账户时,借贷方的金额也必须相等。

借贷记账法的记账规则实际上就是根据复式记账原理,对企业所发生的任何一笔经济业务,都要以相等的金额,相反的方向,同时在两个或两个以上相互联系的账户中进行登记。

(四)会计分录

复式记账法要求对每项经济业务都要分别记入两个或两个以上的账户,从而使这些账户形成了对立统一、相互依存的关系,这种关系称为账户的对应关系。具有对应关系的账户互为对应账户。

1. 会计分录的概念

会计分录,又称记账公式或简称分录。它是按照复试记账的要求,对每项经济业务标明其应登记的账户、记账方向和金额的一种记录。一笔会计分录主要包括三个要素:账户的名称,及会计科目、记账符号和记账金额。在实际工作中,会计分录工作是通过编制记账凭证完成的,它是将具体经济业务记入有关账户之前必须进行的一项重要内容,是会计核算方法的一种。

会计分录的格式一般统一规定为如下形式:

(1)先借后贷,借贷分行写,且贷记方面的符号、科目及其金额比借记方面要退后、相错一格;

(2)同行文字与表示金额的数字应适当错开位置,表示金额的数字不应带单位;

(3)复合会计分录的借方或贷方的文字和金额数字必须分别对齐。

2. 会计分录的分类

会计分录根据所涉及账户的数量多少,可以分为简单分录和复合分录两种。简单会计分录,是指一项经济业务发生后,只涉及相互联系的两个会计账户,即"一借一贷"的分录。

【例3-5】3月5日A公司向银行借入为期3个月期的款项20000元,存入银行。

这笔经济业务只涉及两个账户,即银行存款和短期借款,因此,编制的会计分录为一借一贷的简单分录：
  借：银行存款   20000
   贷：短期借款   20000
  复合会计分录（复杂会计分录），是指一项经济业务发生后，需要在两个以上相互联系的账户记录数量变化情况的会计分录。包括"一借多贷"、"多借一贷"和"多借多贷"的分录。

  【例3-6】 4月18日，A企业收到B企业前欠的货款24800元，其中，收到现金800元，其余以银行转账收讫。

  会计分录为：
  借：库存现金   800
    银行存款   24000
   贷：应收账款   24800

  简单会计分录与复合会计分录的关系为：一个复合会计分录可以分解为几个简单会计分录。利用复合会计分录能够集中反映整个经济业务的全貌，简化记账工作，提高工作的效率。

  如上例中的一借二贷可以拆分为两个简单分录：
  借：库存现金   800
   贷：应收账款   800
  借：银行存款   24000
   贷：应收账款   24000

（五）试算平衡

  试算平衡，就是根据"资产＝负债+所有者权益"的平衡关系，按照记账规则的要求，对本期账户记录进行汇总计算和比较，以检查和验证账户记录的正确性的一种专门方法。

  1. 借贷平衡公式

  为了保证一定时期内所发生的经济业务在账户中登记的正确性，需要在一定时期终了时，根据会计等式的基本原理，对账户记录进行检验——试算平衡。

  试算平衡可以起到以下作用：
  （1）可以检查和验证账户记录正确与否；
  （2）可以为编制会计报表提供工作底稿。

  在借贷记账法下，根据复式记账的基本原理，试算平衡的方法主要有两种：发生额平衡法和余额平衡法。

  发生额平衡法是根据借贷记账法记账规则来确定账户本期发生额的入账及计算是否正确的一种平衡公式。其试算平衡公式如下：

    全部账户借方本期发生额合计＝全部账户贷方本期发生额合计

  余额平衡法是根据会计恒等式"资产＝负债+所有者权益"的平衡关系来确定账户登记及其余额计算是否正确的一种平衡公式。借贷记账法是以会计恒等式为基础，因而所有账户的借方余额合计，即为期末资产总额；所有账户贷方余额合计，即为期末负债及所有者权益总额，两者必然相等。用公式表示为：

全部账户期初借方余额合计＝全部账户期初贷方余额合计

全部账户期末借方余额合计＝全部账户期末贷方余额合计

根据"有借必有贷，借贷必相等"记账规则，借贷记账法在处理每一笔经济业务时，都是以相等的金额，相反的方向，在相互联系的两个或两个以上的账户中进行登记，因此，在一定时期内(如一个月或一个会计年度)，所有账户的借方本期发生额合计数与贷方本期发生额的合计数必然保持平衡；所有账户的借方期末余额合计数与贷方期末余额合计数也必然相等。

利用这种平衡关系，就可以检查各账户记录是否正确，以提高会计核算的质量。

通常，企业的账户平衡检查工作是通过编制各账户的试算平衡表的形式进行的，试算平衡表的格式如表 3-27 所示：

表 3-27 试算平衡表

会计科目	期初余额		本期发生额		期末余额	
	借方金额	贷方金额	借方金额	贷方金额	借方金额	贷方金额
库存现金						
银行存款						
应收账款						
……						
合计						

下面通过举例来说明借贷记账法的记账规则和试算平衡表的编制。

甲企业在 2014 年 3 月份发生了如下经济业务：

(1)购入原材料一批价值 5000 元并验收入库，以银行存款支付购料款。

这笔经济业务的发生，涉及原材料和银行存款两个项目的增减变动。"原材料"和"银行存款"都属资产类账户。"原材料"账户增加 5000 元，应记入借方；"银行存款"账户减少 5000 元，应记入贷方。这笔经济业务登账的结果如图 3-6 所示：

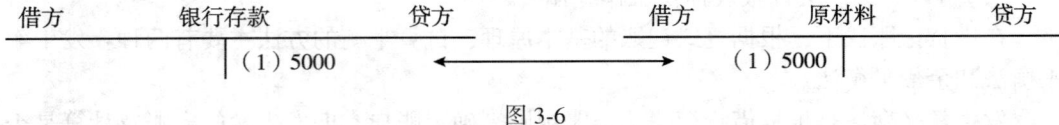

图 3-6

(2)向银行借入为期 3 个月的短期借款 10000 元，直接偿还前欠外单位的购料款。

这笔经济业务的发生，涉及短期借款和应付账款两个项目的增减变动。"短期借款"和"应付账款"都属负债类账户，"短期借款"账户增加 10000 元，应记入贷方；"应付账款"账户减少 10000 元，应记入借方。这笔经济业务登账的结果如图 3-7 所示：

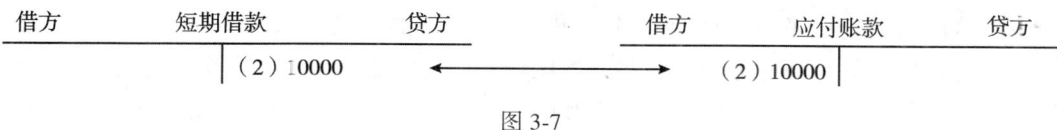

图 3-7

(3) 以盈余公积金 20000 元转增资本金。

这笔业务的发生,涉及盈余公积和实收资本两个项目的增减变动。"盈余公积"和"实收资本"都属所有者权益类账户,"盈余公积"账户减少 20000 元,应记入借方;"实收资本"账户增加 20000 元,应记入贷方。这笔经济业务登账的结果如图 3-8 所示:

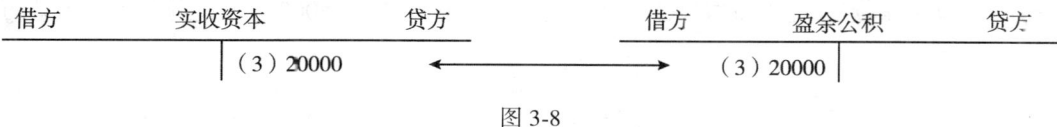

图 3-8

(4) 企业收到投资者投入的新设备一台,价值 85000 元。

这笔业务的发生,涉及实收资本和固定资产两个项目的增减变动。"实收资本"属于所有者权益类账户,"实收资本"账户增加 85000 元,应记入贷方;"固定资产"属于资产类账户,"固定资产"账户增加 85000 元,应记入借方。这笔经济业务登账的结果如图 3-9 所示:

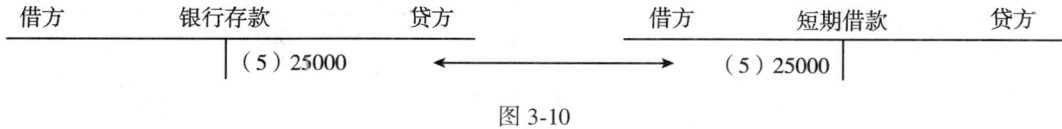

图 3-9

(5) 以银行存款偿还一笔到期的短期借款 25000 元。

这笔业务的发生,涉及银行存款和短期借款两个项目的增减变动。"银行存款"属于资产类账户,"银行存款"账户减少 25000 元,应记入贷方;"短期借款"属于负债类账户,"短期借款"账户减少 25000 元,应记入借方。这笔业务登账的结果如图 3-10 所示:

借方	银行存款	贷方		借方	短期借款	贷方
		(5) 25000	←——→	(5) 25000		

图 3-10

从以上五笔经济业务涉及的五种类型会计要素的增减变动可以看出,在借贷记账法下，每一项业务发生后，都要以相等的金额同时记入有关账户，一个记借方，另一个记贷方。这就是借贷记账法"有借必有贷，借贷必相等"的记账规则。

在会计处理的经济业务中，有些业务比较复杂，可能会涉及一个账户的借方和两个以上账户的贷方，或是一个账户的贷方和两个以上账户的借方，即"一借多贷"或"一贷多借"，仍然适用于"有借必有贷，借贷必相等"的记账规则。

（6）购入原材料一批价值65000元并验收入库，其中，40000元以银行存款支付，其余25000元暂欠供货单位。

这笔业务的发生，涉及资产和负债两个会计要素中的原材料、银行存款、应付账款三个项目同时发生增减变动。"原材料"属于资产类账户，"原材料"账户增加65000元，应记入借方；"银行存款"也属于资产类账户，"银行存款"账户减少40000元，应记入贷方；"应付账款"属于负债类账户，"应付账款"账户增加25000元，应记入贷方（见图3-11）。

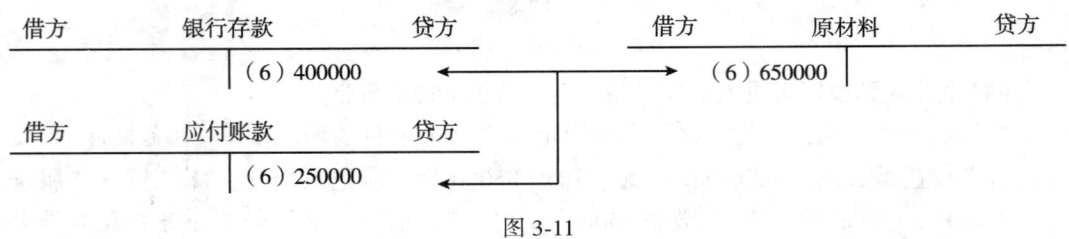

图 3-11

（7）企业收到某投资单位以银行存款150000元，机器设备50000元，对本企业的投资。

这笔业务的发生，涉及所有者权益和资产两个会计要素中的实收资本、银行存款、固定资产三个项目同时发生增减变动。"实收资本"属于所有者权益类账户，"实收资本"账户增加200000元，应记入贷方；"银行存款"、"固定资产"同属于资产类账户，"银行存款"账户增加150000元，"固定资产"账户增加50000元，均应记入借方（见图3-12）。

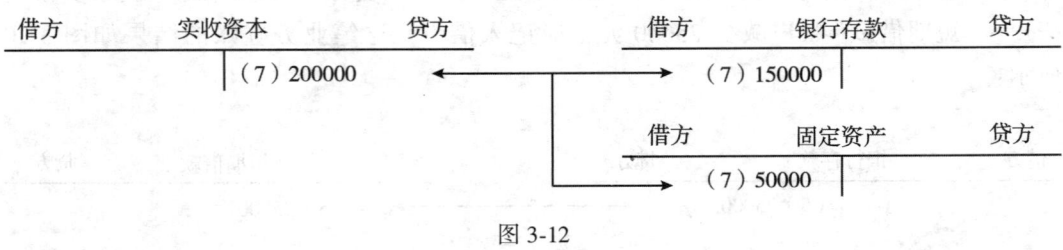

图 3-12

甲公司有关账户的2014年3月份期初余额如表3-28所示，根据3月份发生的7笔经济业务编制试算平衡表。

表 3-28　　　　　　　　　　　　　　**账户期初余额表**　　　　　　　　　　单位：元

账户名称	借方余额	账户名称	贷方余额
库存现金	500	短期借款	25000
银行存款	82000	应付账款	31660
应收账款	23000	长期借款	40000
原材料	120000	实收资本	555000
库存商品	30000	盈余公积	153840
固定资产	550000		
合计	805500	合计	805500

试算平衡表中的资料来源于有关账户的记录。根据期初余额开设有关账户 T 型账户，并将本期发生的 7 笔经济业务记入有关账户，月末结出本期发生额合计及期末余额。其设账、登账及结账后的资料如表 3-29 至表 3-39 所示：

表 3-29

借方	库 存 现 金	贷方
期初余额 500		
期末余额 500		

表 3-30

借方	银 行 存 款	贷方
期初余额　　82000		
（7）150000		（1）　5000
		（5）25000
		（6）40000
本期发生额 150000		本期发生额 70000
期末余额　　162000		

表 3-31

借方	应 收 账 款	贷方
期初余额 23000		
期末余额 23000		

表 3-32

借方	原 材 料	贷方
期初余额 120000		
(1) 5000		
(6) 65000		
本期发生额 70000		
期末余额 190000		

表 3-33

借方	库 存 商 品	贷方
期初余额 30000		
期末余额 30000		

表 3-34

借方	固 定 资 产	贷方
期初余额 550000		
(4) 85000		
(7) 50000		
本期发生额 135000		
期末余额 685000		

表 3-35

借方	短 期 借 款	贷方
		期初余额 25000
(5) 25000		(2) 10000
本期发生额 25000		本期发生额 10000
		期末余额 10000

表 3-36

借方	应 付 账 款	贷方
		期初余额 316600
(2) 10000		(6) 25000
本期发生额 10000		本期发生额 25000
		期末余额 46660

表 3-37

借方	长期借款	贷方
		期初余额 140000
		期末余额 140000

表 3-38

借方	实收资本	贷方
		期初余额 410000
		(3) 20000
		(4) 85000
		(7) 200000
		本期发生额 305000
		期末余额 715000

表 3-39

借方	盈余公积	贷方
		期初余额 198840
(3) 20000		
本期发生额 20000		
		期末余额 178840

根据有关账户期初余额、本期发生额和期末余额，即可编制试算平衡表，如表 3-40 所示。

必须指出，试算平衡表只是通过借贷金额是否平衡来检查账户的记录是否正确。如果借贷不平衡，则可以肯定账户记录或计算有错误，应进一步查找原因并予以更正。但是，如果试算平衡，却不能肯定记账没有错误，因为有些记账错误并不影响借贷的平衡。例如，某笔经济业务在有关账户中全部漏记或重记；又如，某项经济业务记错账户，把应借应贷的账户互相颠倒；再如，对某项经济业务记入有关账户的借贷金额出现多记或少记同样金额的错误。凡此种种，试算平衡表仍然平衡，并不能说明记账没有错误。因此，需要对一切会计记录进行日常或定期的复核，以保证账户记录的正确性。

表 3-40　　　　　　　　　**总分类账户试算平衡表**

单位名称：甲公司　　　　2014 年 3 月 31 日　　　　　　　　单位：元

账户名称	期初余额		本期发生额		期末余额	
	借方	贷方	借方	贷方	借方	贷方
资　产：						
库存现金	500				500	

续表

账户名称	期初余额		本期发生额		期末余额	
	借方	贷方	借方	贷方	借方	贷方
银行存款	82000		150000	70000	162000	
应收账款	23000				23000	
原材料	120000		70000		190000	
库存商品	30000				30000	
固定资产	550000		135000		685000	
负债：						
短期借款		25000	25000	10000		10000
应付账款		31660	10000	25000		46660
长期借款		140000				140000
所有者权益：						
实收资本		410000		305000		715000
盈余公积		198840	20000			178840
合　　计	805500	805500	410000	410000	1090500	1090500

练　习　题

一、单项选择题

1. 经济业务发生后，会计等式的平衡关系(　　)。
   A. 可能会被破坏　B. 不会受影响　C. 可能会受影响　D. 会受影响
2. 复式记账法，是对每一笔经济业务事项都要在(　　)相互联系的账户中进行登记(　　)。
   A. 两个　　　　B. 三个　　　　C. 一个　　　　D. 两个或两个以上
3. 在采用借贷记账法时，资产账户的结构特点是(　　)。
   A. 借方登记增加、贷方登记减少，期末余额在借方
   B. 借方登记减少、贷方登记增加，期末余额在贷方
   C. 借方登记增加、贷方登记减少，期末一般无余额
   D. 借方登记减少、贷方登记增加，期末一般无余额
4. 投资人和贷款人对企业的要求权称为(　　)
   A. 权益　　　　B. 资产　　　　C. 所有者权益　D. 负债
5. 损益类账户的期末余额一般(　　)。
   A. 在借方　　　B. 在贷方　　　C. 无法确定方向　D. 为零

6. "实收资本"账户的期末余额为( )。
   A. 期初余额+本期借方发生额−本期贷方发生额
   B. 期初余额−本期借方发生额−本期贷方发生额
   C. 期初余额+本期借方发生额+本期贷方发生额
   D. 期初余额−本期借方发生额+本期贷方发生额
7. 账户发生额试算平衡方法是根据( )来确定的。
   A. 借贷记账法的记账规则   B. 资产=负债+所有者权益
   C. 收入−费用=利润   D. 平行登记原则
8. 某企业"短期借款"账户期末贷方余额为100000元，本期共增加60000元，减少80000元，则该账户的期初余额为( )。
   A. 借方80000元   B. 贷方120000元
   C. 借方120000元   D. 贷方80000元
9. 下列项目中，属于成本类的会计科目是( )。
   A. 主营业务成本   B. 销售费用   C. 财务费用   D. 制造费用
10. 在复合会计分录"借：原材料20000，应交税费−应交增值税(进项税额)3400，贷：银行存款23400"中，原材料账户的对应账户为( )。
    A. 原材料
    B. 银行存款
    C. 应交税费−应交增值税(进项税额)
    D. 原材料和应交税费−应交增值税(进项税额)

二、多项选择题
1. 在借贷记账法下，账户的借方一般用来登记( )。
   A. 资产的增加   B. 收入的增加   C. 费用的增加   D. 负债的增加
2. 借贷记账法的记账规则是( )。
   A. 有借必有贷   B. 借贷必相等
   C. 借方登记增加数   D. 贷方登记减少数
3. 会计分录的基本要素包括( )。
   A. 记账符号   B. 记账时间   C. 记账金额   D. 账户名称
4. 采用借贷记账法时账户的借方一般用来登记( )。
   A. 资产的增加   B. 收入的减少   C. 费用的增加   D. 负债的增加
5. 总分类账户发生额及余额试算平衡表中的平衡关系有( )。
   A. 期初借方余额合计=期初贷方余额合计
   B. 本期借方发生额合计=本期贷方发生额合计
   C. 期初借方余额合计=期末贷方余额合计
   D. 期末借方余额合计=期末贷方余额合计
6. 复式记账法的优点包括( )。
   A. 进行试算平衡   B. 了解经济业务的来龙去脉
   C. 简化账簿登记工作   D. 检查账户记录的正确性

7. 试算平衡表中,试算平衡的公式有(　　)。
   A. 借方科目金额＝贷方科目金额
   B. 借方期末余额＝借方期初余额＋本期借方发生额－本期贷方发生额
   C. 全部账户借方发生额合计＝全部账户贷方发生额合计
   D. 全部账户的借方余额合计＝全部账户的贷方余额合计
8. 在下列项目中,属于期间费用账户的是(　　)。
   A. 销售费用　　B. 制造费用　　C. 财务费用　　D. 管理费用
9. 在下列项目中,属于损益类账户的是(　　)。
   A. 主营业务收入　B. 所得税费用　C. 应交税金　　D. 本年利润
10. 下列账户中,期末结转后无余额的账户有(　　)。
    A. 实收资本　　B. 主营业务成本　C. 库存商品　　D. 营业费用

三、判断题

1. 借贷记账法下,借方表示增加,贷方表示减少。(　　)
2. 复合会计分录是指多借多贷形式的会计分录。(　　)
3. 资产类账户的期末余额(借方)＝期初余额(借方)＋本期借方发生额－本期贷方发生额。(　　)
4. 试算平衡的进行并不能保证全部记账工作完全正确。(　　)
5. 在运用余额试算平衡法试算平衡时,既要对余额试算,也要对发生额试算。(　　)
6. 通过试算平衡检查账簿记录后,如果左右平衡,就可以肯定记账没有错误。(　　)
7. 在发生经济业务时,单式记账法只在一个账户中登记,复式记账法则在两个账户中登记。(　　)
8. 复合会计分录是由几个简单会计分录合并而成的。(　　)
9. 应收账款账户借方登记的是应收款项的增加数。(　　)
10. 所得税是一项费用,而不是对利润进行分配的一项内容。(　　)

四、业务技能题

习题(一)
1. 目的:练习资产、负债、所有者权益的分类,并熟悉他们之间的关系。
2. 资料:甲公司2014年12月31日资产、负债及所有者权益的状况如下表所示。

甲公司 2014 年 12 月 31 日资产、负债及所有者权益的状况表

(金额单位:元)

序号	内容	金额	属于会计要素的类别金额			应归属的会计科目
			资产	负债	所有者权益	
1	公司行政办公楼	5700000				

续表

序号	内容	金额	属于会计要素的类别金额			应归属的会计科目
			资产	负债	所有者权益	
2	生产用厂房	2800000				
3	车间机器	4000000				
4	运输用汽车	5000000				
5	公司存放的现金	1700				
6	仓库中的材料	447000				
7	欠供应的商材料款	400000				
8	一项商标权	584000				
9	仓库中的产成品	520000				
10	尚未收回的销售款	40000				
11	存入银行的存款	2942000				
12	应付的材料款	845000				
13	投资者投入的资本	13100200				
14	向银行借入半年借款	5800000				
15	欠缴的增值税	800000				
16	未分配的利润	1089700				
	合计					

【要求】判别表格中各项内容应归属的会计要素类别，将其金额填入对应要素中正确的一栏，并确定应归属的会计科目。

习题(二)
1. 目的：练习总分类科目和明细分类科目的类别。
2. 资料：甲公司2014年12月31日资产、负债及所有者权益的状况如下所示。
假定甲企业2014年3月有关资金的内容及金额如下：(1)存放在企业的现款1000元；(2)存放在银行的款项400000元；(3)机器设备500000元；(4)房屋800000元；(5)库存的甲材料14000元，乙材料5000元；(6)投资者丁公司投入资本为1480000元；(7)购货方A公司拖欠款80000元；(8)拖欠供货方C公司企业货款250000元；(9)从银行借入的半年期借款120000元；(10)库存的完工产品G产品50000元。
3. 要求：填制下表。

总分类科目与明细分类科目表 （金额单位：元）

资料序号	属于会计要素类别及金额			总分类科目	明细分类科目
	资　产	负　债	所有者权益		
1					
2					
3					
4					
5					
6					
7					
8					
9					
10					
合　　计					

第四章 制造业企业主要经济业务核算(一)

【学习目标】
1. 了解制造业企业主要经济业务核算所设置的结构和用途
2. 能够熟练的设置账户，运用复式记账法对制造业企业主要经济业务进行核算
3. 重点掌握制造业企业供应过程和生产过程中各项经济业务的会计处理

【技能目标】
1. 能够对企业资金筹集、供应过程和生产过程的主要业务进行账务处理
2. 能对企业发生的采购成本、生产成本进行计算并结转
3. 能够设置和应用制造企业会计系统的主要会计账户

工业企业的基本经济业务，按其与生产经营过程及其经营资金运动的关系，主要包括生产准备业务、生产业务、销售业务及与之相联系的资金筹集业务、财务成果形成和分配业务。资金筹集过程中，筹集企业生产经营所需的资金；在生产准备过程中，企业用货币资金购置固定资产，为产品生产准备必要的劳动资料，并以货币资金购买材料等各种物资，验收入库后进行储存保管，支付采购费用，与供应商进行货款结算，这个过程中资金形态由货币资金转化为储备资金；在生产过程中，耗用材料、支付人工费和各种间接费用，形成在产品，然后又制造出产成品，并验收入库形成库存商品，这个过程中资金形态由储备资金转化为生产资金和成品资金；在销售过程中，销售产品取得收入、计算应交税费、结转销售成本、结算货款、收回货币资金；在财务成果形成和分配过程中核算企业实现的利润(或亏损)、计算交纳税金、向投资者分配利润等。

第一节 资金筹集的核算

企业从事生产经营活动，必须拥有一定数量的资金，资金是企业拥有或控制的各项财产物资的货币表现。资金筹集是企业经营资金运动全过程的起点。资金筹集的来源渠道主要有两大类：一是投资者投入资本，成立企业必须有一定数量的资本金，所以投资者必须向企业投入资本，国家、单位、个人等投资者可以用货币资金、实物或无形资产向企业投资，这部分资金形成企业的所有者权益；二是向债权人借入资金，企业在生产经营过程向银行或非银行金融机构借入的款项，企业需按照协议支付利息，到期偿还本金，这部分资金形成企业的负债。借款按偿还期的长短分为短期借款和长期借款。资金筹集业务核算的主要内容有：企业收到投资人投入的资本、向银行或非银行金融机构借入款项及偿还借款。

第四章 制造业企业主要经济业务核算(一)

【相关链接】

从 2014 年 3 月 1 日起,政府放宽了注册资本登记条件,除法律、法规另有规定外,取消有限责任公司最低注册资本 3 万元、一人有限责任公司最低注册资本 10 万元、股份有限公司最低注册资本 500 万元的限制;不再限制公司设立时股东(发起人)的首次出资比例和缴足出资的期限。公司实收资本不再作为工商登记事项。

(一)资金筹集核算的账户设置

为了正确核算投入资本与借入款项业务,应设置"实收资本"、"短期借款"、"长期借款"、"银行存款"等账户。

1."实收资本"账户

实收资本是指投资者按照企业章程,或合同、协议的约定,实际投入企业的资本。"实收资本"账户核算企业投资者实际投入企业(除股份有限公司以外)的资本金的增减变动及余额情况。该账户属于所有者权益类账户,贷方登记企业实际收到投资者投入的资金;借方登记实收资本的减少数;期末贷方余额反映企业期末实收资本总额。本账户应按投资者设置明细分类账户。其账户结构为:

借方	实 收 资 本	贷方
实收资本的减少额	实收资本的增加额	
	期末余额:期末实收资本总额	

2."短期借款"账户

短期借款是指企业为了满足生产经营的需要,向银行或其他金融机构借入的期限在 1 年以下(含 1 年)的各种借款。"短期借款"账户核算短期借款的借入、偿还和余额情况。该账户属于负债类账户,贷方登记企业借入的各种短期借款的本金,借方登记偿还的短期借款的本金,期末贷方余额反映企业尚未偿还的短期借款的本金数额。该账户应按债权人设置明细账,并按借款种类进行明细核算。其账户结构为:

借方	短 期 借 款	贷方
短期借款的减少额	短期借款的增加额	
	期末余额:期末尚未偿还的短期借款本金	

3."长期借款"账户

"长期借款"账户核算企业向银行或其他金融机构借入的期限在 1 年以上(不含 1 年)的各项生产经营用资金。该账户属于负债类账户,贷方登记企业借入的长期借款及应付而未付的利息,借方登记偿还的长期借款本金和利息,期末贷方余额反映企业尚未偿还的长期借款的本金和利息。该账户应按贷款单位设置明细账,并按贷款种类进行明细核算。其账户结构为:

借方	长 期 借 款	贷方
长期借款本金的减少额 到期一次还本付息的长期借款利息减少额	长期借款本金的增加额 到期一次还本付息的长期借款利息增加额	
	期末余额：期末尚未偿还的长期借款本息	

4."银行存款"账户

该账户属于资产类账户，用以核算和监督企业银行存款的收入、支出和结存的情况。该账户借方登记银行存款的增加额，贷方登记银行存款的减少额，期末余额在借方，表示期末结存的银行存款数额。企业应按开户银行和其他金融机构、存款种类设置明细分类账户进行明细核算。其账户结构为：

借方	银 行 存 款	贷方
银行存款的增加额	银行存款的减少额	
	期末余额：期末结存的银行存款数额	

5."固定资产"账户

本账户是资产类账户，用来核算企业为生产商品、提供劳务、出租或经营管理而持有的，使用寿命超过一个会计年度的有形资产的原价，如设备、器具、工具等。

借方	固 定 资 产	贷方
固定资产增加的原始价值	固定资产减少的原始价值	
期末余额：期末结存的固定资产原始价值		

(二)资金筹集过程主要求经济业务的核算

1. 投入资金的核算

投入资金是投资者投入企业的资本金，包括货币资产、实物资产、无形资产。投资者将资金投入企业进而对企业资产的要求权形成企业的所有者权益。

假设某企业201×年7月发生如下经济业务：

【例4-1】7月1日企业收到投资者投入企业的资本300000元，存入银行。

该项经济业务的发生，一方面，使企业的银行存款增加，应在资产类账户"银行存款"账户的借方记入300000元；另一方面，对本企业的投入资本增加，应在所有者权益类账户"实收资本"账户的贷方登记300000元。会计分录为：

借：银行存款　　　　　　　　　　　　　　　　300000
　　贷：实收资本——××投资方　　　　　　　　　　300000

【例4-2】某单位投入企业全新运输货车一辆，经投资方各方确认，价值为200000元。

这笔经济业务的发生，一方面，说明其他单位以固定资产作为资本投入，应记入

"实收资本"账户的贷方;另一方面,说明企业固定资产增加,应记入"固定资产"账户的借方。

  借:固定资产   200000
    贷:实收资本——××单位投资   200000

2. 借入资金的核算

  企业在生产经营过程中,由于周转资金紧张,可以向银行或者其他金融机构借款缓解资金压力。

【例4-3】7月10日向银行借入期限为6个月的经营周转用资金60000元,款项已存入银行。

  该项借款业务,一方面,使企业的银行存款增加,应在"银行存款"账户的借方登记60000元;另一方面,使公司的短期借款增加,应在负债类账户"短期借款"账户的贷方登记60000元。会计分录为:

  借:银行存款   60000
    贷:短期借款   60000

【例4-4】因购置设备需要,7月18日向银行借入400000,期限为2年,已转入银行存款账户。

  该项经济业务的发生,一方面,使企业的银行存款增加,应在"银行存款"账户的借方登记400000元;另一方面,使公司的长期借款增加,应在负债类账户"长期借款"账户的贷方登记400000元。会计分录为:

  借:银行存款   400000
    贷:长期借款   400000

【例4-5】7月28日公司偿还一笔到期的短期借款30000元。

  这项经济业务中公司因偿还短期借款使短期借款减少,应在"短期借款"账户的借方登记30000元,同时公司的银行存款减少,应在"银行存款"账户的贷方登记30000元。会计分录为:

  借:短期借款   30000
    贷:银行存款   30000

第二节 供应过程的核算

  企业要进行正常的生产经营活动,必须购买并储备一定种类和一定数量的原材料。原材料是制造业企业生产产品必不可少的物质材料。原材料投入生产过程经过加工后,其实物形态发生了变化,构成了产品实体的组成部分;有些原材料虽然不构成产品的实体,但却有助于产品的形成。

  在采购过程中,企业以货币资金购买各种原材料、辅助材料,支付采购费用,计算采购成本,这样就形成了供应阶段的采购业务。企业在购入原材料和支付购买材料的各项费用时,一定要和供应单位发生货款结算关系,则又形成供应阶段的结算业务。

  因此,简单地说,采购业务、结算业务以及物资采购成本的计算是供应阶段的基本经济业务。

(一)供应过程的账户设置

为了正确核算供应阶段的经济业务,需要设置的主要账户有:

1."在途物资"账户

本账户是资产类账户,借方登记增加数,即企业采购原材料的买价和采购费用(实际成本);贷方登记减少数,即企业完成采购过程并验收入库材料的实际成本;期末余额在借方,表示已经付款但尚未到达企业或虽已到达企业但尚未验收入库的在途材料的实际成本。其账户结构为:

借方	在 途 物 资	贷方
增加数:购入材料发生的买价和采购费用(实际成本)	减少数:完成采购过程并验收入库的材料的实际成本	
期末余额:至本期期末在途材料的实际成本		

2."原材料"账户

本账户是资产类账户,用来核算企业库存各种材料的收入、发出和结存情况。借方已验收入库材料的实际采购成本,贷方登记企业领用等发出材料的成本,期末余额在借方,反映期末库存材料的成本。为了详细核算各种原材料,应按材料的类别、品种及规格设置明细账,具体反映每种材料的库存和增建遍地情况。其账户结构为:

借方	原 材 料	贷方
增加数:验收入库材料的实际成本	减少数:领用等仓库发出材料的成本	
期末余额:期末库存材料的成本		

3."应交税费——应交增值税"账户

"应交税费"账户总括核算各种税费的交纳情况,并按应交税费的项目进行明细核算。"应交税费——应交增值税"账户属于负债类账户,借方登记企业购进货物或接受应税劳务支付的进项税额、实际缴纳的增值税等,贷方登记销售货物或提供应税劳务向购买方收取的销项税额、出口货物退税等,期末贷方余额表示应交未交的增值税,期末借方余额表示未抵扣完的增值税。其账户结构为:

借方	应交税费——应交增值税	贷方
购进货物负担的增值税进项税额、实际交纳的增值税	销售货物应收取的增值税销项税额	
期末余额:期末尚未抵扣完的增值税	期末余额:期末应交未交的增值税	

【相关链接】

增值税是对在我国境内销售货物或提供应税劳务的增值额征收的一种税。增值税纳税人按其经营规模大小及会计核算健全与否划分为一般纳税人和小规模纳税人。对小规模纳税人实行按销售额与征收率(商业企业为4%、其他企业为6%)计算应纳税额的简易征税办法;一般纳税人采用间接计税办法,实行税款抵扣制,即当期应纳税额等于当期销项税额减当期进项税额,其基本税率为17%。

按照《增值税暂行条例》规定,销项税额是指企业销售货物或提供应税劳务,按照销售额和规定税率计算并向购买方收取的增值税税额;

销项税额=销售额或应税劳务收入×增值税税率

进项税额是指企业购入货物或接受应税劳务时支付的增值税税额。用企业收取的销项税额扣减准予抵扣的其支付的进项税额,余额为当期应缴纳的增值税税额。

进项税额=购进额或应税劳务支出×增值税税率

同一笔购销业务的进项税额和销项税额对购销双方来说是互相对应的,从采购方的角度看,其支付给销货方的增值税为进项税,以销货方角度看,其收到的增值税为销项税。某一方企业应缴纳的增值税,在一定时期内,该企业所收到的销项税额总额扣除其支付的进项税额总额的差额,即本期应缴纳的增值税税额。其计算公式为:

本期应纳增值税税额=当期销项税额总额−当期进项税额总额

注意,购货方支付的增值税进项税额并不构成其所购货物的成本。

4."应付账款"账户

本账户是负债类账户,用来核算企业因采购材料、商品和接受劳务等而应付给供应单位的款项。该账户贷方登记应支付而未支付的款项,借方登记已偿还的款项,期末余额在贷方反映企业尚未欠供应单位的款项。为了具体反映与各个供应单位的债务结算情况,该账户应按供应单位名称设置明细账,进行明细分类核算。其账户结构为:

借方	应 付 账 款	贷方
减少数:支付的前欠货款	增加数:应付而尚未支付的款项	
	期末余额:至本期期末应付而尚未支付款项	

5."应付票据"账户

本账户是负债类账户,用来核算企业因购买物资、商品和接受劳务等而开出、承兑的商业汇票,其贷方登记开出并承兑商业汇票数额,借方登记支付到期商业汇票数额,期末贷方余额表示尚未到期的商业汇票票面金额。其账户结构为:

借方	应 付 票 据	贷方
减少数:支付票据的金额	增加数:本期开出承兑的汇票面值、带息票据的预提利息	
	期末余额:期末尚未支付的票据的面值及应计未付的利息	

【相关链接】

商业汇票是一种由出票人签发的,委托付款人在指定日期无条件支付确定金额给收款人或者持票人的票据。商业汇票的付款期限,最长不得超过 6 个月。根据承兑人不同,商业汇票分为商业承兑汇票和银行承兑汇票。

(二)供应过程主要经济业务的核算

【例 4-6】 7 月 5 日公司从新力公司购入甲材料 2000 千克,每千克 10 元,货款 20000 元,增值税 6800 元,货款已支付,材料尚未验收入库。

这笔经济业务的发生,一方面,甲材料的采购成本增加,应在资产类账户"在途物资"账户的借方登记 40000 元,支付的增值税进项税额 3400 元应记入"应交税费——应交增值税"账户的借方;另一方面,银行存款减少应在资产类账户"银行存款"账户的贷方登记 23400 元。会计分录为:

  借:在途物资——甲材料   20000
    应交税费——应交增值税(进项税额)   3400
    贷:银行存款   23400

【例 4-7】 7 月 6 日上述甲材料运到,并验收入库。

在这笔经济业务中,仓库的原材料增加,应资产类账户"原材料"账户的借方登记 20000 元,同时,从"材料采购"账户转出使采购成本减少,应在"材料采购"账户的贷方登记 20000 元。会计分录为:

  借:原材料——甲材料   20000
    贷:在途物资——甲材料   20000

【例 4-8】 7 月 7 日从新大公司购入乙材料 1000 千克,单价 30 元,货款 30000 元,增值税 5100 元,款项未支付。

这笔经济业务中,一方面,甲材料的采购成本增加,应在资产类账户"材料采购"账户的借方登记 30000 元,支付的增值税进项税额 5100 元应记入"应交税费——应交增值税"账户的借方;另一方面,应付账款增加,应在负债类账户"应付账款"账户的贷方登记 35100 元。会计分录为:

  借:在途物资——乙材料   30000
    应交税费——应交增值税(进项税额)   5100
    贷:应付账款——新大公司   35100

【例 4-9】 7 月 8 日上述乙材料运到,并验收入库。

在这笔经济业务中,仓库的原材料增加,应资产类账户"原材料"账户的借方登记 30000 元,同时,从"材料采购"账户转出使采购成本减少,应在"材料采购"账户的贷方登记 30000 元。会计分录为:

  借:原材料——乙材料   30000
    贷:在途物资——乙材料   30000

【例 4-10】 7 月 9 日,以银行存款归还欠新大公司材料款 35100 元。

该笔业务表明企业以银行存款支付了欠新大公司账款,使应付账款减少,应记入

"应付账款"账户的借方和"银行存款"账户的贷方。会计分录为：

　　借：应付账款——新大公司　　　　　　　35100
　　　　贷：银行存款　　　　　　　　　　　　　　35100

（三）材料采购成本计算

材料采购成本的计算就是将供应过程中所发生的材料买价和有关费用，按照一定种类的材料进行归集和分配，确定该种材料的实际成本。

材料采购成本构成项目：

（1）买价，即供货单位开出的发票上所注明的价款金额；

（2）运杂费，即运输原材料所发生的运输费、装卸费、保险费、包装费、仓储费等费用；

（3）损耗，即原材料在运输过程中所发生的合理损耗；

（4）挑选整理费用，即原材料在入库前所发生的分等、分级、支付的工资等；

（5）税金，即按规定应记入原材料成本的相关税金，如进口原材料支付的关税等，但支付的增值税不属于该构成项目；

（6）其他费用，即应计入原材料实际成本的其他费用，如大宗原材料的市内运杂费。

在一般情况下，把运杂费、损耗、挑选整理费、税金和其他费用统称为采购费用，此时，外购原材料的实际成本即采购成本可用下列公式计算确认：

$$采购成本 = 买价 + 采购费用$$

在计算材料采购成本中，凡是能直接计入各种材料的直接费用，如购买一种材料所发生的运杂费，应直接计入各种材料的采购成本；不能直接记入的各种间接费用，在发生时不能直接确认为某一种原材料负担，而是要由两种或两种以上的原材料共同负担，应按一定标准在有关材料之间进行分配，分别计入各类材料的采购成本。分配标准一般按材料重量或者买价的比例计算。其计算过程为：

第一步，计算费用分配率，其计算公式为：

$$采购费用分配率 = 待分配的采购费用 / 各种材料的重量（或买价）总和$$

第二步，分配采购费用，其计算公式为：

$$某种原材料应分配采购费用 = 该种原材料重量（或买价） \times 采购费用分配率$$

【例4-11】 7月14日，从中兴公司购进B材料800千克，增值税专用发票上注明的B材料单价260元，价款208000元，增值税款为35360元。B材料装卸费为640元。货款、税款及装卸费共计244000元，已从银行存款中支付了144000元，其余部分尚未支付。材料已到达企业并验收入库。

本业务应做两笔会计分录：第一，反映采购过程的情况，应将B材料的价款与增值税分别计入在途物资与应交税金（应交增值税）的借方，对于已由银行支付的部分应计入银行存款的贷方，尚未支付的部分应计入相应的应付账款的贷方；第二，反映物资采购过程完成，材料验收入库结转材料成本的情况，即从B材料的材料采购账户转入原材料账户。会计分录为：

① 借：在途物资——B 材料　　　　　　　　　　208640
　　　应交税费——应交增值税（进项税额）　　 35360
　　贷：银行存款　　　　　　　　　　　　　　144000
　　　　应付账款——中兴公司　　　　　　　　100000
② 借：原材料——B 材料　　　　　　　　　　　208640
　　贷：在途物资——B 材料　　　　　　　　　208640

【例 4-12】 7 月 16 日从宏伟公司购入甲材料 1000 千克，单价 20 元；丙材料 3000 千克，单价 10 元，货款共计 50000 元，增值税 8500 元，款项已支付，另用现金支付装卸搬运费 400 元，材料已验收入库。

这笔经济业务中，装卸搬运费 400 元是为搬运甲、丙材料共同发生的，应在二者之间进行合理分配后分别记入两种材料的采购成本。本题以甲、丙材料的重量为标准分配搬运费。计算如下：

$$分配率 = \frac{装卸搬运费总金额}{各材料重量合计} = \frac{400}{4000} = 0.1$$

甲材料应负担的装卸费 = 1000 × 0.1 = 100（元）
丙材料应负担的装卸费 = 3000 × 0.1 = 300（元）

材料的采购成本为买价加运杂费，甲材料的采购成本为 20000 元，加上应负担的装卸费 100 元，应在"在途物资——甲材料"账户的借方登记 20100 元，同理，应在"在途——丙材料"账户的借方登记 30300 元，支付的增值税进项税额 8500 元应记入"应交税费——应交增值税"账户的借方，同时银行存款减少，应在"银行存款"账户的贷方登记 58900 元，现金减少应在"库存现金"账户的贷方登记 400 元。会计分录为：

　借：在途物资——甲材料　　　　　　　　　　20100
　　　　　　　——丙材料　　　　　　　　　　30300
　　　应交税费——应交增值税（进项税额）　　 8500
　　贷：银行存款　　　　　　　　　　　　　　 58500
　　　　库存现金　　　　　　　　　　　　　　　400

验收入库的会计分录为：

　借：原材料——甲材料　　　　　　　　　　　20100
　　　　　　——丙材料　　　　　　　　　　　30300
　　贷：在途物资——甲材料　　　　　　　　　20100
　　　　　　　　——丙材料　　　　　　　　　30300

第三节　生产过程的核算

产品的生产过程，既是产品形成的过程，又是生产耗费的过程。在这个阶段中，为了制造产品而耗费各种材料、支付职工工资、发生固定资产损耗以及支付其他各种费用，构成了生产费用。它主要包括：生产产品所消耗的原材料、辅助材料、燃料和动力，生产工人的工资及福利费，厂房和机器设备等固定资产的折旧费，以及管理和组织生产、为生产服务而发生的各种费用。

生产费用按其计入产品成本的方式不同，可分为直接费用和间接费用，直接费用是指企业生产产品过程中消耗的，能够直接确认为某一产品成本对象的费用，包括直接材料、直接人工、其他直接支出；间接费用是指企业生产产品过程中消耗的，不能直接确认为某一产品成本对象，需要分配计入产品成本的费用，主要是指制造费用。直接材料、直接人工、制造费用是基于生产费用的经济用途所进行的分类，一般将其称为成本项目。而管理费用和财务费用不能计入产品制造成本，它们构成期间费用的一部分，应计入当期损益。

（一）生产过程的账户设置

为了正确核算生产阶段的经济业务，需要设置的主要账户有：

1. "生产成本"账户

"生产成本"账户核算企业在生产产品的过程中发生的各种生产费用，该账户属于成本类账户，借方登记本期发生的各种直接材料、直接人工及分配转入的制造费用，贷方登记已完工并验收入库的产品的实际生产成本，期末借方余额表示尚未完工的在产品的成本。

为正确核算各种产品的生产数量、生产费用和实际生产成本，可按产品的种类或类别分别设置明细账，进行明细分类核算。其账户结构为：

借方	生产成本	贷方
生产过程发生的直接材料费、直接人工费分配转入的制造费用的数额	完工并验收入库的产品的实际成本	
期末余额：期末尚未完工的在产品的成本		

2. "制造费用"账户

"制造费用"账户用来核算企业的生产部门为组织和管理生产而发生的各种间接费用，包括车间管理人员的工资和福利费、机器设备及车间厂房的折旧费和修理费、车间办公费、水电费、机器物料消耗费、劳动保护费等。该账户属于成本类账户，借方登记本月发生的间接费用，贷方登记期末分配转入"生产成本"账户的数额，期末一般无余额。为了了解不同生产部门的间接费用的发生情况，并便于考核部门的经费开支，应按生产部门和费用目设置明细账进行明细核算。其账户结构为：

借方	制造费用	贷方
本期发生的各种间接费用	期末分配转入"生产成本"账户借方的数额	

3. "应付职工薪酬"账户

应付职工薪酬是指企业根据有关规定应付给职工的各种薪酬，包括职工工资、奖金、补贴、职工福利、医疗保险费、养老保险费、失业保险费等、住房公积金、工会经费、职工教育经费等。"应付职工薪酬"账户核算企业应付给职工各种薪酬的提取、结算、使用等情况，属于负债类账户，贷方登记分配转入有关成本费用账户的工资、职工福利费用等职工薪酬的数额，借方登记本期实际发放给职工的各种薪酬，该账户期末贷方余额反映企业应付未付的各种薪酬。其账户结构为：

借方	应付职工薪酬	贷方
本期实际支付的职工薪酬数额	本期应付职工的薪酬总额（或应分配记入有关成本费用账户的职工薪酬费用）	
	期末余额：应付未付的各种薪酬	

4. "累计折旧"账户

"累计折旧"账户核算固定资产因使用而发生的价值损耗及其转销情况，属于固定资产的抵减账户，贷方登记按期计提的固定资产累计折旧数，借方登记因出售、报废等处置固定资产而相应转销其已提的折旧数，期末贷方余额表示现有固定资产已提折旧的累计数。其账户结构为：

借方	累 计 折 旧	贷方
转销的固定资产折旧额	本期计提的固定资产折旧额	
	期末余额：现有固定资产已提折旧的累计数	

5. "库存商品"账户

"库存商品"账户核算产成品增减变动情况，该账户属于资产类账户，借方登记已完工入库的产成品成本，贷方登记销售等发出的产品成本，期末余额在借方，表示现有库存产成品的制造成本。为了详细核算每种产品的增减变动及库存情况，该账户应按产成品的品种、规格分别设置明细分类账，进行明细分类核算。其账户结构为：

借方	库 存 商 品	贷方
本期完工入库产品的成本	本期发出产品的成本	
期末余额：现有库存商品的成本		

6. "管理费用"账户

"管理费用"账户属于损益类账户，用来核算企业行政管理部门为组织和管理生产经营活动而发生的管理费用。其借方登记企业发生的各项管理费用，贷方登记期末全部转入"本年利润"账户的管理费用，结转后该账户无余额。该账户应按费用项目设置明细账，进行明细核算。其账户结构为：

借方	管 理 费 用	贷方
本期发生的各项管理费用	期末转入"本年利润"的管理费用	

【相关链接】

生产成本的内容。产品生产成本包括：①直接材料费：指企业在生产过程中实际耗用的直接形成产品的原材料、辅助材料、燃料、动力等以及其他直接材料；②直接人工费：指直接从事产品生产的人员的工资、奖金、福利费等；③制造费用：指企业的生产部门为组织和管理生产而发生的各项间接费用。企业生产产品时发生的直接材料费和直接人工费直接记入该产品的"生产成本"账户，而日常发生的各项间接费用先计入"制造费用"账户，月末再按一定标准分配记入各种产品的"生产成本"账户。若月末有完工入库的产品，则按一定的方法计算入库产成品的实际制造成本并结转入账。

(二) 生产过程主要经济业务的核算

【例 4-13】 7 月 9 日，仓库发出 A、B 两种材料，共计 380000 元，其用途如表 4-1 所示：

表 4-1

用 途	A 材料	B 材料	合 计
生产甲产品	300 千克 90000 元	350 千克 88000 元	178000 元
生产乙产品	200 千克 58000 元	400 千克 104000 元	162000 元
车间一般性耗用		100 千克 26000 元	26000 元
行政管理部门耗用	50 千克 14000 元		14000 元
合 计	550 千克 162000 元	850 千克 218000 元	380000 元

这项经济业务中，制造产品耗用的材料属直接材料，应通过"生产成本"账户核算，车间一般耗用的材料应通过"制造费用"账户核算，行政管理部门耗用的材料应通过"管理费用"账户核算。

会计分录：

借：生产成本——甲产品　　　　　　　　　　178000
　　　　　　——乙产品　　　　　　　　　　162000
　　制造费用　　　　　　　　　　　　　　　26000
　　管理费用　　　　　　　　　　　　　　　14000
　　贷：原材料——A 材料　　　　　　　　　162000
　　　　　　——B 材料　　　　　　　　　　218000

【例 4-14】 7 月 15 日，从银行提取现金 140000 元，准备发放工资。

该项业务表明为了发放工资提取现金，使银行存款减少，现金增加。

会计分录：

借：库存现金　　　　　　　　　　　　　　　　140000
　　贷：银行存款　　　　　　　　　　　　　　　　140000

【例 4-15】7 月 15 日，以现金发放本月份职工工资 140000 元。

按照制度规定，工资不论是否在当月支付，都应通过"应付职工薪酬"账户核算。这项经济业务应作如下会计分录。

借：应付职工薪酬　　　　　　　　　　　　　　140000
　　贷：库存现金　　　　　　　　　　　　　　　　140000

【例 4-16】7 月 30 日，结算本月份应付职工的工资 140000 元，其中：

制造甲产品的生产工人工资	75000 元
制造乙产品的生产工人工资	55000 元
小　计	130000 元
车间行政管理人员工资	3000 元
厂部行政管理人员工资	7000 元
合　计	140000 元

工资应按企业职工所在的工作岗位进行分配结转。按有关规定，制造产品工人的工资属直接人工，应通过"生产成本"账户核算，车间管理人员的工资，一般属于间接人工，应先通过"制造费用"账户归集，再分配到有关产品生产成本中，厂部行政管理人员的工资则属于期间费用，不计入产品成本，应通过"管理费用"账户核算。

这项经济业务应作如下会计分录：

借：生产成本——甲产品　　　　　　　　　　　75000
　　　　　　——乙产品　　　　　　　　　　　55000
　　制造费用　　　　　　　　　　　　　　　　　3000
　　管理费用　　　　　　　　　　　　　　　　　7000
　　贷：应付职工薪酬　　　　　　　　　　　　　140000

【例 4-17】7 月 30 日，按职工工资总额的 14% 计提职工福利费。

从职工工资总额中所提取的福利费应通过"应付职工薪酬"账户核算。按规定提取的福利费根据工资发放的对象，分别计入产品制造成本或管理费用。其中，按制造甲产品的生产工人工资应提的福利费为：75000×14%＝10500(元)，按制造乙产品的生产工人工资应提的福利费为：55000×14%＝7700(元)，按车间行政管理人员工资应提的福利费为：3000×14%＝420(元)，按厂部行政管理人员工资应提的福利费为：7000×14%＝980 元，它们应分别计入甲、乙产品生产成本及制造费用、管理费用账户中。

这项经济业务应作如下会计分录：

借：生产成本——甲产品　　　　　　　　　　　10500
　　　　　　——乙产品　　　　　　　　　　　　7700
　　制造费用　　　　　　　　　　　　　　　　　　420
　　管理费用　　　　　　　　　　　　　　　　　　980
　　贷：应付职工薪酬　　　　　　　　　　　　　19600

【例 4-18】 7 月 30 日，以银行存款预付下半年度报纸杂志费 3000 元。

分析：由于是预付的下半年报纸杂志费，不属本期的费用，而是一种需分期分摊的待摊费用，先通过"待摊费用"账户核算，在受益期间再进行分摊。

这项经济业务应作如下会计分录：

借：预付账款——预付报纸杂志费　　　　　　　　　　3000
　　贷：银行存款　　　　　　　　　　　　　　　　　　　3000

【例 4-19】 7 月 30 日，摊销由本月负担的保险费 1000 元（其中，车间负担 580 元，行政部门负担 420 元）

该费用属于已在前期支付（支付时已在待摊费用账户中登记，类似于业务六），由本期承担的费用，账务处理时，要从原预付账款结转入相关的账户，其中，应由车间负担的部分应计入制造费用，应由行政管理部门负担的部分应计入管理费用。会计分录为：

借：制造费用　　　　　　　　　　　　　　　　　　580
　　管理费用　　　　　　　　　　　　　　　　　　420
　　贷：预付账款——保险费　　　　　　　　　　　　1000

【例 4-20】 7 月 30 日，以银行存款支付水电费。其中，车间用 1200 元，行政管理部门用 800 元。

这笔经济业务中，车间发生的水电费属于制造费用，应在"制造费用"账户的借方登记 1200 元，行政管理部门发生的水电费属于管理费用，应在"管理费用"账户的借方登记 800 元，同时企业的银行存款减少，应在"银行存款"账户的贷方登记 2000 元。会计分录为：

借：制造费用　　　　　　　　　　　　　　　　　　1200
　　管理费用　　　　　　　　　　　　　　　　　　800
　　贷：银行存款　　　　　　　　　　　　　　　　　2000

【例 4-21】 7 月 30 日以银行存款支付车间办公费 3000 元。

这笔经济业务中，车间办公费增加应在"制造费用"账户的借方登记 3000 元，同时，企业的银行存款减少应在"银行存款"账户的贷方登记 3000 元。会计分录为：

借：制造费用　　　　　　　　　　　　　　　　　　3000
　　贷：银行存款　　　　　　　　　　　　　　　　　3000

【例 4-22】 7 月 30 日计提本月固定资产折旧，其中车间的厂房、机器设备应提折旧 30000 元，行政管理部门的固定资产应提折旧 6000 元。

这笔经济业务中，计提折旧费反映企业的固定资产磨损费增加，车间固定资产的折旧费和行政管理部门的折旧费应分别计入"制造费用"和"管理费用"账户的借方，同时，已提的折旧增加，应记入"累计折旧"账户的贷方。会计分录为：

借：制造费用　　　　　　　　　　　　　　　　　　30000
　　管理费用　　　　　　　　　　　　　　　　　　6000
　　贷：累计折旧　　　　　　　　　　　　　　　　　36000

【例 4-23】 7 月 30 日，分配结转本月制造费用总额 52200 元。其中，甲产品分担 32000 元，乙产品分担 20200 元。

制造费用是为生产产品而发生的间接费用,最终应由有关产品负担,是产品制造成本的组成部分,因此月末应转入"生产成本"账户。会计分录为:

借:生产成本——甲产品　　　　　　　　　　　　　　32000
　　　　　　——乙产品　　　　　　　　　　　　　　20200
　　贷:制造费用　　　　　　　　　　　　　　　　　　52200

【例 4-24】7 月 30 日,结转已全部制造完工验收入库的甲产品,实际制造成本 400000 元;乙产品尚未完工。

制造并已验收入库的产成品,应通过"库存商品"账户核算。乙产品尚未制造完工,因此,"生产成本"账户的借方余额为乙产品的在产品成本。

会计分录为:

借:库存商品——甲产品　　　　　　　　　　　　　400000
　　贷:生产成本——甲产品　　　　　　　　　　　　　400000

(三)产品生产成本的计算

在生产阶段中,企业的劳动者利用厂房、机器设备等劳动资料,对劳动对象进行加工,制成产品。在生产阶段中为了制造产品而发生的各种支出和消耗是企业的生产费用。一般企业的生产费用包括:厂房、机器设备等固定资产的折旧,产品生产过程消耗的各种材料,支付给工人的工资、福利费,以及在生产阶段发生的其他各种货币支出。企业的各种生产费用,归根到底都是为了生产产品而发生的,因此,最后都要归集到各种产品中去。按照一定产品来归集的生产费用,构成产品的生产成本。

产品成本的计算,简单地说,就是将生产过程中发生的各项费用按照产品的种类或类别,分别归集、计算其生产总成本和单位产品成本。

生产过程中发生的生产费用,凡是能区分属于何种产品的,应当在费用发生时直接记入该种产品的成本;凡是因生产多种产品而共同发生的,应当按照一定的标准在这些产品之间进行分配。对于各种组织和管理生产的费用,应当在发生时根据其发生的地点或部门,先记入"制造费用"账户进行归集。月终时,再按照适当的分配标准(如按生产工人工时、生产工人工资等比例)进行分配,然后将分配结果记入各种产品成本。其计算公式如下:

制造费用分配率=制造费用总额/生产工人工资(工时)

某产品应分配的制造费用=某产品生产工人工资×分配率

现以某企业 7 月份有关资料为例,说明产品生产成本的一般计算方法:

该企业 7 月份生产甲、乙两种产品发生的相关费用如表 4-2 所示:

表 4-2

产品名称	完工产品数量	直接材料	直接人工	制造费用	合　计
甲产品	100 件	15000 元	6000 元	30000 元	
乙产品		5000 元	4000 元		
合　　计		20000 元	10000 元	30000 元	60000 元

从以上资料可以看出，直接材料和直接人工都是为了专门生产某一产品而发生的。应当分别记入甲、乙产品的生产成本。而制造费用是为了生产两件产品而共同发生的，应该按一定的标准在甲、乙两种产品中进行分配。再据以分别计入两件产品的生产成本。现按照生产工人工资为标准对制造费用进行分配。

$$制造费用分配率 = \frac{30000}{6000+4000} = 3$$

甲产品应分担的制造费用 = 6000×3
　　　　　　　　　　　= 18000(元)

甲产品应分担的制造费用 = 4000×3
　　　　　　　　　　　= 12000(元)

制造费用的分配一般通过编制制造费用分配表进行，其格式如表4-3所示：

表4-3　　　　　　　　　　　　　制造费用分配表　　　　　　　　　　（单位：元）

产品名称	制造费用总额	分配标准：生产工人工资	分配率	分配金额
甲产品	30000	6000	3	18000
乙产品		4000		12000
合　计	30000	10000		30000

根据以上制造费用的分配结果及材料、人工费用的发生情况，可编制产品成本计算表计算产品生产成本，如表4-4所示：

表4-4　　　　　　　　　　　　　产品成本计算表　　　　　　　　　　（单位：元）

项　目	甲产品	
	总成本(100件)	单位成本
直接材料	15000	150
直接人工	6000	60
制造费用	18000	180
合　计	39000	390

练　习　题

一、单项选择题

1. 下列不属于材料采购成本的是(　　)。
    A. 材料装卸搬运费　　　　　　　　B. 材料采购人员工资
    C. 材料运输费　　　　　　　　　　D. 材料买价

2. "生产成本"账户借方余额表示(　　)。
　　A. 完工产品成　　　　　　　B. 期末在产品成本
　　C. 库存产成品成本　　　　　D. 原材料——某种材料
3. "库存商品"账户的期末贷方余额表示(　　)。
　　A. 库存产成品的实际成本　　B. 本期发出产成品成本
　　C. 本期生产完工产品的实际成本　　D. 期末在产品的实际成本
4. 车间管理部门使用的固定资产提取折旧费时,应借记"(　　)"账户,贷记"累计折旧"账户。
　　A. 制造费用　　B. 管理费用　　C. 财务费用　　D. 折旧费用
5. 短期借款的利息费用应记(　　)账户。
　　A. 短期借款　　B. 销售费用　　C. 财务费用　　D. 管理费用
6. "在途物资"账户是用来核算(　　)的账户。
　　A. 库存材料的增减变动及其结果
　　B. 外购材料的买价和采购费用,计算确定材料采购成本
　　C. 自制材料的生产成本
　　D. 购入材料时应付账款的发生和偿还情况
7. 当生产车间或管理部门领用材料时,该项材料应作为(　　)加以确认。
　　A. 资产　　B. 负债　　C. 费用　　D. 收入
8. "固定资产"账户的借方余额减去"累计折旧"账户的贷方余额的差额为(　　)。
　　A. 固定资产的损耗价值　　　B. 固定资产的现有原始价值
　　C. 固定资产的折余价值,即净值　　D. 固定资产的重置价值
9. 产品生产间接耗用的费用,先在(　　)归集,然后计入有关产品成本中去。
　　A. 间接费用　　B. 本年利润　　C. 制造费用　　D. 期间费用
10. "累计折旧"账户余额反映了固定资产的(　　)。
　　A. 原价　　　　　　　　　　B. 净值
　　C. 本年耗损价值　　　　　　D. 累计耗损价值

二、多项选择题
1. 接受投资人投入资产的经济业务,贷方记入"实收资本"账户,借方计入(　　)账户。
　　A. 银行存款　　B. 固定资产　　C. 无形资产　　D. 短期借款
2. "在途物资"账户的借方登记(　　)。
　　A. 材料的买价　　　　　　　B. 材料的采购费用
　　C. 材料的进项税　　　　　　D. 采购人员的工资
3. 外购材料的实际成本包括(　　)。
　　A. 买价　　　　　　　　　　B. 运杂费
　　C. 运输中合理损耗　　　　　D. 入库前挑选整理费用
4. 下列经济业务的发生会引起资产总额变化的有(　　)。
　　A. 购原材料,货款尚未支付

B. 向银行借入一笔短期贷款，已到账
C. 以银行存款偿还购货欠款
D. 收到投资者投入的固定资产

5. 下列应通过"制造费用"科目核算的有（　　）。
   A. 基本生产车间管理人员工资　　　　B. 基本生产车间生产工人的工资
   C. 应由基本生产车间负担的照明电费　　C. 生产产品发生的直接材料成本

6. 下列项目中，应计入产品成本的有（　　）。
   A. 行政管理人员工资　　　　　　　　B. 基本生产车间生产工人工资
   C. 产品广告费　　　　　　　　　　　D. 基本生产车间固定资产的折旧费

7. 产品成本项目包括（　　）。
   A. 直接材料　　B. 直接人工　　C. 制造费用　　D. 管理费用

8. 企业进行将完工产品验收入库的会计核算时，应使用的会计科目有（　　）。
   A. 库存商品　　　　　　　　　　　　B. 制造费用
   C. 生产成本　　　　　　　　　　　　D. 主营业务成本

9. 下列生产过程发生的耗费项目有（　　）。
   A. 生产工人工资及福利费　　　　　　B. 车间机器设备的折旧费
   C. 产品广告费　　　　　　　　　　　D. 材料采购费

10. 企业每月应付给职工的薪酬包括（　　）。
    A. 职工工资　　B. 职工奖金　　C. 职工津贴　　D. 职工福利费

三、判断题

1. 企业筹集资金的业务包括接受外单位或个人的资产捐赠。（　　）
2. 企业为购入材料物资发生的运杂费用应计入材料物资的采购成本。（　　）
3. "在途物资"账户期末如有余额，应为借方余额，表示在途物资的实际成本。
   （　　）
4. 车间管理人员的工作及福利费应计入"管理费用"账户的借方。（　　）
5. 企业行政管理人员的工资，应计入"管理费用"的借方。（　　）
6. 固定资产减值的损耗，应记入"固定资产"账户的贷方。（　　）
7. 在没有期末余额的情况下，"生产成本"账户归集的费用总额，就是本期完工产品成本。
   （　　）
8. 购买材料所发生的运输费用，可按材料的重量、买价、体积等，采用比例法进行分配。
   （　　）
9. 在一般情况下，"制造费用"账户的期末余额在借方，表示尚未分配的制造费用。
   （　　）
10. "累计折旧"账户的贷方登记折旧额的增加，借方登记折旧额的减少，因此，属于负债类账户。（　　）

四、业务技能题

习题（一）

1. 目的：练习资金筹集业务的核算。

2. 资料：华鑫工厂201×年发生下列资金筹集业务：

(1) 1日接受振兴公司投入货币资金50000元，存入银行。

(2) 1日收到新光公司投入全新机器一台，价值80000元，机器交付使用。

(3) 8日向银行借入长期1000000元，期限3年，年利率9%，利息按年结算，年末支付。

(4) 12日向银行借入短期借款200000元，月利率5‰，期限6个月，按季结算利息。

3. 要求：根据上述资料编制会计分录。

习题（二）

1. 目的：练习材料采购业务的核算。

2. 资料：华鑫工厂201×年发生下列采购业务：

(1) 1日从外地新华工厂购入甲材料2000千克，每千克98元，计196000元，增值税专用发票上注明税款33320元。款项用银行存款支付，材料未到。

(2) 3日从本地大成公司购入乙材料1000千克，每千克48元，计48000元，增值税专用发票上注明税款8160元，材料运到尚未验收入库，款暂未支付。

(3) 4日以银行存款支付新华工厂购入甲材料的运输费6000元。

(4) 6日上述所购甲材料运到并验收入库，结转材料采购成本202000元

(5) 8日以银行存款偿还大成公司的乙材料款56160元。

(6) 10日从外地富康公司购入甲材料1200千克，每千克98元，计117600元，增值税19992元；购入乙材料800千克，每千克48元，计38400元，增值税6528元。款项用银行存款支付，材料未到。

(7) 12日以银行存款3600元支付上述甲、乙两种材料的运杂费（按甲、乙材料的重量比例分配）。

(8) 15日上述甲、乙两种材料运到并验收入库，结转材料的采购成本。

3. 要求：根据上述资料编制会计分录。

习题（三）

1. 目的：练习产品生产业务的核算

2. 资料：华鑫工厂201×年发生下列生产业务

(1) 1日生产车间从仓库领用各种原材料进行产品生产。用于生产A产品甲材料150千克，乙材料100千克，用于生产B产品甲材料120千克，乙材料80千克。甲材料每千克10.50元，乙材料每千克16.5元。

(2) 结算本月份应付职工工资，按用途归集如下：

A产品生产工人工资	5000元
B产品生产工人工资	4000元
车间管理人员工资	2000元
管理部门职工工资	3000元

(3) 按规定计提职工福利费 1960 元,其中:

　　A 产品生产工人　　　　　　700 元
　　B 产品生产工人　　　　　　560 元
　　车间职工　　　　　　　　　280 元
　　管理部门职工　　　　　　　420 元

(4) 计提本月份固定资产折旧,计车间使用的固定资产折旧 600 元,管理部门使用固定资产折旧 300 元。

(5) 以银行存款支付应由本月份车间负担的修理费 200 元。

(6) 车间报销办公费及其他零星开支 400 元,以现金支付。

(7) 车间管理人员出差报销差旅费 237 元,原预支 300 元,余额归还现金。

(8) 将制造费用 3717 元如数转入"生产成本"账户。

(9) 本月 A 产品 100 件,B 产品 80 件,均已全部制造完成,并已验收入库,按实际成本 19782 元入账。

3. 要求:

(1) 根据上述产品生产的经济业务编制会计分录。

(2) 登记"生产成本"、"制造费用"、"库存商品"总分类账和"生产成本"明细分类账。

习题(四)

1. 目的:练习产品制造成本的核算。

2. 资料:详见本章练习三第 1~7 笔经济业务。

3. 要求:

(1) 列出制造费用按生产工人工资比例摊配的算式。

(2) 根据上列经济业务计算 A、B 两种产品的生产成本。

(3) 编制"产品生产成本计算表"格式如下:

产品生产成本计算表　　　　　　　　　　(金额单位:元)

成本项目	A 产品		B 产品	
	总成本(100 件)	单位成本	总成本(100 件)	单位成本
直接材料				
直接人工				
制造费用				
厂部耗用				

第五章　制造业企业主要经济业务核算(二)

【学习目标】
1. 了解制造业企业主要经济业务核算所设置的结构和用途
2. 能够熟练地设置账户，运用复式记账法对制造业企业主要经济业务进行核算
3. 重点掌握制造业企业销售过程和利润成果中核算的各项经济业务的会计处理

【技能目标】
1. 能够对企业销售过程的主要业务进行账务处理
2. 能够对企业形成的利润成灵业务进行账务处理
3. 能够设置和应用制造企业会计系统的主要会计账户

第一节　销售业务核算

在产品销售过程中，企业通迂销售产品取得销售收入，已销售出去的产品的实际生产成本就是为取得销售收入而发生的销售成本，企业为了销售产品还要发生各种销售费用，并且在销售过程中还应按有关规定计算缴纳税金。产品销售业务核算的主要内容是主营业务收入核算、主营业务成本核算、销售费用核算、营业税金及附加的核算、往爫结算业务的核算等。

(一) 销售业务核算的账户设置

1. "主营业务收入"账户

"主营业务收入"账户核算企业销售产品、提供劳务等日常活动中的主要业务交易所取得的收入，属于损益类账户，该账户贷方登记企业实现的主营业务收入，借方登记发生销售折让或退回时冲减的主营业务收入及期末转入"本年利润"账户的主营业务收入，期末结转后该账户无余额。为了具体核算每种产品的销售收入情况和企业提供劳务的收入情况，该账户应按销售产品和提供劳务的类别设置明细账，进行明细分类核算。其账户结构为：

借方	主营业务收入	贷方
(1)本期销货退回等应冲销的主营业务收入 (2)期末结转"本年利润"账户的净收入	本期实现的主营业务收入	

2. "主营业务成本"账户

"主营业务成本"账户核算企业销售产品、提供劳务等日常活动中的主要业务交易所发生的成本,属于损益类账户,该账户的借方登记本期结转的已销售产品、已提供劳务的实际成本,贷方登记因销售退回而冲减的成本和期末转入"本年利润"账户的成本,期末结转后一般无余额。为了正确计算每种产品的销售成本,该账户应按产品或劳务类别设置明细账,进行明细分类核算。其账户结构为:

借方	主营业务成本	贷方
已销产品和提供劳务的实际成本	(1)本期销售退回等应冲减的成本 (2)期末结转"本年利润"账户的净成本	

3."营业税金及附加"账户

"营业税金及附加"账户核算企业因销售产品、提供工业性劳务负担的税金及附加,包括消费税、营业税、城市建设维护税、资源税、教育费附加等,属于损益类账户,该账户的借方登记按规定计算出应交的税金,贷方登记期末从本账户转入"本年利润"账户的数额,期末结转后无余额。该账户应按产品类别设置明细账,进行明细分类核算。其账户结构为:

借方	营业税金及附加	贷方
本期应交而未交的税金及附加	期末转入"本年利润"账户的数额	

4."应收账款"账户

"应收账款"账户核算企业因销售产品、提供劳务等应向购货单位或接受劳务单位收取的款项,属于资产类账户,该账户借方登记在销售过程中发生的应向购货单位收取的款项以及为购货单位代垫的款项,贷方登记收回的应收账款数和因确认为坏账而注销的应收账款,期末余额一般在借方,反映企业期末尚未收回的应收账款。为了详细核算与各购货单位的债权的发生及结算情况,该账户应按购货欠款单位设置明细账,进行明细分类核算。其账户结构为:

借方	应 收 账 款	贷方
(1)本期应收账款的增加 (2)本期代垫的款项	(1)本期收回和注销的应收账款 (2)本期收回的代垫款项	
期末余额:期末尚未收回的应收账款总额		

5."销售费用"账户

"销售费用"账户核算工业企业在产品销售阶段中所发生的各种费用,包括运输费、包装物、广告费、保险费等,本账户借方登记企业发生的各种销售费用,贷方登记结转的销售费用。本账户结转后期末无余额。该账户按照产品费用项目设置明细分类账户。其账户结构为：

借方	销售费用	贷方
本期发生的销售费用		本期结转"本年利润"账户的销售费用

（二）销售过程主要经济业务的核算

【例5-1】7月10日，某企业销售给甲公司100件A产品，开出增值税专用发票上注明售价80000元，增值税13600元，收到转账支票一张并已送存银行。

在这项经济业务中，销售收入已经实现，使企业的主营业务收入增加应在"主营业务收入"账户的贷方登记80000元，收到的税款使企业的应交增值税增加应在"应交税费——应交增值税（销项税额）"的贷方登记13600元，同时，收到支票使银行存款增加应在"银行存款"账户的借方登记93600元，会计分录为：

借：银行存款　　　　　　　　　　　　　　　　　93600
　　贷：主营业务收入——A产品　　　　　　　　　80000
　　　　应交税费——应交增值税（销项税额）　　13600

【例5-2】7月12日某企业销售给乙公司150件B产品，开出增值税专用发票上注明售价60000元，增值税10200元，款项尚未收到，已向银行办妥托收手续（增值税专用发票，托收承付凭证回单）。

这项业务中确认本期销售收入增加，应在"主营业务收入"账户的贷方登记60000元，应交增值税的销项税额增加，应在"应交税费——应交增值税"的贷方登记10200元，同时，企业销货未收到货款使企业对乙公司的应收账款增加，应在"应收账款"账户的借方登记应收款总额70200元。会计分录为：

借：应收账款——乙公司　　　　　　　　　　　　70200
　　贷：主营业务收入——B产品　　　　　　　　　60000
　　　　应交税费——应交增值税（销项税额）　　10200

【例5-3】7月14日，收回乙公司前欠货款70200元。

这项经济业务使企业银行存款增加应在"银行存款"账户的借方登记70200元，同时，对东方公司的应收账款减少应在"应收账款"账户的贷方登记70200元。会计分录为：

借：银行存款　　　　　　　　　　　　　　　　　70200
　　贷：应收账款——乙公司　　　　　　　　　　70200

【例5-4】7月15日，某企业销售给丙公司500件A产品，开出增值税专用发票上注明售价150000元，增值税25500元，开出转账支票支付代垫运杂费3500元，款项已向银行办妥托收手续。

这笔经济业务，销售收入已经实现，使企业的主营业务收入增加，应在"主营业务收入"账户的贷方登记150000元，应向购买方收取的税款是增值税销项税额，应在"应交税费——应交增值税的贷方登记25500元，开出转账支票使银行存款减少，应在"银行存款"账户的贷方登记3500元，同时，使企业对丙公司的应收账款增加，应在"应收账款"账户的借方登记179000元。会计分录为：

借：应收账款——丙公司　　　　　　　　　　　　　　179000
　　贷：主营业务收入——A产品　　　　　　　　　　　　150000
　　　　应交税费——应交增值税(销项税额)　　　　　　25500
　　　　银行存款　　　　　　　　　　　　　　　　　　3500

【例5-5】7月18日，收到丙公司开来的期限为3个月的银行承兑汇票一张，抵付前欠我公司的货款179000元。

这笔经济业务的发生，使企业的应收票据增加，应在"应收票据"账户的借方登记179000元，同时，使企业的应收账款减少，应在"应收账款"账户的贷方登记179000元。会计分录为：

借：应收票据　　　　　　　　　　　　　　　　　　　179000
　　贷：应收账款——丙公司　　　　　　　　　　　　　179000

【例5-6】7月18日，某公司以银行存款支付产品广告费30000元。

该项业务使销售费用增加的同时，减少了银行存款。会计分录为：

借：销售费用　　　　　　　　　　　　　　　　　　　30000
　　贷：银行存款　　　　　　　　　　　　　　　　　　30000

【例5-7】7月31日，计算出应交城建税3540元、教育费附加1600元。

这笔经济业务的发生，企业负担的税金增加，应记入"营业税金及附加"账户的借方，计算出应交还未交的税金及附加使企业的负债增加，应记入"应交税费"账户的贷方。会计分录为：

借：营业税金及附加　　　　　　　　　　　　　　　　5140
　　贷：应交税费——应交城建税　　　　　　　　　　　3540
　　　　　　　　——应交教育费附加　　　　　　　　　1600

【例5-8】7月31日，结转已销A、B产品的成本。A产品的平均单位成本为250元，B产品的平均单位成本为140元。

结转成本时，因产品已销售出去使库存产品减少应记入"库存商品"账户的贷方，同时意味着销售成本的增加应记入"主营业务成本"借方。本月销售A产品600件，成本为150000元，销售B产品150件，成本为21000元。会计分录为：

借：主营业务成本——A产品　　　　　　　　　　　　150000
　　　　　　　　——B产品　　　　　　　　　　　　 21000
　　贷：库存商品——A产品　　　　　　　　　　　　　150000
　　　　　　　——B产品　　　　　　　　　　　　　　21000

第二节 利润的形成

(一) 利润形成核算的内容

企业的利润或亏损,是企业在一定时期内全部经营活动反映在财务上的最终成果,它是企业生产经营活动的经济效益和资金使用效果的一种综合反映。

财务成果的核算的内容主要包括财务成果形成的核算和财务成果分配的核算两个方面。财务成果的核算必须首先进行利润汇总,即计算利润总额和净利润。

财务成果的形成可用公式表示如下:

净利润=利润总额-所得税费用

利润总额=营业利润+营业外收入-营业外支出

其中,营业利润=营业收入-营业成本-营业税金及附加-销售费用-管理费用-财务费用+投资净收益

企业取得的净利润应当按照国家规定或投资协议进行分配,企业当年实现的净利润加上以前年度未分配利润为可供分配的利润。若企业发生亏损,则可用下1年度的利润进行弥补。利润分配顺序为:

(1) 弥补以前年度亏损;

(2) 提取公积金和公益金;

(3) 向投资者分配利润。

(二) 利润形成的账户设置

1. "本年利润"账户

该账户属于所有者权益类账户,核算企业在年度内实现的净利润(或亏损)总额。其贷方登记期末从"主营业务收入"、"其他业务收入"、"投资收益"、"营业外收入"、"投资收益"等收益类账户转入的金额,借方登记从"主营业务成本"、"其他业务成本"、"营业税金及附加"、"销售费用"、"管理费用"、"财务费用"、"营业外支出"费用类账户及"所得税费用"账户转入的金额。年度内(不包括12月份)期末转账后,该账户的贷方余额表示年初至本月末累计实现的净利润,借方余额表示年初至本月末止累计实现的净亏损。年度终了,应将"本年利润"账户的累计余额转入"利润分配"账户。年终,"本年利润"账户的借方登记转入"利润分配"账户的净利润,贷方登记转入"利润分配"账户的亏损额,年终结转后,"本年利润"账户余额为零。其账户结构为:

借方	本 年 利 润	贷方
期初余额:期初累计发生的亏损总额 本期转入的各项费用、支出		期初余额:期初累计实现的净利润 本期转入的各项收入
期末余额:期末累计发生的亏损总额		期末余额:期末累计实现的净利润

2. "所得税费用"账户

该账户属于损益类账户，核算企业按税法规定计算的应缴纳的所得税费用数。借方登记计算出应交纳的所得税额，贷方登记结转到"本年利润"账户的所得税额，期末结转后，本账户应无余额。

借方	所得税费用	贷方
本期计算出的所得税费用		本期结转"本年利润"账户的所得税费用

3. "营业外收入"账户

该账户属于损益类账户，反映与企业生产经营活动无直接关系的各种收入，包括固定资产盘盈和处理固定资产净收益、罚款收入等。该账户贷方登记各项营业外收入，期末从借方转入"本年利润"账户。结转后无余额。

借方	营业外收入	贷方
本期结转"本年利润"账户的营业外收入		本期发生的营业外收入

4. "营业外支出"账户

该账户属于损益类账户，反映与企业生产经营活动无直接关系的各种支出，包括固定资产盘亏和处理固定资产净损失、罚款支出、非常损失等。该账户借方登记各项营业外支出，期末从贷方转入"本年利润"账户。结转后无余额。

借方	营业外支出	贷方
本期发生的营业外支出		本期结转"本年利润"账户的营业外收入

(三) 利润形成主要经济业务的核算

假设，某公司某年 12 月损益类账户余额如下：

主营业务收入	500000 元	（贷方）
主营业务成本	250000 元	（借方）
销售费用	4000 元	（借方）
营业税金及附加	2057 元	（借方）
管理费用	32000 元	（借方）
财务费用	15000 元	（借方）
营业外收入	30000 元	（贷方）
营业外支出	1000 元	（借方）

【例 5-9】将本年收益类账户余额转入本年利润账户。会计分录为：

```
借：主营业务收入                          500000
    营业外收入                             30000
    贷：本年利润                                      530000
```

【例5-10】将本年费用类类账户余额转入本年利润账户。会计分录为：
```
借：本年利润                              304057
    贷：主营业务成本                                  250000
        销售费用                                      4000
        营业税金及附加                                2057
        管理费用                                     32000
        财务费用                                     15000
        营业外支出                                    1000
```
由例5-9和例5-10计算可知，该企业12月份实现的利润总额为：
$$530000-304057=225943(元)$$

【例5-11】假设该公司所得税税率为25%。计算应交纳的所得税。
应交所得税计算如下：
$$225943\times25\%=56485.75(元)$$
会计分录为：
```
借：所得税费用                            56485.75
    贷：应交税费——应交所得税                        56485.75
```

【例5-12】将"所得税"账户余额转入"本年利润"账户
```
借：本年利润                              56485.75
    贷：所得税费用                                   56485.75
```
所得税结转后，即可计算出该公司12月的净利润：
$$\begin{aligned}净利润&=利润总额-所得税费用\\&=225943-56485.75\\&=169457.25(元)\end{aligned}$$

第三节　利润的分配

利润分配是指企业根据国家有关规定和企业章程、投资者协议等，对企业当年可供分配的利润所进行的分配。

(一)利润分配的顺序

企业可供分配的利润是当期实现的净利润，加上年初未分配利润(或减去年初未弥补亏损)后的余额。企业的利润应当按照如下顺序进行分配。

(1)提取法定盈余公积金，是指企业按照本年实现的净利润的一定比例提取的盈余公积金。根据我国《公司法》规定，公司制企业(包括国有独资企业、有限责任公司和股份有限公司)按净利润的10%提取，作为企业发展和生产经营的后备资金。其他企业可以根据需要确定提取比例，但不得低于10%。

(2) 提取任意盈余公积金。公司制的企业根据企业发展需要，按净利润的一定比例提取。任意盈余公积金一般要经股东大会决议提取。其他企业也可根据需要提取任意盈余公积金。

(3) 向投资者分配利润。可供分配的利润减去提取的法定盈余公积金，为可供投资者分配的利润。有限责任公司按固定的出资比例向股东分配利润，股份有限公司按股东持有的股份比例向股东分配股利。

可供分配利润经上述分配后，为未分配利润，未分配利润可留待以后年度进行分配；如果企业发生亏损，可按规定有以后年度的利润进行弥补。

(二) 利润分配的账户设置

1. "利润分配"账户

该账户属于所有者权益类账户。用来分配企业的财务成果。反映企业利润分配的各项具体数额和结存数额。该账户下设"提取盈余公积""未分配利润"等明细账户。账户结构为：

借方	利润分配	贷方
期初余额：期初尚未弥补的亏损 利润的各项分配额 年末从"本年利润"账户转来的本年累计亏损额		期初余额：期初尚未分配的净利润 盈余公积弥补亏损数 年终从"本年利润"账户转来的本年累计净利润
期末余额：年末尚未弥补的亏损		期末余额：年末尚未分配的利润

企业的未分配利润是通过"利润分配"科目进行核算的，具体来说是通过"利润分配"科目之下的"未分配利润"明细科目进行核算的。企业在生产经营过程中取得的收入和发生的费用成本，最终通过"本年利润"科目进行归集，计算确定出当年实现的净利润或亏损，然后转入"利润分配——未分配利润"科目进行分配，其结存于"利润分配——未分配利润"科目的贷方余额，表示为未分配利润；若为借方余额，则表示为未弥补亏损。年度终了，再将利润分配下的其他明细科目(提取法定盈余公积、提取任意盈余公积、应付普通股股利等)的余额，转入"未分配利润"明细科目。结转后，"未分配利润"明细科目的贷方余额，就是未分配利润的累计数额。如为借方余额则为未弥补亏损的数额。

借方	利润分配——未分配利润	贷方
期初余额：期初尚未弥补的亏损 从该账户下其他明细账户转入的余额 年末从"本年利润"账户转来的本年累计亏损额		期初余额：期初尚未分配的净利润 从"盈余公积补亏"明细账转入的余额 年末从"本年利润"账户转来的本年累计净利润
期末余额：年末累计未弥补的亏损		期末余额：年末累计未分配的利润

2. "盈余公积"账户

"盈余公积"账户是用来核算企业从净利润中提取的法定盈余公积和任意盈余公积

及其使用情况，属于所有者权益类账户。其贷方登记盈余公积的提取数；其借方登记盈余公积转增资本以及弥补亏损数。期末余额在贷方，表示盈余公积的实际结存数。其账户结构为：

借方	盈余公积	贷方
实际使用的盈余公积利润的各项分配额	期末提取的盈余公积	
	余额：期末结存的盈余公积	

3."应付股利"/"应付利润"账户

"应付股利"/"应付利润"账户是用来核算企业经董事会或股东大会，或类似机构决议确定分配的现金股利或利润，属于负债类账户。其贷方登记企业应支付的现金股利或利润数；其借方登记实际支付的现金股利或利润数。期末余额在贷方，反映企业尚未支付的现金股利或利润数。其账户结构为：

借方	应付股利/应付利润	贷方
实际支付的现金股利或利润数	本期应付未付的现金股利或利润数	
	余额：期末尚未支付的现金股利或利润数	

（三）利润分配主要经济业务的核算

【例5-13】接【例5-12】结转本年利润账户。会计分录为：
借：本年利润　　　　　　　　　　　　　　169457.25
　　贷：利润分配——未分配利润　　　　　　　169457.25

【例5-14】该公司按国家有关规定提取公积金。其中，法定盈余公积按净利润的10%提取，任意盈余公积按净利润的5%提取。会计分录为：
借：利润分配——提取盈余公积　　　　　　25418.59
　　贷：盈余公积——法定公积金　　　　　　16945.73
　　　　　　　——任意盈余公积　　　　　　 8472.86

【例5-15】经该公司董事会决定，用100000元向投资者分配利润。会计分录为：
借：利润分配——应付利润　　　　　　　　100000
　　贷：应付利润　　　　　　　　　　　　　100000

【例5-16】将上述有关利润分配的明细账户余额转入"利润分配——未分配利润"明细账户。会计分录为：
借：利润分配——未分配利润　　　　　　　125418.59
　　贷：利润分配——提取盈余公积　　　　　25418.59
　　　　　　　　——应付利润　　　　　　　100000

根据上述业务的核算，该公司年终结算后"利润分配——未分配利润"账户余额为：
169457.25－125418.59＝44038.66

练 习 题

一、单项选择题

1. 下列各项中，作为实现收入入账金额计量依据的是（　　）。
   A. 销售商品的售价　　　　　　B. 销售商品的进价
   C. 销售产品的成本　　　　　　D. 销售产品的制造成本
2. 企业销售产品实现收入，对此核算应进行的会计处理是（　　）。
   A. 借记"主营业务收入"账户　　B. 贷记"主营业务收入"账户
   C. 贷记"本年利润"账户　　　　D. 贷记"营业外收入"账户
3. 企业期末结转已销产品的制造成本，对此核算应进行的会计处理是（　　）。
   A. 借记"主营业务收入"账户　　B. 借记"本年利润"账户
   C. 借记"主营业务成本"账户　　D. 借记"库存商品"账户
4. 下列项目中，属于营业外收入的是（　　）。
   A. 销售产品的收入　　　　　　B. 销售材料的收入
   C. 收取的罚款收入　　　　　　D. 出租固定资产的收入
5. 结转产品销售成本时应该借记的账户是（　　）。
   A. 主营业务成本　　　　　　　B. 生产成本
   C. 库存商品　　　　　　　　　D. 主营业务收入
6. 下列项目中，不属于销售费用的是（　　）。
   A. 产品包装费　　　　　　　　B. 购进材料运杂费
   C. 销售产品运杂费　　　　　　D. 广告费
7. 企业预收货款时应贷记的账户是（　　）。
   A. 主营业务收入　　　　　　　B. 预收账款
   C. 银行存款　　　　　　　　　D. 主营业务外成本
8. 某企业本期营业利润为100万元，资产减值损失为15万元，公允价值变动收益为30万元，营业外收入20万元，营业外支出10万元，所得税税率25%。假定不考虑其他因素，该企业本期净利润为（　　）万元。
   A. 82.5　　　　B. 75　　　　C. 93.75　　　　D. 110
9. 某工业企业2014年度主营业务收入为3000万元，主营业成本为2500万元，其他业务收入为20万元，其他业务成本为10万元，财务费用为10万元，营业外收入为20万元，营业外支出为10万元，所得税税率为25%。假定不考虑其他因素，该企业2014年度的净利润应为（　　）万元。
   A. 375　　　　B. 382.5　　　　C. 386.2　　　　D. 390
10. 期末所有的损益类账户的余额要转入（　　）账户，结转后损益类账户无期末余额。
    A. 本年利润　　B. 利润分配　　C. 盈余公积　　D. 资本公积

二、多项选择题

1. 企业在采用预付材料款购进材料时，对此进行会计处理可能涉及的内容有( )。
   A. 借记"原材料"账户　　　　　B. 借记"应付账款"账户
   C. 贷记"预付账款"账户　　　　D. 贷记"银行存款"账户

2. 下列各项中，属于营业外收入的是( )。
   A. 固定资产盘盈　　　　　　　B. 出售材料收入
   C. 收取的罚款　　　　　　　　D. 财产盘亏

3. 企业在采用权责发生制时，下列各项中构成销售商品入账时间的有( )。
   A. 销售前确认　　　　　　　　B. 销售时确认
   C. 销售后确认　　　　　　　　D. 提供产品时确认

4. 在销售产品时，与"主营业务收入"账户有对应关系的账户有( )。
   A. 银行存款　　B. 应收账款　　C. 预收账款　　D. 库存现金

5. 下列各项中，期末结转后应无余额的有( )。
   A. 所得税费用　　B. 营业外收入　　C. 制造费用　　D. 资产减值损失

6. 下列各项中，影响当期利润表中净利润的有( )。
   A. 对外捐赠无形资产　　　　　B. 确认所得税费用
   C. 固定资产盘亏　　　　　　　D. 固定资产出售利得

7. 下列各项中，影响企业利润总额的有( )。
   A. 资产减值损失　　　　　　　B. 公允价值变动损益
   C. 所得税费用　　　　　　　　D. 营业外支出

8. 下列各项中，影响营业利润的项目有( )。
   A. 营业外支出　　　　　　　　B. 投资收益
   C. 资产减值损失　　　　　　　D. 财务费用

9. 下列项目中，应计入营业外支出的有( )。
   A. 出售固定资产净损失
   B. 因债务人无力支付欠款而发生的应收账款损失
   C. 对外捐赠支出
   D. 违反经济合同的罚款支出

10. 下列会计科目中，年末应无余额的有( )。
    A. 主营业务收入　　　　　　　B. 营业外收入
    C. 本年利润　　　　　　　　　D. 利润分配

三、判断题

1. 企业销售产品未收到款，但满足收入的确认条件，也应作为产品销售收入的实现处理。( )

2. 企业若没有设置"预付账款"账户，当发生预付货款业务时，则应该通过"应付账款"账户进行核算。( )

3. 在预收销货款时，可以作为收入实现进行账务处理。( )

4. 在确认收入的同时，也必须确认资产增加或负债减少。（　）
5. 在不设置"预收账款"账户的情况下，"应收账款"账户同时反应销售产品的应收款和预收款。（　）
6. 管理费用、资产减值损失、营业税金及附加和营业外收入都会影响企业的营业利润。（　）
7. 企业获得的捐赠利得应该计入营业外收入中，影响利润总额。（　）
8. 企业只能用税后利润弥补亏损。（　）
9. 企业的所得税费用一定等于企业当年实现的利润总额乘以所得税税率。（　）
10. 企业计提应交所得税，不计入"营业税金及附加"。（　）

四、业务技能题

习题（一）

1. 目的：练习利润形成及利润分配业务的会计处理。
2. 资料：某工厂 2014 年 12 月发生的经济业务如下：

该厂 12 月末全部收入、费用账户结转前的余额为主营业务收入 558121 元（贷方），主营业务成本 465000 元（借方），销售费用 5000 元（借方），营业税金及附加 27100 元（借方），管理费用 9500 元（借方），财务费用 400 元（借方），营业外收入 4200 元（贷方），营业外支出 1000 元（借方）。

该厂 12 月份发生一些经济业务：

（1）月终，将各项收入、费用转入"本年利润"账户。
（2）月终，根据本月利润总额，按照 25% 的所得税税率，计算并结转应交所得税。
（3）年终结转全年实现的净利润。
（4）年终，按全年净利润的 10% 计提法定盈余公积。
（5）年终，企业的投资者分配利润 15000 元。
（6）由银行转账支付本月应交本月所的税 13580.25 元。
（7）企业向投资者支付利润 15000 元，其中，12000 元由银行转账支付，3000 元现金付讫。

3. 要求：根据资料编制会计分录（结果保留两位小数，假定该工厂利润分配的期初余额为零）。

习题（二）

1. 目的：练习销售业务的会计处理。
2. 资料：甲公司 2014 年 8 月发生的有关销售的经济因为如下：

（1）销售给五一工厂 A 产品 300 件，单价 1700 元；B 产品 50 件，单价 150 元。共计 517500 元，货款已经存入银行。
（2）以银行存款支付销售 A，B 产品的运杂费 300 元。
（3）销售给向阳工厂 A 产品 100 件，单价 1700 元；B 产品 50 件，单价 150 元。共计 177500 元。原预收货款 10000 元，其余部分尚未收回。
（4）以银行存款支付销售 A，B 产品的运杂费 100 元。

(5) 按照合同向宏大公司发出 B 产品 200 件，单价 240 元，货款共计 48000 元，用银行存款代垫运杂费 470 元，货款及运费尚未收回。

(6) 结转本月已经销售 A，B 产品的实际生产成本（单件产品的实际生产成本为 A 产品 1400 元，B 产品 120 元）。

(7) 按照规定的税率（销售收入的 5%）计算应缴纳的销售税金。

3. 要求：根据以上经济业务编制会计分录。

习题（三）

1. 目的：练习销售业务及利润形成和利润分配业务的会计处理。

2. 资料：某工厂 2014 年 12 月份发生的部分经济业如下：

(1) 发生确实无法偿还的应付账款一笔，金额 3000 元，经批准转作营业外收入。

(2) 因销售产品出借给大华公司包装物一批，收取大华公司交来的包装物押金 590 元，存入银行。

(3) 大华公司因将包装物丢失，未能返还包装物，没收其全部押金 590 元。

(4) 出售多余甲材料一批，取得价款收入 1500 元，收取销项税 255 元，存入银行。

(5) 结转甲材料的销售成本，其账面价值为 1000 元。

(6) 以现金支付出售甲材料的搬运费 120 元。

(7) 出售专利权一项，取得价款收入 1000 元，存入银行。该专利权的账面价值为 600 元。

(8) 接银行通知，已收取出租固定资产的租金收入 850 元。

(9) 企业因火灾造成乙材料净损失 7200 元。

(10) 以银行存款支付违约罚款 500 元。

(11) 收到股利收入 2000 元，存入银行。

(12) 30 日，结转本月实现的有关收入及费用。假设 12 月末，各有关损益类账户的本月发生额如下：主营业务收入 85000 元，主营业务成本 48000 元，销售费用 4200 元，营业税金及附加 1500 元，管理费用 1300 元，财务费用 800 元，营业外收入 3600 元，营业外支出 9000 元，其他业务收入 4200 元，其他业务成本 3000 元，投资收益 2000 元。

(13) 按以上利润总额的 25% 计提本月应交所得税。

(14) 结转所得税到"本年利润"账户。

(15) 假设 12 月初，"本年利润"账户的贷方余额为 250000 元。分别按当年净利润的 10% 比例提取法定盈余公积金。

(16) 按当年净利润的 50% 的比例向投资者分配利润。

3. 要求：(1) 根据资料编制会计分录；
(2) 分别计算 12 月份的营业利润、利润总额以及净利润。

第六章　会　计　凭　证

【学习目标】
1. 熟悉会计凭证的意义和种类
2. 熟悉原始凭证的基本内容
3. 掌握原始凭证的填制和审核
4. 熟悉记账凭证的基本内容
5. 掌握记账凭证的填制和审核
6. 了解会计凭证的传递和保管要求

【技能目标】
掌握原始凭证和记账凭证填制和审核的方法。

第一节　会计凭证的意义和基本分类

一、会计凭证及其意义

以会计凭证为依据,既是会计核算必须遵循的原则,也是会计核算的基本特征。《中华人民共和国会计法》赋予会计信息"真实性"、"完整性"的质量特征,要求会计在账簿中所作的每一笔记录,在报表中所提供的每一项经济信息,都必须以真实、合法的会计凭证为依据。

会计凭证,是用来记录经济业务、明确经济责任的书面证明,也是登记账簿的依据。填制和审核会计凭证是会计核算工作的始端,也是对经济业务进行日常监督的重要环节。任何单位对于发生的每一笔经济业务,都必须首先填制或取得会计凭证,并经审核无误后,才能作为记账的依据并进入会计核算系统。正确填制和严格审核会计凭证,客观真实地反映经济业务的内容,保证会计核算信息的质量,有效地进行会计监督,具有三个方面的意义。

(一)有利于保证会计信息真实性的质量要求

填制会计凭证,可以正确、及时的记录经济业务的发生及完成情况,为记账、算账提供可靠的资料,保证账簿记录正确。经济业务发生以后,应按规定由有关经手人员及时地根据经济业务的实际内容,记录在相关的会计凭证上,并经审核后登记账簿,这样就为账簿记录提供了真实可靠的依据。比如,在销售商品时,销货方向购货方开具的发票应该详细地记录销货单位,购货单位,经办人员,商品的名称、数量、金额、购买的时间,经手人的签字,凭证号码,销售单位的公章等,对销售业务的详细情况进行客观的反映。

(二) 有利于有效地发挥会计的监督职能

填制和审核会计凭证,可以检查、监督经济业务的合法性和合理性,保证经济业务符合法律制度的规定,确保企业财产物资的安全。对于发生的经济业务,会计人员应该对有关的会计凭证进行审核、监督,检查经济业务是否真实、正确、合理、合法,是否符合国家相关的政策、法规、制度的要求,是否符合企业、单位的预算和计划的规定,防止不合法、不合理的经济业务发生,加强会计监督。通过审核会计凭证发现的问题,应该及时采取措施,进而不断的加强企业的会计核算工作。

(三) 有利于加强经营管理的责任制

填制和审核会计凭证,可以明确经济责任。会计凭证不仅记录了经济业务发生的地点、时间和内容,而且要由有关业务经办人签名盖章,一方面,从客观上促使有关人员在自己的职责范围内严格按照规章办事,增强他们的责任意识;另一方面,即使发生差错和纠纷,有关部门和人员可以借助会计凭证正确处理和裁决。从这个意义上讲,会计凭证不仅是登记账簿的依据,而且也是处理经济纠纷、审判经济案件的重要法律依据。

二、会计凭证的基本分类

会计凭证作为记录经济业务的载体,可以按照不同的标准分类,其中,最基本的分类是按其填制程序和用途的不同,分为原始凭证和记账凭证两大类。

简单地讲,原始凭证就是经济业务发生或完成时的最初记录,而记账凭证则是对原始凭证提供的原始信息,按照会计核算系统的要求进行分类整理并作为记录账簿的依据。原始凭证和记账凭证虽然存在着密切的联系,但在完成会计任务重又有着明确的分工;同时,两者在格式、内容、作用和审核等方面都具有各自的特点。所以,有必要对它们分别加以阐述。

第二节 原始凭证及其填制和审核

一、会计凭证及其分类

原始凭证又称单据,它是在经济业务发生当时取得或填制的,据以载明经济业务完成情况,明确经济责任的书面证明,也是记账的原始依据,如购货发票、领料单、银行结算凭证等。原始凭证在形状格式、大小繁简、来源渠道、作用上各不相同,可以将原始凭证按照不同的标志进行分类。

(一) 原始凭证按照不同来源的分类

原始凭证按照来源渠道的不同分类,主要是从会计主体的角度进行的分类,可分为外来原始凭证和自制原始凭证。

1. 外来原始凭证

外来原始凭证,是指在同其他单位或个人发生经济业务时,从对方取得的原始凭证。如购买商品从供货单位开具的发票、对外支付款项从其他单位取得的收据、职工借款由职工个人填写的借款单、银行的收款或支款通知、上缴税金的缴款书等。

表 6-1、表 6-2 都是外来原始凭证。

表 6-1　　　　　　　　　　**增值税专用发票的格式**
××省增值税专用发票

开票日期：201×年 10 月×日　　　　发　票　联　　　　　　　No. ×××

购货单位	名　称	甲　公　司		纳税人登记号	×××
	地址、电话	×××		开户银行及账号	×××
商品或劳务名称	计量单位	数量	单价	金　额	税率(%)	税额
A 种钢材	吨	100	500	50000	17%	8500
合　　　计				50000		8500
价税合计(大写)	人民币伍万捌仟伍佰元整					￥58500
销货单位	名　称	乙　公　司		纳税人登记号	×××
	地址、电话	×××		开户银行及账号	×××
备　注						

第二联：发票联　购货方记账

收款人：　　　　　　　　　　　　　　　开票单位(未盖章无效)：

注：这是增值税的专用发票，只限于增值税的一般纳税人领购使用，增值税的小规模纳税人和非增值税纳税人不得领购使用。专用发票规定为四联，分别为存根联、发票联、税款抵扣联和记账联。

表 6-2　　　　　　　　　　**销货方开来的押金收据的格式**
收　据
201×年 10 月×日　　　　　　　　　　　　　　　No.

付款单位　　A 公司　　　　　　　　　收款方式　现　金
人民币(大写)　　人民币贰佰元整　　　　　　　　￥200
收款事由　　　包装押金

第二联

收款单位(盖章)　　　　审核　　　　经手人　　　　出纳

2. 自制原始凭证

自制原始凭证，是由本单位业务经办人员，根据有关经济业务的执行和完成情况所填制的原始凭证。如材料验收入库时添置的"收料单"、仓库发出材料时所填写的"领料单"、产品完工入库时填制的"产品入库单"等。自制原始凭证一般不需要大写金额，如收料单、领料单等。

表 6-3、表 6-4、表 6-5 都是企业自制的原始凭证。

表 6-3　　　　　　　　　　　　　**收料单的格式**

收　料　单

供货单位　　　　　　　　　　　　　　　　　　　　　　　　凭证编号
发票号码　　　　　　　　　　　　年　月　日　　　　　　　收料仓库

材料编号	材料规格及名称	计量单位	数　量		价　格	
			应　收	实　收	单价	金额
×××	甲种材料	吨	50	50	500	25000
备　注					合　计	25000

仓库负责人　　　　　　　　记账　　　　　　　　仓库保管　　　　　　　收料

第 × 联

表 6-4　　　　　　　　　　　　　**领料单的格式**

领　料　单

领料部门　　　　　　　　　　　　　　　　　　　　　　　　凭证编号
用　　途　　　　　　　　　　　　年　月　日　　　　　　　收料仓库

材料编号	材料规格及名称	计量单位	数　量		价　格	
			请　领	实　领	单价	金额
×××	A种钢材	吨	2	2	500	1000
备　注					合　计	1000

仓库负责人　　　　　　　　发料　　　　　　　　仓库　　　　　　　　　经手

第 × 联

表 6-5　　　　　　　　　　　　　**产品入库单的格式**

产品入库单

交库单位　　　　　　　　　　　　年　月　日　　　　　　　　　编　号
　　　　　　　　　　　　　　　　　　　　　　　　　　　　　产品仓库

产品编号	产品名称	规格	单位	交付数量	检验结果		实收数量	单价	金额
					合格	不合格			
×××	A产品	×××	台	50	√		50	300	15000
备　注									

记账　　　　　　　　　检验　　　　　　　　　仓库　　　　　　　　　经手

第 × 联

（二）原始凭证按其不同填制手续的分类

原始凭证按其填制手续不同的分类，主要是从完整性和填制次数的角度出发，可分为一次凭证、累计凭证和汇总凭证。

1. 一次凭证

一次凭证，是指由经办业务人员根据一项或若干项同类性质的经济业务内容一次完成填制手续并不能重复使用的原始凭证。如发货票、银行结算凭证、借款单等。表6-1、表6-2都是一次凭证。原始凭证一般都是一次凭证。原始凭证反映经济业务比较单一，便于进行分类保管，但有时会数量过多，造成保管不便。

2. 累计凭证

累计凭证，是指在一定时期随着经济业务发生而分次完成填制手续，以连续记载不断重复发生的同类经济业务的原始凭证。如工业企业使用的"限额领料单"，就是比较典型的累计凭证，见表6-6。

表6-6 **限额领料单的格式**

限额领料单

领料部门：一车间 凭证编号：×××
用　　途：电动机　201×年10月份　发料仓库：×××

材料类别	材料编号	材料名称及规格	计量单位	领用限额	实际领用	单价	金额	备注
××	××	A种钢材	吨	10	8	500	4000	

供应部门负责人：　　　　　　　　　　　　生产计划部门负责人：

日期	数量		领料人签章	发料人签章	扣除代用数量	退料			限额结余
	请领	实发				数量	收料人	发料人	
2	1	1	×××	×××					9
5	2	2	×××	×××	1	×	×		8
20	6	6	×××	×××					2
合计	9	9			1				2

3. 汇总凭证

汇总凭证，亦称原始凭证汇总表，是指为减少记账凭证编制的工作量而将一定时期记录同类经济业务的若干份原始凭证汇总编制的，用以集中反映某类经济业务发生情况的原始凭证。如"发料凭证汇总表"、"商品收货汇总表"、"职工薪酬结算汇总表"、"材料费用汇总表"等都属于汇总原始凭证。"发料凭证汇总表"的格式如表6-7所示。

表6-7 **发料凭证汇总表的格式**

发料凭证汇总表
201×年10月5日

会计科目	领料部门	领料单张数	原材料	燃料	×	×	合计
生产成本	一车间	20	35000				35000
	二车间	10	15000				15000
	小计	30	50000				50000

续表

会计科目	领料部门	领料单张数	原材料	燃　　料	×	×	合　　计
制造费用	一车间	10	20000				20000
	二车间	10	15000				15000
	小　计	20	35000				35000
合　　计		50	85000				85000

会计主管　　　　　　　记账　　　　　　　复核　　　　　　　制表

(三) 原始凭证按其格式不同的分类

原始凭证按其格式不同的分类，主要是从适用的范围和使用单位的角度出发，可分为通用凭证和专用凭证。

1. 通用凭证

通用凭证，是指在全国或某个地区、某行业范围内普遍使用、具有统一格式和使用方法的凭证，如全国统一的异地结算"银行凭证"，由税务部门印制统一格式的发票等。

2. 专用凭证

专用凭证，是指某一些单位使用的具有特定内容和专门用途的原始凭证。该类凭证一般印制有单位名称和凭证名称，别的单位无法使用。如某单位差旅费报销单、借款单等。

(四) 原始凭证按照不同作用的分类

原始凭证按照作用不同的分类，主要是从生产经营过程的角度出发，可分为通知凭证、证明凭证和计算凭证。

1. 通知凭证

通知凭证，是指要求、指示或命令企业进行某项经济业务的原始凭证。如"罚款通知单"、"银行进账单"等，见表6-8。

2. 证明凭证

证明凭证，是指证明某项经济业务已经完成的原始凭证，如证明销售业务完成的"销货发票"、证明材料验收入库的"收料单"、证明材料发出的"领料单"等。

3. 计算凭证

计算凭证，是指经济业务结束后，根据有关的原始凭证和会计核算资料进行计算后编制的原始凭证，如"制造费用分配表"、"产品成本计算单"、"职工薪酬结算汇总表"、"发料凭证汇总表"、"固定资产折旧计算表"等。

(五) 原始凭证按其填制手段不同分类

原始凭证按照填制手段的不同，可分为手工凭证和机制凭证。传统的原始凭证都是由业务人员或会计人员手工填制的。随着经济的发展和计算机在经济领域的普及，越来越多的单位采用计算机制作原始凭证。如车票、医疗费收据等。虽然现在手工凭证仍是多数，但机制凭证终将越来越多地代替手工凭证。

表 6-8　　　　　　　　　　　　　**银行进账单的格式**

××银行进账单(回单或收款通知)

201×年×月×日　　　　　　　　　　第×号

收款人	全称	甲公司	付款人	全称	乙公司	此联是收款人开户行交给收款人的回单或收账通知
	账号	×××		账号	×××	
	开户银行	×××		开户银行	×××	
人民币（大写）	捌仟伍佰元整				千百十万千百十元角分 ¥　　　8 5 0 0 0 0	
票据种类		支票				
票据张数		壹张				
单位主管　　会计　　复核　　记账				收款人开户银行盖章		

以上不同分类的原始凭证，有些是相互关联的，如现金收据一式几联，其中一联作为出具收据单位的自制原始凭证，另一联则是接收单位的外来自制凭证。同时，它既是一次凭证，又是证明凭证，也是专用凭证，还是手工凭证。

二、原始凭证应具备的基本要素和填制规范

按照我国《会计法》的规定，下列经济业务事项，应当办理会计手续，进行会计核算：
(1)款项和有价证券的收付；
(2)财务的收发、增减和使用；
(3)债权债务的发生和结算；
(4)资本、基金的增减；
(5)收入、支出、费用、成本的计算；
(6)财务成果的计算和处理；
(7)需要办理会计手续、进行会计核算的其他事项。

各单位办理上述有关经济业务事项，必须取得或者填制原始凭证，并及时送交会计机构。原始凭证是用来载明经济业务的实际发生和完成情况的，由于经济业务的种类繁多，反映经济业务所使用的原始凭证的内容也就千差万别。例如，收料单是记录材料的收入，领料单是记录材料的发出，两者的内容明显不同。但作为明确经济责任，具有法律效力的书面证明，必须具备一些基本要素，并按规定的要求进行填制和审核。

(一)原始凭证应具备的基本要素

每一种原始凭证都必须客观地、真实地记录和反映经济业务的发生、完成情况，都必须明确有关单位、部门及人员的经济责任。这些共同的要求，决定了每种原始凭证都必须具备以下几个方面的基本要素：
(1)原始凭证的名称。如发票、收据、收料单和领料单等。
(2)填制凭证的日期和凭证编号。即经济业务发生的时间和凭证对应的号码。
(3)填制单位或接受单位名称。如增值税专用发票上应该载明购货单位和销货单位

的名称,而且要写全称。这样便于联系核对账目。

(4)经济业务内容摘要。即经济业务的基本内容。

(5)经济业务的实物数量、单价、大小写金额等。如销售发票包括产品的名称、规格、单位、数量、金额等,而且金额一般包括小写的阿拉伯数字和大写的汉字。保证凭证不被人恶意修改。

(6)经办人员签章或单位公章或业务章等。单位之间发生经济业务,原始凭证上应该有填制凭证单位的公章及经办人员的签章,以明确法律责任,出现问题便于核对查找。对于需要进行检验、验收实物的凭证,还要有验收部门和人员的签章。

有些原始凭证除了包括上述基本内容外,为了满足计划、统计等其他业务工作的需要,还要列入一些补充内容。例如,在有些原始凭证上,还要注明与该笔经济业务有关的计划指标、预算项目和经济合同等。

各会计主体根据会计核算和管理的需要,按照原始凭证应具备的基本内容和补充内容,即可设计和印刷适合本主体需要的各种原始凭证。但是,为了加强宏观管理,强化监督,堵塞偷税、漏税的漏洞,各有关主管部门应当为同类经济业务设计统一的原始凭证格式。例如,由中国人民银行设计统一的银行汇票、本票、支票;由交通部门设计统一的客运、货运单据;由税务部门设计统一的发货票、收款收据等。这样,不仅可使反映同类经济业务的原始凭证内容在全国统一,便于加强监督管理,而且也可以节省各省各会计主体的印刷费用。

(二)原始凭证的填制规范

自制原始凭证的填制有三种形式:一是根据实际发生或完成的经济业务,由经办人员直接填制,如"入库单"、"领料单"等;二是根据账簿记录对有关经济业务加以归类、整理填制,如月末编制的制造费月分配表、利润分配表等;三是根据若干张反映同类经济业务的原始凭证定期汇总填制,如各种汇总原始凭证等。

外来原始凭证,虽然是由其他单位或个人填制,但它同自制原始凭证一样,也必须具备为证明经济业务完成情况和明确经济责任所必需的内容。

尽管各种原始凭证的具体填制依据和方法不尽一致,但就原始凭证反映经济业务、明确经济责任而言,其填制一般要求有以下几个方面:

1. 记录真实

凭证上记载的经济业务,必须与实际情况相符合,绝不允许有任何歪曲或弄虚作假。对于实务的数量、质量和金额,都要经过严格的审核,确保凭证内容真实可靠。从外单位取得的原始凭证如有丢失,应取得原签发单位盖有"财务专用章"的证明,并注明原始凭证的号码、所载金额等内容,由经办单位负责人批准后,可代作原始凭证;对于确实无法取得证明的,如火车票、轮船票、飞机票等,可由当事人写出详细情况,由经办单位负责人批准后,也可代作原始凭证。

2. 手续完备

原始凭证的填制手续,必须符合内部牵制原则的要求。凡是填写大写和小写金额的原始凭证,大写与小写金额必须相符;购买实物的原始凭证,必须有实物的验收证明;支付款项的原始凭证,必须有收款方的收款证明。一式几联的凭证,必须用双面复写纸套写，单页凭证必须用钢笔填写；销货退回时，除填制退货发票外，必须取得对方的收款收据或开户行的汇款凭证，不得以退货发票代替收据；各种借出款项的收据，必须附在记账凭证上，在收回借款时，应另开收据或退回收据副本，不得退回原借款收据。经有关部门批准办理的某些特殊业务，应将批准文件作为原始凭证的附件或在凭证上注明批准机关名称、日期和文件字号。

3. 内容齐全

凭证中的基本内容和补充内容都要详尽地填写齐全，不得漏填或省略不填。如果项目填写不全，则不能作为经济业务的合法证明，也不能作为有效的会计凭证。为了明确经济责任，原始凭证必须有经办部门和人员签章。从外单位取得的原始凭证，必须有填制单位的公章或财务专用章；从个人取得的原始凭证，必须有填制人员的签名或盖章。自制原始凭证必须有经办部门负责人或指定人员的签名或盖章。对外的原始凭证，必须加盖本单位的公章或财务专用章。

4. 书写规范

原始凭证上的文字，要按规定书写，字迹要工整、清晰，易于辨认，不得使用未经国务院颁布的简化字。关于数字填写的规范，《会计基础工作规范》有如下规定：

（1）阿拉伯数字应当一个一个地写，不得连笔写。阿拉伯金额数字前面应当书写货币种符号或者货币名称简写，如人民币的符号为"￥"，美元的符号为"＄"。币种符号与阿拉伯金额数字之间不得留有空白。凡阿拉伯数字前写有币种符号的，数字后面不再写货币单位。

（2）所有以元为单位(其他货币种类为货币基本单位)的阿拉伯数字，除表示单价等情况外，一律填写到角分；无角分的，角位和分位可写"00"，或者符号"—"；有角无分的，分位应当写"0"，不得用符号"—"代替。

（3）汉字大写数字金额如零、壹、贰、叁、肆、伍、陆、柒、捌、玖、拾、佰、仟、万、亿等，一律用正楷或者行书体书写，不得用〇、一、二、三、四、五、六、七、八、九、十等简化字代替，不得任意自造简化字。大写金额数字到元或者角为止的，在"元"或者"角"字之后应当写"整"字或者"正"字；大写金额数字有分的，分字后面不写"整"或者"正"字。

（4）大写金额数字前未印有货币名称的，应当加填货币名称，货币名称与金额数字之间不得留有空白。

（5）当阿拉伯金额数字中间有"0"时，汉字大写金额要写"零"字，如￥1409.50，汉字大写为"人民币壹仟肆百零玖元伍角整"；当阿拉伯数字金额中间连续有几个"0"时，汉字大写金额中可以只写一个"零"字，如￥6007.14，汉字大写金额应写成"人民币陆仟零柒元壹角肆分"；阿拉伯金额数字万位或元位是"0"，或者数字中间连续有几个"0"、元位也是"0"，但当千位、角位不是"0"时，汉字大写金额可以只写一个"零"字，也可以不写"零"字，如￥1580.32，应写成"人民币壹仟伍佰捌拾元零叁角贰分"，或者写成"人民币壹仟伍佰捌拾元叁角贰分"；如￥107000.53，应写成"人民币壹拾万柒仟元零伍角叁分"，或者写成"人民币壹拾万零柒仟元伍角叁分"；当阿拉伯金额数字角位是"0"，而分位不是"0"时，汉字大写金额"元"后面应写"零"字，如￥16409.02，应写成"人民币壹万陆仟肆佰零玖元零贰分"。

　　填写原始凭证一般要用蓝色或黑色签字笔书写,发生差错要按规定方法更正,不得刮擦、挖补、粘贴、用涂改液消除等。涉及现金、银行存款收付的原始凭证,如发票、收据、支票等,都有连续编号,应按编号连续使用,这类凭证如有填写错误,应予作废重填,并在填错的凭证上加盖"作废"戳记,与存根一起保存,不得任意销毁。要做好原始凭证的填制工作,不仅仅是一个书写规范的问题,要使所有经办人员都能充分认识到原始凭证在经营管理中的重要作用。同时,还要加强经营管理上的责任制,促使有关人员都能严格按财务会计制度和手续办事。

　　5. 填制及时

　　每笔经纪业务发生或完成后,经办业务的有关部门和人员必须及时填制原始凭证,做到不拖延、不积压,并要按规定的程序将其送交会计部门。

　　(三)原始凭证的审核

　　为了如实反映经济业务的发生和完成情况,充分发挥会计的监督职能,保证会计信息真实可靠、内容完整,各单位对所有原始凭证都必须进行严格、认真的审核。只有审核无误的原始凭证,才能据以编制记账凭证。

　　1. 原始凭证审核的内容

　　(1)审核原始凭证的真实性。

　　审核原始凭证的真实性包括审核原始凭证本身是否真实以及审核原始凭证所反映的经济业务是否真实两个方面。即确定原始凭证是否弄虚作假、是否存在伪造、编造等情况;核实原始凭证所反映的经济业务是否发生和完成,是否真实反映了经济业务的本来面貌等。

　　(2)审核原始凭证的合法性。

　　审核原始凭证的合法性就是审核原始凭证所反映的经济业务是否符合国家有关法律法规和国家统一会计制度的规定,是否符合有关审批权限和手续的规定,以及是否符合单位的有关规章制度,有无违法乱纪等行为。

　　(3)审核原始凭证的准确性。

　　审核原始凭证的准确性是审核原始凭证的摘要和数字是否填写正确,数量、单价、金额的计算有无错误,大写、小写金额是否相符等。

　　(4)审核原始凭证的完整性。

　　审核原始凭证的完整性就是审核原始凭证的内容是否完整,手续是否完备,应填项目是否填写齐全,有关人员的签名或者盖章是否具备等。

　　2. 原始凭证审核后发现问题的处理

　　原始凭证的审核是一项非常重要、严肃的工作。原始凭证经过审核,符合规定的原始凭证应该即使办理相关手续,据以登记记账凭证,并作为记账的附件及时存档;对于不符合规定的原始凭证应该进行相关的处理。我国《会计法》规定:"会计机构、会计人员必须按照国家统一的会计制度的规定对原始凭证进行审核,对不真实、不合法的原始凭证有权不予接受,并向单位负责人报告;对记载不准确、不完整的原始凭证予以退回,并要求按照国家统一的会计制度的规定更正、补充。"

　　(1)对不真实、不合法的原始凭证有权不予接受,并向单位负责人报告。

不真实的原始凭证是指原始凭证所记录和反映的经济业务是虚假的。不合法的原始凭证是指原始凭证所记录的经济业务违反国家有关法律法规和国家统一会计制度的规定。对不真实、不合法的原始凭证，会计机构、会计人员有权不予接受。一方面，要求会计机构、会计人员在审核原始凭证的过程中，应当坚持原则，不徇私情，认真履行职责，发现原始凭证记载的经济业务虚假或者违反国家法律法规和国家统一会计制度的规定时，应当拒绝接受；另一方面，也强调了《会计法》赋予会计机构、会计人员的一种权利，体现了对会计人员的法律呵护。同时，为了保证单位负责人及时了解情况或者及时纠正违法行为，会计机构、会计人员应当将审核中不真实、不合法的原始凭证的情况向单位负责人报告。单位负责人接到报告后，应当采取相应措施：第一，责成有关经办人员改正错误，如违法行为的，应当报告有关部门予以查处；第二，应当查找出现这种情况的原因，并规定相应的规章制度，防止类似问题再度发生。

(2) 对记载不准确、不完整的原始凭证予以退回，并要求按照国家统一的会计制度的规定更正、补充。

记载不准确的原始凭证是指原始凭证的内容记载有误；记载不完整的原始凭证是指原始凭证的填写有遗漏或者省略。对于记载不准确、不完整的原始凭证，因其只是有填写错误或项目不齐全、手续不完备的问题，因为在处理方法上和上述第一中情况有所不同，而是将其退回，并要求有关经济业务的经办人员按照国家统一的会计制度的规定进行更正、补充，待内容补充完整、手续完备后，再予以办理。

需要强调的是，我国《会计法》还规定："原始凭证记载的各项内容均不得涂改；原始凭证有错误的，应当由出具单位重开或者更正，更正处应当加盖出具单位印章。原始凭证金额有错误的，应当由出具单位重开，不得在原始凭证上更正。"

原始凭证记载的各项内容均不得涂改，其目的是就是为了保证原始凭证确定能够真实记录经济业务发生和完成的实际情况。但如果原始凭证是有错误的，则应当由原始凭证的出具单位重开或更正。究竟是重开还是更正，应视错误的性质而定。

如果只是一般性的笔误，而且出错的不是金额问题，可以采取直接在原始凭证上更正的办法。更正时要注意两点：第一，更正只能提请出具单位进行，其他单位或者个人无权更正；第二，更正出应由出具单位盖章，以示负责。

如果是原始凭证填写的金额有错误的，则只能由原始凭证的出具单位重开，而不得在原始凭证上更正。应将金额错误的原始凭证交还给出具单位重开。这是因为金额是反映经济业务真实与否最重要的内容，也是容易出问题的一项内容，因此法律要求上就更严格一些。

对于审核无误的原始凭证，应及时据以编制记账凭证入账。

第三节 记账凭证及其填制和审核

一、记账凭证及其分类

(一) 记账凭证及其作用

记账凭证，俗称"传票"，是会计人员根据审核无误的原始凭证，按照经济业务加以归类整理，并确定会计分录而填制、作为登记账簿直接依据的一种载体。

任何会计主体取得的原始凭证来自各个方面，其格式不一，大小不等，数量繁多，填制也不统一。倘若直接以此登记账簿，既烦琐又容易发生差错。因此，须将审核无误的原始凭证，按照登记账簿的要求进行归类整理，指明账户的名称、记账方向和金额，并填制具有统一格式的记账凭证，然后将相关的原始凭证附在记账凭证后面，这不仅便于账簿的登记，而且有利于原始凭证的保管、对账、查账，进而提高会计工作的质量。从原始凭证到记账凭证是会计事项记载的经济信息转换成会计信息的过程，是一个质的飞跃，是沟通原始凭证和账簿记录的桥梁。

(二) 记账凭证的分类

记账凭证的种类格式很多，不同性质和规模的会计主体可以根据自己的需要选择不同种类和格式的记账凭证。

1. 按其记录的经济业务类型分类

记账凭证按其记录的经济业务类型分类，主要是从是否涉及现金资产增减角度，分为收款凭证、付款凭证和转账凭证三种。

(1) 收款凭证，是会计人员根据审核无误的现金资产收入业务的原始凭证填制，用来记录现金资产增加业务的记账凭证(简称"收"字)。按照现金资产的内容不同，收款凭证又可以分为反映库存现金增加的收款凭证(简称"银收"字)和反映银行存款增加的收款凭证(简称"现收"字)，格式见表6-9。

表6-9 收款凭证的格式

收 款 凭 证　　　201×年×月×日　　总号：55　　分号：现收6

借方科目：库存现金

摘要	贷方科目		√	金额									
	总账科目	二级或明细科目		亿	千	百	十	万	千	百	十	元	角	分
收到A公司前欠货款	应收账款	A公司							5	0	0	0	0
合　　计								¥	5	0	0	0	0

附件×张

财会主管　　记账　　出纳　　复核　　制单　　领款人签章

(2) 付款凭证，是会计人员根据审核无误的现金资产付出业务的原始凭证填制，用来记录现金资产减少业务的记账凭证(简称"付"字)。按照现金资产的内容不同，付款凭证也可以分为反映库存现金减少的付款凭证(简称"现付"字)和反映银行存款减少的付款凭证(简称"银付"字)，格式见表6-10。

对于发生库存现金和银行存款之间的收付业务,如从银行提取现金,或将现金存入银行,一般只填制付款凭证,不再填制收款凭证,以避免重复编制。

表 6-10　　　　　　　　　　　付款凭证的格式

付 款 凭 证
201×年×月×日

总号	56
分号	银付 8

贷方科目：银行存款

摘 要	借 方 科 目		√	金　　　　额									
	总账科目	二级或明细科目		亿	千	百	十	万	千	百	十	元	角	分
向银行提现	库存现金							1	5	0	0	0	0	0
	合　　　计						¥	1	5	0	0	0	0	0

附件×张

财会主管　　　记账　　　出纳　　　复核　　　制单　　　领款人签章

（3）转账凭证,是会计人员根据审核无误的转账业务原始凭证填制,用来登记不涉及库存现金、银行存款收付业务的记账凭证,格式见表 6-11。为了便于分辨以上的收款、付款、转账凭证,常常用不同的颜色来印刷不同种类的凭证。

表 6-11　　　　　　　　　　　转账凭证的格式

转 账 凭 证
201×年×月×日

总号	57
分号	转 14

摘　　要　　购入原材料货款暂欠

借 方 科 目		√	贷 方 科 目		金　　　　额								
总账科目	二级或明细科目		总账科目	二级或明细科目	千	百	十	万	千	百	十	元	角	分
原材料	××材料		应付账款	××公司				2	0	0	0	0	0	0
合　　　计							¥	2	0	0	0	0	0	0

附件×张

财会主管　　　　　　记账　　　　　　复核　　　　　　制单

2. 按其使用的范围和用途不同分类

记账凭证按照使用的范围和用途不同,可分为通用记账凭证和专用记账凭证。

（1）通用记账凭证,是指对各种经济业务(如收款、付款、转账业务)都适用的记账凭证。格式类似于转账凭证，适用于会计人员较少、业务较简单的小型企事业单位，格式见表6-12。

表6-12　　　　　　　　　　**通用记账凭证的格式**

记 账 凭 证

201×年×月×日　　　　　　　　　　　　　　　编号

摘　要	一级科目	二级或明细科目	借方金额	贷方金额	记账
合　计					

附件

会计主管　　　　　记账　　　　　审核　　　　　出纳　　　　　制证

（2）专用记账凭证，是指专门适用于某类经济业务的会计凭证，如前面举过的例子：收款凭证（见表6-9）、付款凭证（见表6-10）、转账凭证（见表6-11）。一般经济业务比较多、会计人员比较多的大中型企事业单位多采用这种收、付、转的形式。

3. 按其填制的方式不同分类

记账凭证按其填制方式不同的分类，主要是基于大型企业从方便会计人员汇总分工的角度出发，可分为单式记账凭证和复式记账凭证。

（1）单式记账凭证，亦称单科目记账凭证，是指按一项经济业务所涉及的会计科目填制的凭证，每张凭证只填制一个会计科目，借方科目填制借项凭证，贷方科目填制贷项凭证。这种凭证内容单一，数量较多，便于按照科目进行汇总，适合会计人员分工做账，可以提高工作的效率；但凭证比较分散，不能完整地反映经济业务，容易丢失。单式记账凭证通常适用于业务量较大、企业会计部门内部分工较细的单位，格式见表6-13。

表6-13　　　　　　　　　　**单式记账凭证的格式**

借项记账凭证

对应科目：应付账款　　　　　201×年×月×日　　　　　　　　编号 $1\frac{1}{2}$

摘　要	一级科目	二级或明细科目	金　额	记　账
购入原材料	原材料	××材料	2000	
货款暂欠				

附件×张

会计主管　　　　　记账　　　　　审核　　　　　出纳　　　　　制单

第六章 会计凭证

贷项记账凭证

对应科目：原材料　　　　　201×年×月×日　　　　　编号 1 $\frac{2}{2}$

摘　　要	一级科目	二级或明细科目	金　　额	记　　账	
购入原材料	应付账款	××公司	2000		附件×张
货款暂欠					

会计主管　　　　　记账　　　　　审核　　　　　出纳　　　　　制单

（2）复式记账凭证，亦称多科目记账凭证，是指一项经济业务所涉及的会计科目都填制在一张凭证上。这种复式记账凭证记载有借贷两个或两个以上对应会计科目，方向相反，金额相等。复式记账凭证可以完整地反映经济业务的全貌及会计科目之间的对应关系，便于检查记账凭证编制是否正确；但不便于按照会计科目进行汇总，不便于分工记账。如上边列举的收款凭证（见表6-9）、付款凭证（见表6-10）、转账凭证（见表6-11）都是复式记账凭证。

4. 按其是否经过汇总分类

记账凭证按其是否经过汇总分类，主要是从会计核算形式登记总分类账依据不同的角度出发，可分为分录记账凭证和汇总记账凭证两类。

（1）分录记账凭证，是指按照原始凭证编制的，用以确定每项经济业务会计分录的记账凭证。如前面列举的收款凭证（见表6-9）、付款凭证（见表6-10）、转账凭证（见表6-11）、通用记账凭证（见表6-12）都是分录记账凭证。

（2）汇总记账凭证，是将一定时期填制的收、付、转记账凭证，按照相同会计科目分借方金额和贷方金额进行加总而填制的记账凭证。目的是为了简化登记总分类账的手续。汇总记账凭证按照汇总的方法不同又分为：全部汇总记账凭证和分类汇总记账凭证两类。

全部汇总记账凭证，也称记账凭证汇总表或科目汇总表，是将一定的期间的全部记账凭证按照会计科目（账户）进行汇总编制的表格，里面集中反映了一定期间经济业务的发生情况，便于进行分析，便于集中的登记总账。规模较大、经济业务较复杂的单位多采用全部汇总记账凭证方式登记总账，格式见表6-14。

分类汇总记账凭证，指对一定期间的记账凭证进行分类汇总而编制的记账凭证。如汇总收款凭证、汇总转账凭证、汇总付款凭证。

不同企事业单位根据其账务处理程序的不同选择不同的汇总记账凭证，企事业单位要结合本单位会计事项的多少对账务处理程序进行选择。

另外，对于记账凭证的分类也可以按照手工的和机制的进行分类分为手工记账凭证和机制记账凭证，实现会计电算化的企事业单位多采用机制的方式编制记账凭证。

表 6-14   　　　　　　　　记账凭证汇总表的格式

记账凭证汇总表

201×年 10 月 31 日   　　　　　　　　字第×号

会计科目	借方金额	记　账	贷方金额	记　账	
库存现金	4500				附件×件
应收账款	25000				
短期借款			22000		
……	……		……		
实收资本			200000		
合　　计	850000		850000		

会计主管　　　　　　记账　　　　　　审核　　　　　　制表

综上所述，原始凭证和记账凭证主要的分类可归纳如图 6-1 所示：

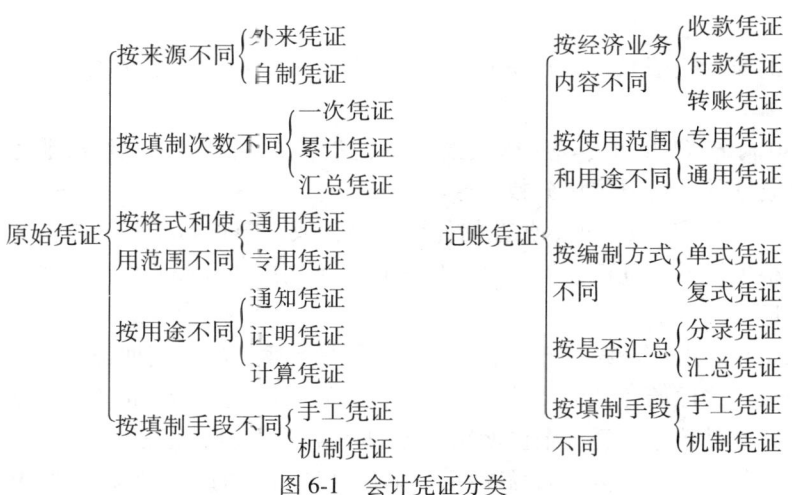

图 6-1　会计凭证分类

二、记账凭证应具备的基本要素和填制规范

（一）记账凭证应具备的基本要素

由于各单位经济业务的内容和复杂程度不同，人员的数量和分工的不同，设计和使用的记账凭证，虽然在格式上存在差异，但作为对原始凭证的归类和整理并作为登记账簿的直接依据的记账凭证，必须具备以下基本要素：

(1) 填制单位名称和记账凭证的名称(收款凭证、付款凭证、转账凭证等)；
(2) 填制凭证日期(通常用年、月、日表示)；
(3) 填制凭证编号；

(4)经济业务内容摘要;

(5)经济业务所涉及的会计科目(包括总分类科目和明细分类科目)及其应借应贷的金额;

(6)所附原始凭证的张数(简称"附件");

(7)记账备注,即已登记账簿的金额,应在"记账"栏内打"√"号或签章;

(8)填制凭证人员、稽核人员、记账人员、会计机构人负责人(会计主管人员)签名或者盖章。收款凭证和付款凭证还应当由出纳人员签名或者盖章。

以自制原始凭证或者原始凭证汇总表代替记账凭证的,也必须具备记账凭证应有的项目。

(二)记账凭证的填制规范

记账凭证是根据原始凭证填制的,是登记账簿的依据,所以正确地填制记账凭证可以保证会计信息的全面、准确。

我国《会计基础工作规范》对记账凭证有如下规定:

(1)记账凭证的内容必须具备:填制凭证的日期;凭证编号;经济业务摘要;会计科目;金额;所附原始凭证张数;填制凭证人员、稽核人员、记账人员、会计机构负责人、会计主管人员签名或者盖章。收款和付款记账凭证还应当由出纳人员签名或者盖章。

以自制的原始凭证或者原始凭证汇总表代替记账凭证的,也必须具备记账凭证应有的项目。

(2)在填制记账凭证时,应当对记账凭证进行连续编号。一笔经济业务需要填制两张以上记账凭证的,可以采用分数编号法编号。

(3)记账凭证可以根据每一张原始凭证填制,或者根据若干张同类原始凭证汇总填制,也可以根据原始凭证汇总表填制。但不得将不同内容和类别的原始凭证汇总填制在一张记账凭证上。

(4)除结账和更正错误的记账凭证可以不附原始凭证外,其他记账凭证必须附有原始凭证。如果一张原始凭证涉及几张记账凭证,则可以把原始凭证附在一张主要的记账凭证后面,并在其他记账凭证上注明附有该原始凭证的记账凭证的编号或者附原始凭证复印件。一张复始凭证所列支出需要几个单位共同负担的,应当将其他单位负担的部分,开给对方原始凭证分割单,进行结算。原始凭证分割单必须具备原始凭证的基本内容:凭证名称、填制凭证日期、填制凭证单位名称或者填制人姓名、经办人的签名或者盖章、接受凭证单位名称、经济业务内容、数量、单价、金额和费用分摊情况等。

(5)如果在填制记账凭证时发生错误,则应当重新填制。

已经登记入账的记账凭证,在当年内发现填写错误时,可以用红字填写一张与原内容相同的记账凭证,在摘要栏注明"注销某月某日某号凭证"字样,同时,再用蓝字重新填制一张正确的记账凭证,注明"订正某月某日某号凭证"字样。如果会计科目没有错误,只是金额错误,则也可以将正确数字与错误数字之间的差额,另编一张调整的记账凭证,调增金额用蓝字,调减金额用红字。发现以前年度记账凭证有错误的,应当用蓝字填制一张更正的记账凭证。

(6)记账凭证填制完经济业务事项后,如有空行,应当自金额栏最后一笔金额数字下的空行处至合计数上的空行处画线注销。

在日常工作中,填制记账凭证时,针对其中相关的项目应该按照以下的规则进行:

1. 日期的填写

现金收付记账凭证的日期按办理现金收付的日期填写;银行付款业务的记账凭证,一般按财会部门开出付款单据的日期或承付的日期填写;银行收款业务的记账凭证,一般按银行进账单或银行受理回执的戳记日期填写;月末结转的业务,按当月最后一天的日期填制。

2. 摘要的填写

填写的摘要,一要真实准确,其内容与经济业务的内容和所附原始凭证的内容相符;二要简明扼要,书写整齐清洁。比如,向银行提取现金,摘要为"补充库存现金"或"备发工资"等;支付现金,摘要为"某职工预借差旅费"、"货款"等。

3. 会计科目的填写

在填写会计科目时,应填写会计科目的全称或会计科目的名称和编号,不得简写或只填会计科目的编号而不填名称。需填明细科目的,应在"明细科目"栏填写明细科目的名称。

4. 金额的填写

记账凭证的金额必须与原始凭证的金额相符。在记账凭证的"合计"行填列合计金额;阿拉伯数字的填写要规范;在合计数字前应填写货币符号,不是合计数字前不应填写货币符号。一笔经济业务因涉及会计科目较多,需填写多张记账凭证的,只在最末一张记账凭证的"合计"行填写合计金额。角分位不留空白,可写成"00";金额合计第一位前应书写人民币符号"¥"。

5. 记账凭证附件张数的计算与填写

记账凭证一般附有原始凭证。附件张数的计算方法有两种:

一是按构成记账凭证金额的原始凭证(或原始凭证汇总表)计算张数,如按转账业务的原始凭证张数计算。

二是以所附原始凭证的自然张数为准,即凡与经济业务内容相关的每一张凭证,都作为记账凭证的附件。凡属收付款业务的,原始凭证张数计算均以自然张数为准。但对差旅费、市内交通费、医疗费等报销单据,可贴在一张纸上,作为一张原始凭证(报销清单)附件。附件张数应用阿拉伯数字填写。对简单的摊提转账业务,可以在摘要栏注明计算依据,而不需经过分摊或计算的属于纯结转性业务的记账凭证可不附原始凭证。

当一张或几张原始凭证涉及几张记账凭证时,可将原始凭证附在一张主要的记账凭证后面,在摘要栏说明"本凭证附件包括××号记账凭证业务"字样,在其他记账凭证上注明"原始凭证在××号记账凭证后面"字样。

6. 会计分录的填写

不同类型的经济业务不得填制在一张记账凭证中,也不得对同类经济业务采取大汇总的办法填制记账凭证。转账凭证和通用记账凭证应按先"借"后"贷"的顺序填列。不得填制"有借无贷"或"有贷无借"的会计分录。

7. 记账凭证的编号规则

会计人员应及时对记账凭证予以编号。记账凭证无论是全部作为一类编号，还是按收、付、转编号，均应按月从"1"开始顺序编号，不得跳号、重号。

业务量大的单位，可使用"记账凭证编号销号单"，在装订凭证时，应将销号单放在记账凭证汇总表之后，使记账凭证的编号、张数一目了然，以便查考。

一组会计分录使用两张以上记账凭证，应按顺序用"带分数"编列分号，两张凭证之间不要填写"过次页"、"承前页"。例如，第 8 号会计事项有三张记账凭证，编号分别为 $8\frac{1}{3}$ 号、$8\frac{2}{3}$ 号、$8\frac{3}{3}$ 号。

每月末各种记账凭证的最后一张编号，在其旁边要加注"全"字，表示本月凭证编号到字结束。

8. 签名或盖章

记账凭证上规定的有关人员的签名或盖章，应全部签章齐全，以明确责任。财会人员较少的单位，在收、付记账凭证上，至少应有两人（会计和出纳）签章。一张记账凭证涉及几个会计记账的，凡记账的会计均应在"记账"签章处签章。会计主管对未审阅过的记账凭证，可以不签章，但仍应对其合法性、准确性负责，收、付款记账凭证还应由出纳人员签章。

9. 空行的要求

记账凭证不准跳行或留有余行。填制完毕的记账凭证如有空行的，应在金额栏画一斜线或"S"形线注销。画线应从金额栏最后一笔金额数字下面的空行画到合计数行的上面一行，并注意斜线或"S"形线两端都不能画到有金额数字的行次上。

10. 填写的用笔

填制记账凭证可用蓝黑墨水或碳素墨水；金额按规定需用红字表示的，数字可用红色墨水，但不准以"负数"表示。下列两种情况，金额可用红色墨水填写（即红字记账凭证）：

（1）记账后发现记账凭证有错误，需采用红字更正的。

（2）会计核算制度规定采用红字填制记账凭证的特定会计业务。

企业的记账凭证大多采用收款、付款、转账的形式，下面针对记账凭证的编制举例来说明收款凭证、付款凭证、转账凭证的编制。

1. 收款凭证

凡是收到现金和银行存款的经济业务，如销售的收入等都应该编制收款凭证。例：收到某公司还来的前欠货款 10000 元，存入银行。根据原始凭证填制记账凭证，如表 6-15 所示：

表 6-15   **收 款 凭 证**

借方科目：银行存款　　　　　收 款 凭 证　　　　　　　　| 总号 | ×× |
　　　　　　　　　　　　　　 201×年×月×日　　　　　　| 分号 | 银收× |

摘 要	借 方 科 目		√	金　　　额									
	总账科目	二级或明细科目		亿	千	百	十	万	千	百	十	元	角	分
收到某公司前欠货款	应收账款	某公司					1	0	0	0	0	0	0	0
合　　　计						¥	1	0	0	0	0	0	0	0

附件×张

财会主管　　　记账　　　出纳　　　复核　　　制单　　　领款人签章

2. 付款凭证

凡是付出现金和银行存款的经济业务，如支付购买材料款、支付工资等都应该编制付款凭证。例：以银行存款归还工商银行短期借款 20000 元。根据原始凭证填制记账凭证，如表 6-16 所示：

表 6-16   **付 款 凭 证**

贷方科目：银行存款　　　　　付 款 凭 证　　　　　　　　| 总号 | ×× |
　　　　　　　　　　　　　　 201×年×月×日　　　　　　| 分号 | 银付× |

摘 要	借 方 科 目		√	金　　　额									
	总账科目	二级或明细科目		亿	千	百	十	万	千	百	十	元	角	分
归还银行短期借款	短期借款	工商银行						2	0	0	0	0	0	0
合　　　计							¥	2	0	0	0	0	0	0

附件×张

财会主管　　　记账　　　出纳　　　复核　　　制单　　　领款人签章

3. 转账凭证

凡是不涉及现金和银行存款收付业务的其他经济业务，如领用材料、计提折旧、摊销费用等都应该编制转账凭证。例：月末，生产车间甲产品完工入库，生产成本 35000 元。根据原始凭证填制记账凭证，如表 6-17 所示：

表 6-17　　　　　　　　　　　　　**转 账 凭 证**

转 款 凭 证　　　　　　　　总号　××
201×年×月×日　　　　　　　分号　转×

摘　要	产品完工入库													
借方科目		√	贷方科目		金　　额									附件×张
总账科目	二级或明细科目		总账科目	二级或明细科目	千	百	十	万	千	百	十	元	角	分
库存商品	甲产品		生产成本	甲产品			3	5	0	0	0	0	0	0
合　计					¥		3	5	0	0	0	0	0	0

财会主管　　　　　记账　　　　　复核　　　　　制单

三、记账凭证的审核

为了保证账簿记录的正确性，必须对记账凭证进行审核。如前所述，记账凭证是根据原始凭证填制的，所以对记账凭证进行审核，实际上是对原始凭证的进一步复核。记账凭证审核的主要内容如下：

1. 编制依据是否真实

审核记账凭证所附的原始凭证是否手续齐全、符合规定，记账凭证的内容与所附原始凭证的内容是否一致；汇总记账凭证的内容是否与据以汇总的有关记账凭的内容一致。

2. 填写项目是否齐全

审核记账凭证的各项目是否填写齐全，如填制凭证的日期，凭证编号，摘要，会计科目的名称及应借、应贷的金额，所附原始凭证的张数，有关人员是否都已签章等。

3. 金额计算是否准确

审核记账凭证中所记录的金额与所附原始凭证的金额是否一致，反映经济业务内容的数量、单价、金额计算是否正确。审核汇总记账凭证的金额与据以汇总的有关记账的金额合计是否相符。

4. 会计分录是否正确

审核记账凭证中填写的应借、应贷的会计科目是否正确，应借、应贷的金额是否一致，账户的对应关系是否清晰，账户的核算内容是否符合国家统一的会计制度的规定。

5. 书写是否清楚

审核记账凭证中的记录是否书写规范，字迹是否清晰、工整、不得污染、抹擦、刀刮和挖补。

经过审核，符合规定要求的记账凭证才能作为记账的依据。不符合规定要求的记账凭证，应补办手续、更正错误或重新填制。

第四节 会计凭证的传递与保管

一、会计凭证的传递

会计凭证的传递是指从会计凭证的取得或填制时起至归档保管为止，在单位内部有关部门和人员之间按规定的时间、程序办理业务手续和进行处理的过程。会计凭证的传递是会计核算得以正常、有效进行的前提。

会计凭证的传递，包括传递程序、传递时间和传递过程的手续衔接。由于各单位的机构设置、人员分工、经济业务的内容和管理要求不同，会计凭证的传递也有所不同。为此，各单位会计凭证的传递应当科学、合理，具体办法由各单位根据会计业务需要自行规定。

各单位应根据经济业务的特点和人员分工情况，满足内部会计控制制度的要求，明确传递程序。既要保证会计凭证经过必要的环节进行处理和审核，又要避免会计凭证在不必要的环节停留，使传递程序合理有效。应明确规定会计凭证在必要环节进行处理和审核的时间，会计凭证应当及时传递，不得积压，以免影响会计工作的正常秩序。传递过程中的手续衔接，应当做到既严密合理，又简便易行，尽量节约传递时间，减少传递的工作量，使会计凭证的传递工作有条不紊、迅速有效地进行。

各单位还应根据具体情况制定每一种凭证的传递程序和方法。例如，对收料单的传递应规定：材料到达单位后多长时间内验收入库，收料单由谁填制，一式几联，各联次的用途是什么，何时传递到会计部门，会计机构由谁负责收料单的审核工作，由谁据以编制记账凭证、登记账簿、整理归档等。会计凭证的传递是否科学、严密、有效，对于加强单位内部管理、提高会计信息的质量具有重要的影响。

二、会计凭证的保管

会计凭证是记录和反映单位经济业务的重要史料和证据，是重要的会计档案，必须认真负责地加以整理，妥善保管。会计凭证的保管是指对会计凭证的整理、装订和归档工作。本单位以及有关部门、单位，可能因各种需要要查阅会计凭证，特别是发生贪污、盗窃、违法乱纪等行为时，会计凭证还是依法处理的有效证据。因此，任何单位必须将会计凭证按照分类和编号顺序及规定的立卷归档制度形成会计档案资料，妥善保管，不得散乱丢失，不得任意销毁，以便日后随时查阅。

（一）会计凭证的整理归类

会计部门在记账以后，应定期（一般为每月）将会计凭证加以归类整理，即把记账凭证及其所附原始凭证，按记账凭证的编号顺序进行整理，在确保记账凭证及其所附原始凭证完整无缺后，将其折叠整齐，加上封皮、封底，装订成册，并在装订线上加贴封签，以防散失和任意拆装。在封面上要注明单位名称、凭证种类、所属年月和起讫日期、起讫号码、凭证张书等。会计主管或制定装订人员在装订线封签处签名或盖章，然后入档保管。会计凭证封面的一般格式如图 6-2 所示。

对于那些数量过多或者各种随时需要查阅的原始凭证，可以单独装订保管，在封面上注明记账凭证日期、编号、种类，同时在记账凭证上注明"附件另订"。各种经济合同和重要的涉外文件等凭证，应另编目录，单独登记保管，在有关记账凭证和原始凭证上注明。

× 年 × 月 第 × 册		（单位名称）
	收款	××年××月共××册第××册
	付款	凭证第××号至××号　共××张
	转账	附：原始凭证××张
	会计主管：	保管：

图 6-2　会计凭证封面的一般格式

（二）会计凭证的造册归档

每年的会计凭证都应由会计部门按照归档的要求，负责整理立卷或装订成册。当年的会计凭证，在会计年终了后，可暂由会计部门保管 1 年，期满后，原则上应由会计部门编造清册移交本单位档案部门保管。档案部门接收的会计凭证，原则上要保持原卷册的封装，个别需要拆封重新整理的，应由会计部门和经办人员共同拆封整理，以明确责任。会计凭证必须做到妥善保管，存放有序，查找方便，并要严防毁损、丢失和泄密。

（三）会计凭证的借阅

会计凭证原则上不得借出，若有特殊要求，则需报请批准，但不得拆散原卷册，并应限期归还。在需要查阅已入档的会计凭证时，必须办理借阅手续。其他单位因特殊原因需要使用原始凭证时，经本单位负责人批准，可以复制。但向外单位提供的原始凭证复印件，应在专设的登记簿上登记，并由提供人员和收取人员共同签名或盖章。

（四）会计凭证的销毁

会计凭证的保管期限，一般为 15 年。保管期未满，任何人都不得随意销毁会计凭证。在按规定销毁会计凭证时，必须开列清单，报经批准后，由档案部门和会计部门共同派员监销。在销毁会计凭证前，监督销毁人员应认真清点核对，销毁后，在销毁清册上签名或盖章，并将监销情况报告本单位负责人。

练　习　题

一、单项选择题

1. 下列业务应编制转账凭证的是（　　）。

A. 支付购买材料价款　　　　B. 支付材料运杂费
   C. 收回出售材料款　　　　　D. 车间领用原材料
2. 企业将现金存入银行应编制(　　)。
   A. 银行存款付款凭证　　　　B. 现金付款凭证
   C. 银行存款收款凭证　　　　D. 现金收款凭证
3. 下列科目可能是收款凭证借方科目的是(　　)。
   A. 在途物资　　B. 应收账款　　C. 银行存款　　D. 预付账款
4. 下列原始凭证中属于外来原始凭证的有(　　)。
   A. 发出材料汇总表　　　　　B. 限额领料单
   C. 购货发票　　　　　　　　D. 入库单
5. 用来连续反映某一时期内不断重复发生而分次进行的特定业务编制的原始凭证是(　　)。
   A. 一次凭证　　B. 累计凭证　　C. 记账编制凭证　D. 汇总原始凭证
6. 会计凭证按其(　　)不同，分为原始凭证和记账凭证。
   A. 填制人员和程序　　　　　B. 填制程序和方法
   C. 填制格式和手续　　　　　D. 填制程序和用途
7. 可以不附原始凭证的记账凭证是(　　)。
   A. 更正错误的记账凭证
   B. 从银行提取现金的记账凭证
   C. 以现金发放工资的记账凭证
   D. 职工临时性借款的记账凭证
8. 下列内容中，不属于记账凭证审核内容的是(　　)。
   A. 凭证反映的经济业务是否合法
   B. 会计科目使用是否正确
   C. 凭证的金额与所附原始凭证的金额是否一致
   D. 凭证的内容与所附原始凭证的内容是否一致
9. 在审核原始凭证时，对于内容不完整、填制有错误或手续不完备的原始凭证，应该(　　)。
   A. 拒绝办理，并向本单位负责人报告
   B. 予以抵制，对经办人员进行批评
   C. 由会计人员重新填制或予以更正
   D. 予以退回，要求更正、补充，以至重新填制
10. 原始凭证的基本内容中，不包括(　　)。
    A. 日期及编号　　　　　　　B. 原始凭证名称
    C. 实物数量及金额　　　　　D. 会计科目
11. 会计人员对不真实、不合法的原始凭证应(　　)。
    A. 予以退回　　　　　　　　B. 更正补充
    C. 不予接受，并向单位负责人报告　D. 无权自行处理

12. 会计凭证分为原始凭证和记账凭证的主要依据是(　　)。
    A. 凭证反映的经济业务不同　　　B. 凭证填制的时间不同
    C. 凭证的格式不同　　　　　　　D. 凭证填制程序和用途不同
13. 下列原始凭证中,属于累计凭证的是(　　)。
    A. 收料单　　　B. 发货票　　　C. 领料单　　　D. 限额领料单
14. 会计日常核算工作的起点是(　　)。
    A. 填制和审核凭证　　　　　　　B、财产清查
    C. 设置会计科目和账户　　　　　D. 登记账簿
15. 为保证会计账簿记录的正确性,会计人员填制记账凭证的依据必须是(　　)。
    A. 从企业外部取得的原始凭证　　B. 填写齐全的原始凭证
    C. 审核无误的原始凭证　　　　　D. 盖有单位财务公章的原始凭证

二、多项选择题

1. 记账凭证编制的依据可以是(　　)。
    A. 收、付款凭证　　　　　　　　B. 一次凭证
    C. 累计凭证　　　　　　　　　　D. 汇总原始凭证
    E. 转账凭证
2. 转账凭证属于(　　)。
    A. 记账凭证　　　　　　　　　　B. 专用记账凭证
    C. 会计凭证　　　　　　　　　　D. 复式记账凭证
    E. 通用记账凭证
3. 对原始凭证进行审核的内容包括(　　)。
    A. 真实性的审查　　　　　　　　B. 合法性的审查
    C. 正确性的审查　　　　　　　　D. 合理性的审查
4. 在原始凭证上书写阿拉伯数字,正确的是(　　)。
    A. 所有以元为单位的,一律填写到角分
    B. 无角分的,角位和分位可写"00",或者符号"—"
    C. 有角无分的,分位应当写"0"
    D. 有角无分的,分位也可以用符号"—"代替
5. 涉及现金与银行存款相互划转的业务应编制的记账凭账有(　　)。
    A. 现金收款凭证　　　　　　　　B. 现金付款凭证
    C. 银行存款收款凭证　　　　　　D. 银行存款付款凭证
6. 下列各项中,属于原始凭证基本内容的有(　　)。
    A. 经济业务发生日期　　　　　　B. 经济业务内容
    C. 会计人员记账标记　　　　　　D. 凭证的名称
7. 下列原始凭证中,属于外来凭证的有(　　)。
    A. 购入材料取得的增值税专用发票　B. 出差的住宿费收据
    C. 银行结算凭证　　　　　　　　D. 收料单
8. 下列原始凭证中,属于一次凭证的有(　　)。

A. 限额领料单　　B. 领料单　　C. 销货发票　　D. 购货发票
9. 在会计实务中，记账凭证按其反映经济内容的不同，可以分为(　　)。
A. 收款凭证　　B. 付款凭证　　C. 转账凭证　　D. 累计凭证
10. 下列凭证中，属于汇总原始凭证的有(　　)。
A. 发料凭证汇总表　　　　B. 制造费用分配表
C. 科目汇总表　　　　　　D. 工资结算汇总表

三、判断题

1. 原始凭证是登记明细分类账的依据，记账凭证是登记总分类账的依据。(　　)
2. 对不真实、不合法的原始凭证，会计人员有权不予接受，对记载不准确、不完整的原始凭证，会计人员有权要求其重填。(　　)
3. 汇总原始凭证是在会计核算工作中，为简化记账凭证编制工作，将一定时期内若干份记录同类经济业务的记账凭证汇总，反映某项经济业务的总括发生情况。(　　)
4. 当企业现金存入银行时，应填制银行收款记账凭证。(　　)
5. 根据一定期间的记账凭证全部汇总填制的凭证如"科目汇总表"，是一种累计凭证。(　　)
6. 企业将现金存入银行或从银行提取现金，为了避免重复记账，一般只编制收款凭证，不编制付款凭证。(　　)
7. 科目汇总表是一种累计凭证。(　　)
8. 保管期满的原始凭证均可予以销毁。(　　)
9. 在证明经济业务发生，据以编制记账凭证的作用方面，自制原始凭证与外来原始凭证具有同等的效力。(　　)
10. 会计机构、会计人员对记载不准确、不完整的原始凭证予以退回，并要求按照国家统一的会计制度的规定更正、补充。(　　)

四、业务技能题

习题(一)

某企业本月发生如下经济业务：

(1) 用现金300元购买管理部门用办公用品。
(2) 借入为期6个月的贷款10000元，存入银行。
(3) 预收A企业货款50000元，存入银行。
(4) 用银行存款160000元购买生产用汽车一辆。
(5) 生产产品领用甲材料20000元。
(6) 销售产品货款30000元存入银行。
(7) 从银行提取现金1500元。
(8) 分配本月工资：其中，生产工人工资8800元；厂部管理人员工资2400元；制造部门管理人员工资3200元。

要求：(1) 根据上述经济业务判断应填制哪种专用记账凭证。
　　　(2) 根据以上对经济业务的编制相关记账凭证。

第六章 会计凭证

习题(二)

东方厂2013年6月份发生下列经济业务：

(1) 采购员王××预借差旅费300元，以现金付讫。

(2) 从银行提取现金14080元。

(3) 以现金发放本月职工工资14080元。

(4) 生产A产品领用甲材料800千克，每千克100元；生产B产品领用乙材料1200千克，每千克50元。车间一般性耗用甲材料500元，乙材料100元。

(5) 预提本月应负担的短期借款利息1000元。

(6) 摊销应由本月份管理费用负担的仓库租金3500元。

(7) 向银行借入短期借款80000元，存入银行。

(8) 按规定计提本月份固定资产折旧共计12000元，其中生产车间提取8900元，企业管理部门提取3100元。

(9) 采购员王××出差回厂报销差旅费240元，余款退回。

(10) 结算本月应付职工工资。其用途和金额如下

生产工人工资：

   制造A产品工人工资4000元

   制造B产品工人工资7000元

车间管理人员工资1000元

行政部门管理人员工资2080元

合计：14080元

(11) 按工资总额的14%计提本月应付福利费。

(12) 将本月发生的制造费用按生产工人工资比例进行分配结转。

(13) 本月生产的A、B两种产品全部完工，验收入库。

要求：(1) 根据上述经济业务判断应填制哪种专用记账凭证。

        (2) 根据以上对经济业务的编制相关记账凭证。

习题(三)

长江公司2013年4月份发生的部分经济业务(均已取得或填制原始凭证)如下：

(1) 4月3日，从银行取得生产经营用借款200000元，借款期限为6个月，月利率0.4%，该项借款的本金到期后一次归还，利息分月预提，按季支付。借款已存入银行存款户。

(2) 4月3日，销售A产品一批，开出的增值税专用发票上注明的售价为304000元，增值税额为51680元，款项已存入银行存款户。

(3) 4月3日，从银行提取现金2000元备用。

(4) 4月3日，用银行存款归还前欠A公司货款102000元。

(5) 4月3日，用银行存款支付广告费250000元。

(6) 4月3日，从银行取得借款500000元，借款期限为3年，年利率为8.4%，到

期一次还本付息，借款已存入银行存款户。

(7) 4月3日，购买不需要安装的设备一台，取得的增值税专用发票上注明的货款为400000元，增值税额为68000元，(不允许抵扣)，另支付运杂费2000元，款项通过银行支付，设备已投入使用。

(8) 4月8日，向新兴公司购物甲材料一批，取得的增值税专用发票上注明的货款为200000元，增值税额为34000元，另新兴公司代垫运杂费400元，材料已验收入库，款项尚未支付。

(9) 4月9日，以现金支付企业行政管理人员张某差旅费1500元。

(10) 4月24日，取得罚没收入50元，现金收讫。

(11) 4月30日，A产品本月制造完工1000件，已验收入库。实际成本为580000元，予以结转。

(12) 4月30日，结转本月销售A产品的成本220400元。

要求：根据上述经济业务取得或填制的原始凭证，填制收款凭证、付款凭证和转账凭证。

第七章　会计账簿

【学习目标】
1. 熟悉会计账簿的意义和种类
2. 熟悉会计账簿启用和登记的要求
3. 熟悉会计账簿的格式和登记方法
4. 掌握结账的有关规定和方法
5. 掌握对账的有关规定和方法
6. 熟悉错账查找的方法
7. 掌握错账更正的方法
8. 了解会计账簿的更换和保管要求

【技能目标】
1. 能够对会计账簿按各种分类标准进行正确的分类
2. 能够根据会计凭证正确地登记现金日记账、银行存款日记账、总分类账和明细分类账
3. 能够运用适当的错账更正方法来更正错账

第一节　会计账簿的作用与分类

一、会计账簿及其作用

会计账簿，是指由若干张具有一定格式的账页组成，以经过审核的会计凭证为依据，全面、系统、连续地记录各项经济业务的簿籍，简称账簿或账。账簿只是一个外在形式，账户记录则是账簿的内在内容。账户存在于账簿之中，账簿中的每一账页就是账户的存在形式和载体，账簿序时、分类地记载经济业务，实际上是在各个账户中完成的。把会计凭证所记录的经济业务，登记到会计账簿的相关账户中，就是我们平常所说的登记账簿，简称记账。设置和登记账簿是会计核算工作的一种专门方法。

在会计核算工作中，对每一项经济业务，都必须取得或填制原始凭证，并根据原始凭证填制记账凭证，以便及时核算和监督企业每项经济业务的发生或完成情况。通过上一章的学习，我们知道，对于企事业单位发生的经济业务，实际上已经记录到会计凭证上了。可是，由于会计凭证的数量多且分散，每张会计凭证所记录的仅仅是某一笔或若干笔同类经济业务的发生情况，这样，我们从会计凭证中得到的会计信息比较零乱、分

散，缺乏系统性，有时候满足不了管理上的需求。因此，为了满足信息使用者对会计信息的要求，在会计核算中，除了取得和填制会计凭证外，还需要运用账簿这一会计载体，把分散在会计凭证上的全部信息，加以集中和分类汇总。设置和登记会计账簿，是编制会计报表的基础，是连接会计凭证与会计报表的中间环节，在会计核算中具有非常重要的意义。

（1）为企业管理部门提供系统、完整的会计信息。将会计凭证所记录的会计事项计入有关账簿，把分散在会计凭证上的会计信息按照会计账户加以归类集中，可以全面、连续地提供有关企业成本费用、财务状况和经营成果的总括和明细的核算资料，以便正确计算企业在各会计期间的成本、费用和收入成果。

（2）为编制会计报表提供资料。会计报表所需要的数据资料，绝大部分来源于会计账簿。账簿的记录是否及时、详尽，数字是否真实、可靠，直接关系到会计报表的质量。所以，正确设置并登记账簿，可以为会计报表的及时准确编制提供依据和保障。

（3）能够监督财产物资的安全完整。在会计账簿中，通过设置和登记有关财产物资的明细分类账簿，能够较详细地反映出有关财产物资的增减变动和实存情况，监督其使用，如果出现问题能够及时发现，则有利于保护财产物资的安全完整。

（4）有利于进一步发挥会计的管理职能。会计账簿提供了企业最基本的核算资料，通过对会计账簿上有关数据进行分析，可以发现企业生产经营活动的执行情况和存在的问题，从而有利于会计预测、会计决策、会计控制等管理职能的发挥。

二、会计账簿的分类

为了全面、系统、连续地记录单位的经济活动，满足经济管理的需要，必须设置各种不同的账簿。不同的账簿，其用途、形式等都有所不同，为了正确地使用会计账簿，有必要了解会计账簿的种类。对会计账簿进行分类的方法主要有以下三种：

（一）会计账簿按其用途分类

会计账簿按其用途的不同，可以分为序时账簿、分类账簿和备查账簿三种。

1. 序时账簿

序时账簿，也称日记账，是按照经济业务发生的时间先后顺序，逐日逐笔登记经济业务的账簿。序时账簿可以用来核算和监督某一经济类经济业务或全部经济业务的发生和完成的情况。用来核算和监督某一类经济业务的发生和完成情况的序时账簿称为特种日记账，如记录现金收付业务及其结存情况的现金日记账，记录银行存款收付业务及其结存情况的银行存款日记账以及专门记录转账业务的转账日记账。用来核算和监督全部经济业务的发生和完成的情况的序时账簿称为普通日记账。在我国，大多数单位一般只设置现金日记账和银行存款日记账，转账日记账和普通日记账使用较少。

2. 分类账簿

分类账簿，简称分类账，是按照总分类账户和明细分类账户分类登记经济业务的账簿。按照总分类账户登记的账簿，称为总分类账，简称总账；按照明细分类账户分类登记的账簿，称为明细账。分类账簿可以用来核算和监督资产、负债、所有者权益、收入、费用和利润的增减变动情况和结果。

序时账簿和分类账簿的用途不同。序时账簿能够按照时间顺序提供连续的会计信息；分类账簿则是分类、汇总各类会计信息。在账簿组织中，分类账簿占有特别重要的地位，分类账簿提供的核算资料是编制财务报表的主要依据。

在经济业务比较简单、总分类账户为数不多的单位，为了简化记账工作，可以把序时账簿和总分类账簿结合在一起，这种既进行序时登记，又进行分类登记，同时具备日记账和总分类账两种用途的账簿，称为联合账簿。日记总账就是兼有日记账和总分类账作用的联合账簿。

3. 备查账簿

备查账簿，也称辅助账簿，简称备查账，是指对一些在序时账簿和分类账簿中不能记载或记载不全的经济业务进行补充登记的账簿，对序时账簿和分类账簿起补充作用。备查账与其他账簿之间不存在严密的依存勾稽关系，备查账的记录与编制会计报表也没有直接关系，所以它是一种表外账簿。常见的备查账主要有委托加工材料登记簿、租入固定资产登记簿、代销商品登记簿等。辅助性账簿的设置应视单位的实际需要而定，并非一定要设置，也没有固定的格式。

(二) 会计账簿按外表形式分类

各种账簿都具有一定的外表形式，按其外表形式的不同可分为订本式账簿、活页式账簿和卡片式账簿。

1. 订本式账簿

订本式账簿，简称订本账，是指在启用前就把许多具有一定格式和按顺序编号的账页固定装订在一起的账簿。这类账簿的优点是可以避免账页散失和人为地抽换账页，保证账簿记录资料的安全性。缺点是必须事先估计每个账户所需要的账页张数，如果预留账页过多，则会造成浪费，而预留太少又会影响账户的连续登记；另外，由于这种账簿在同一时间内只能由一个人登记，所以不便于分工记账。各单位的现金日记账、银行存款日记账以及具有统驭和控制作用的总分类账，必须采用订本式账簿。

2. 活页式账簿

活页式账簿，简称活页账，是启用前尚没有装订成册、存放于账夹中，可根据需要随时加入或取出部分账页的账簿。其优点是使用起来比较灵活，可随时根据需要增减账页和重新排列账页，而且便于分工记账。缺点是如果管理不善，账页易散失和被抽换。所以，使用活页账时，平时使用零散账页记录经济业务，将已使用的账页用账夹夹起来，年末将本年所登记的活页账页连续编号、装订成册并加具封面。各单位的明细分类账一般都使用活页式账簿。

3. 卡片式账簿

卡片式账簿，简称卡片账，是由许多分散的、具有一定格式的卡片组成，存放在卡片箱中可随时取用的账簿。卡片账簿实际上也是一种活页式账簿，只是因为有些账页需要经常抽取，为了防止破损采用硬卡片作为账页，所以卡片账具有活页账的优缺点。另外，卡片账使用起来比较灵活，卡片的格式可以随具体需要而定，有时还可以跨年度使用，不需要每年更换。各单位的固定资产明细账、低值易耗品明细账常常采用卡片式账簿。

(三)会计账簿按其账页格式分类

账簿按账页格式的不同,可以分为三栏式账簿、多栏式账簿和数量金额式账簿等(见图 7-1)。

1. 三栏式账簿

三栏式账簿,是将账页中登记金额的部分分为三个栏目,即借方、贷方和余额三栏。这种格式适用于只提供价值核算信息,不需要提供数量核算信息的账簿,如总账、现金日记账、银行存款日记账、债权债务类明细账等。

2. 多栏式账簿

多栏式账簿,在借方和贷方的某一方或两方下面分设若干栏目,详细反映借贷方金额的组成情况。这种格式适用于核算项目较多,且管理上要求提供各核算项目详细信息的账簿,如成本、费用等明细账。

3. 数量金额式账簿

数量金额式账簿,是在借方、贷方和余额栏下分别再分设"数量、单价、金额"三个栏目,用以登记财产物资的数量、单价和总金额。这种格式适用于既需要提供价值信息,又需要提供数量信息的账簿。如原材料明细账和库存商品明细账等。

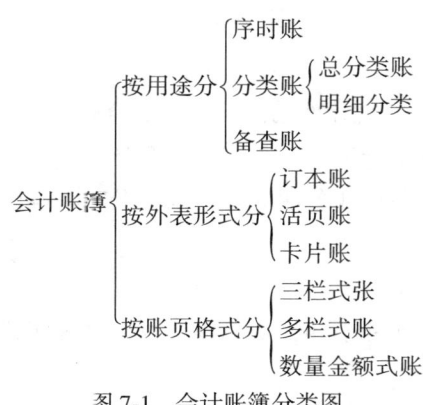

图 7-1 会计账簿分类图

第二节 会计账簿的设置与登记

各单位应当根据经济业务的特点和管理的要求,科学、合理地设置账簿。账簿的设置要组织严密,层次分明、账簿之间要互相衔接,互相补充,互相制约,以便提供全面、系统的核算资料。

一、会计账簿的设置

我国《会计法》规定:"各单位必须依法设置会计账簿,并保证其真实、完整。"

(一)会计账簿的设置原则

各单位应当按照国家统一的会计制度的规定和会计业务的需要设置会计账簿。

但各个单位的规模不同、组织结构也不一样，经济业务内容也不一样，因而在设置账簿种类、数量、账页格式时，既要和国家会计制度相符合，又要满足会计核算和管理的需要，符合生产经营的特点。在设置账簿时，一般应遵循以下几项原则：

1. 统一性和实用性相结合

在设置账簿时，凡是国家有统一规定和要求的，各单位必须遵照执行，不得各行其是。按照《会计基础工作规范》的规定：会计主体应当设置总账、明细账、日记账和其他辅助性账簿；现金日记账和银行存款日记账必须采用订本式账簿。同时，各单位应根据自身规模的大小、经济业务的繁简、业务量的多少以及会计人员的构成等实际情况，从满足管理和决策需要的目标出发，合理、规范地设置会计账簿。一般来说，经济业务复杂、规模大的企业，账簿可以设置细一些；对于业务简单、规模小的企业，可以相应地简略一些。但是，既不使会计账簿重复，也不要过于简化。

2. 账簿体系的设置要科学严密

账簿体系设置要科学严密，层次分明，对应关系清晰。账簿之间互相联系，分工明确，互相制约，能清晰反映账户之间的控制和平行关系，提供完整、系统的资料。同时，还要适当地选择账务处理程序，科学设计各种账簿登记的合理流程，使会计信息在账簿加工环节流动顺畅。这样既可以提高会计信息的质量，又有利于提高会计工作效率。

3. 账簿体系的设置要便于会计部门内部人员的合理分工

会计部门内部人员的分工合理与否直接影响会计工作的效率和质量。如果账簿体系便于分工记账，那么企业的各项业务活动就可以被及时、准确地核算下来，企业的经营成果就可以及时地计算出来。

（二）会计账簿的基本内容

虽然账簿所记录的经济业务不同，账簿格式可以多种多样，但各种主要账簿都应具备以下基本内容：

1. 封面

封面内容主要有账簿名称、会计单位名称和账簿使用年度等。

2. 扉页

扉页一般在封面的次页，印有"账簿启用表"或"账簿启用及交接登记表"字样，内容主要有单位名称、账簿名称、账簿编号、账簿页数、启用时期单位公章、经管人员、移交日期、交接记录等，如表7-1所示。

3. 账页

账页是账簿的主要组成部分，虽然因记录的经济业务的内容不同而有所不同，但不同格式的账页应具备的基本内容却是相同的。账页的基本内容应包括：账户的名称（总账科目、二级或三级明细科目），登账日期栏，凭证种类和号数栏，摘要栏（记录经济业务内容的简要说明），金额栏（记录账户的增减变动情况），总页次和分户页次等。

表 7-1　　　　　　　　　　　账簿启用及交接登记表

使用单位							单位盖章			
账簿名称										
账簿编号		总　　册　　第　　册								
启用日期		年　　月　　日至　　年　　月　　日								
经管人员	主管		会计		记账					
	姓名	盖章	姓名	盖章	姓名	盖章				
交接记录	日期	移交人			接交人			监交人		
		姓名	职务	盖章	姓名	职务	盖章	姓名	职务	盖章
	备注									

二、序时账簿的设置与登记

日记账按其记录内容的不同又分为普通日记账和特种日记账，它们的格式和登记方法是不同的。

(一) 普通日记账的设置与登记

普通日记账是按全部经济业务发生时间先后逐日逐笔登记的日记账。普通日记账是依据经济业务发生所填制的原始凭证和记账凭证逐笔登记的，把每一笔经济业转化为会计分录登记在账上，然后再转记到分类账中。普通日记账的格式见表7-2。

表 7-2　　　　　　　　　　　普通日记账

2013年		凭证号数	摘要	会计科目	借方金额	贷方金额	过账
月	日						
3	1	银付1	提取现金	现金	2000		√
				银行存款		2000	√
	2	转1	购甲材料10吨，单价1000元，货款未付，材料已验收入库	原材料	10000		√
				应交税费	1700		√
				应付账款		11700	√
	3	银付2	支付广告费	销售费用	5000		√
				银行存款		5000	√
	4	现付1	购买办公用品	管理费用	500		√
				现金		500	√
			…	…	…	…	

普通日记账的优点是可以全面、连续地记录一个单位的经济业务情况,为过入分类账做好准备。它的缺点是要逐笔过账,工作量大;且账簿只有一本,只能一人记账,不便于会计分工;另外,在内容上和记账凭证也有所重复。

现代企业大多不再单独设置普通日记账,而只设置特种日记账。

(二) 特种日记账的设置与登记

特种日记账是用来专门记录某一特定类型的经济业务发生情况的日记账。按所记录的经济业务内容的不同,又分为现金日记账、银行存款日记账、进货日记账、销货日记账等。我国会计制度规定企业必须设置现金日记账和银行存款日记账。《会计基础工作规范》第五十七条规定:"现金日记账和银行存款日记账必须采用订本式账簿。不得用银行对账单或者其他方法代替日记账。"下面只介绍库存现金日记账和银行存款日记账的格式及其登记方法。

1. 库存现金日记账的设置与登记

库存现金日记账是由出纳人员根据现金收款凭证、现金付款凭证和银行存款付款凭证,按经济业务发生的时间顺序逐日逐笔反映企业的现金收入、支出及其结存情况的会计账簿。按照我国《现金管理条例》中对企业库存现金收支的管理规定,库存现金日记账除应提供企业在每日的库存现金收入、库存现金支出及其余额的信息外,还应提供反映库存现金收支是否符合国家对库存现金收支的管理规定方面的信息,因此,在库存现金日记账中应设置"对应科目"栏。其目的是加强对企业现金收支活动的反映和控制,监督企业执行现金管理制度,促使现金的合理使用,保护现金的安全。库存现金日记账按照其格式不同可分为三栏式库存现金日记账和多栏式库存现金日记账两种。

(1) 三栏式库存现金日记账。

库存现金日记账一般采用借、贷、余或收、付、余三栏式。现在以 ABC 公司 2013 年 5 月所登记的"库存现金日记账"(见表 7-3)为例来说明其格式和登记方法。

表 7-3 库存现金日记账(三栏式)

2013年		凭证号数	摘要	对方科目	收入	支出	结余
月	日						
5	1		期初余额				1000
	1	银付1	提取现金	银行存款	3000		4000
	1	现付1	购买办公用品	管理费用		200	3800
	1	现收1	罚款收入	营业外收入	400		4200
	1	现付2	李明出差借款	其他应收款		2000	2200
	1	现付3	车间购维修材料	制造费用		500	1700
	1		本日合计		3400	2700	1700
			…	…	…	…	…
	31		本月发生额及余额		8000	8400	600

三栏式库存现金日记账的登记方法如下：

①"日期"栏：是指记账凭证的日期，应与库存现金的实际收付日期一致。

②"凭证"栏：是指登记入账的收付款凭证的种类和编号，以便于查账和核对。库存现金收款凭证简称"现收"、库存现金付款凭证简称"现付"、银行存款收款凭证简称"银收"、银行存款付款凭证简称"银付"。

③"摘要"栏：简要说明登记入账的经济业务的内容。文字要求简练并能说明问题。

④"对方科目"栏：是指与库存现金发生对应关系的账户的名称，其作用是揭示企业库存现金收入的来源和支出的用途，是否符合国家规定。

⑤"收入"、"支出"栏：是指企业库存现金实际收付的金额。在每日终了后，应进行发生额的"本日合计"并结出本日的余额，同时要将余额与出纳员的库存现金核对，即通常所说的"日清"。月终，要计算本月库存现金收入、支出的合计数，并结出本月末余额，这项工作，通常称为"月结"。

（2）多栏式库存现金日记账。

如果某些企业有关现金收、付的会计事项比较多，而且在与"库存现金"账户对应的账户不多和比较固定的情况下，为了既详尽反映每项收支业务的来龙去脉，又便于分析和汇总对应账户的发生额，以减少登记总分类账的工作量，则也可以采用多栏式库存现金日记账。这种日记账是在一张账页上分别按"库存现金"账户借方（"收入"栏）和贷方（"支出"栏）的对应账户设置相应的多个余额栏的日记账，如表7-4所示。

多栏式库存现金日记账的登记方法如下：

①由出纳员根据审核后的现金收、付款记账凭证和银行付款凭证（提现业务），逐日逐笔登记库存现金的收入和支出金额。

②对于现金收入，按照与借记"库存现金"账户对应的贷记账户，登记贷方科目（收入）栏；对于现金支出，按照与贷记"库存现金"账户对应的借记账户，登记借方科目（支出）栏。

③在每日终了后，应进行发生额的"本日合计"，并结出本日的余额。

④月末，再根据各栏的合计数（银行存款专栏的合计数除外），过入各有关总分类账户。

表7-4　　　　　　　　　　库存现金日记账（多栏式）

××年		凭证号数	摘要	贷方科目（收入）			收入合计	借方科目（支出）			支出合计	结余
月	日			主营业务收入	应收账款	…		原材料	管理费用	…		

2. 银行存款日记账的设置和登记

银行存款日记账是由出纳员根据银行存款收、付款记账凭证和现金付款凭证(存现业务),按照经济业务发生的时间先后顺序,逐日逐笔登记的账簿。银行存款日记账除应提供每日银行存款的增减金额及其余额的信息外,还应反映企业的银行存款收付是否符合国家《银行结算办法》的规定,因此,应设置"结算凭证种类、编号"栏和"对方科目"栏。银行存款日记账按照其格式不同可分为三栏式和多栏式两种。

(1)三栏式银行存款日记账。

银行存款日记账一般采用借、贷、余或收、付、余三栏式。其格式如表7-5所示。

表7-5　　　　　　　　　　　银行存款日记账(三栏式)

××年		凭证号数	摘要	结算凭证	对方科目	收入	支出	结余
月	日							

三栏式银行存款日记账的登记方法如下:

①"日期"栏:是指记账凭证的日期;

②"凭证"栏:是指登记入账的收、付款凭证的种类和编号;

③"摘要"栏:简要说明登记入账的经济业务的内容,文字要求简练并能说明问题;

④"结算凭证"栏:应在栏内填明所采用的结算方式及结算凭证的号码,如支票(现金支票个转账支票)和委托收款等。

⑤"对方科目"栏:是指与"银行存款"账户发生对应关系的账户的名称,表明银行存款收入的来源和支出的用途,其作用在于了解经济业务的来龙去脉。

⑥"收入"、"支出"栏:是指银行存款实际收、付的金额。每日结束后,应分别计算本日银行的收入合计数和支出合计数,并结算出余额,计入"余额"栏,定期与银行对账单进行核对。月终,应计算出银行存款全月的收入合计数和支出合计数,并结算出月末余额,进行月结。

(2)多栏式银行存款日记账。

如果某些企业银行存款收、付业务比较多,而且在与"银行存款"账户对应的账户不多和比较固定的情况下,为既详细反映每项收、支业务的来龙去脉,又便于分析和汇总对应账户的发生额,以减少登记总分类账的工作量,则也可以采用多栏式日记账。这种日记账是在一张账页上分别按"银行存款"账户借方("收入"栏)和贷方("支出"栏)的对应账户设置相应的多个余额栏的日记账,如表7-6所示。

表 7-6　　　　　　　　　　银行存款日记账(多栏式)

××年		凭证号数	摘要	结算凭证	收入			收入合计	支出			支出合计	结余
月	日				主营业务收入	应收账款	…		原材料	管理费用	…		

在登记多栏式银行存款日记账时，由于其账页较长，易发生因数字串行或串栏，造成记账错误，应注意将业务金额准确记入相应金额栏内。为避免以上错误的发生和便于账簿的保管，通常是将多栏式日记账按收入和支出一分为二，即按与借记"银行存款"账户相对应的贷方账户设置银行存款收入日记账，按与贷记"银行存款"账户相对应的借方账户设置银行存款支出日记账。其格式和登记方法与多栏式现金收入日记账、多栏式现金支出日记账基本相同。

三、分类账簿的设置与登记

通过设置日记账，人们可以了解一定时期特定经济业务或全部经济业务的发生情况，但是，日记账不能提供每类经济业务的情况，因此，企业还必须设置分类账。

分类账按登记内容详细程度不同又分总分类账和明细分类账。总分类账和明细分类账的格式和登记方法是不一样的，下面分别进行介绍。

(一) 总分类账的设置与登记

总分类账，简称总账，是按总分类科目开设并分类登记全部经济业务的账簿。在总分类账中，应按照总账会计科目的编码顺序分别开设账户，由于总分类账一般都采用订本式账簿，因此，应事先为每一个账户预留若干账页。总分类账不仅能够全面、概括地反映经济业务情况，并为会计报表的编制提供资料，而且也对其所属的各明细账起控制和统驭作用，因此任何单位都必须设置总分类账。

总分类账只要求提供金额指标，所以总分类账的账页格式一般采用三栏式，如表7-7 所示。

表 7-7　　　　　　　　　　　　总 分 类 账
账户名称：

××年		凭证号数	摘要	借方	贷方	借或贷	余额
月	日						

总分类账可以根据审核无误的记账凭证逐笔登记，也可以先将记账凭证汇总编制科目汇总表或汇总记账凭证然后再根据科目汇总表或汇总记账凭证进行登记，还可以根据多栏式日记账在月末汇总登记。登记总分类账的方法主要取决于单位所采用的账务处理程序(将在第9章介绍)。

(二)明细分类账的设置与登记

明细分类账，简称明细账，通常是根据总账科目所属的明细科目设置的，用来分类登记某一类经济业务，提供较详细的明细核算资料。明细分类账是隶属于总分类账的，是对总分类账的必要补充，也为编制会计报表提供比较详细的核算资料。例如，对原材料，我们既要通过总分类账了解企业所有原材料的总括情况，还需要知道各种或各类原材料的详细情况，这些详细情况可由明细分类账来提供。所以，对于大部分的总分类账户来说，一般都要设置相应的明细分类账户。一个总分类账户下面所属要设几个明细分类账户，取决于企业的具体情况。

明细分类账的账页格式一般有三栏式、多栏式和数量金额式三种，不同的账页格式满足不同的管理需求。

1. 三栏式明细账

三栏式明细账的账页格式和三栏式总分类账的账页格式基本相同，一般设借方、贷方和余额三个金额栏，不设数量栏，其格式见表7-8。这种账页格式一般适用于只能或只需进行金额核算，不需要进行数量核算的明细分类账，如应收账款、应付账款、短期借款等债权债务类明细分类账。

表7-8　　　　　　　　　××明细分类账(三栏式)

明细科目：

××年		凭证号数	摘要	借方	贷方	借或贷	余额
月	日						

2. 多栏式明细账

多栏式明细账是在账页的借方或贷方或借贷双方分设若干专栏进行明细分类核算的账簿。这种明细分类账一般适用于只需要进行金额核算而不需要进行数量核算，并且管理上要求反映项目构成情况的成本费用及收入成果类账户，如生产成本、制造费用等。多栏式明细账的账页格式主要分为借方多栏、贷方多栏和借贷双方都多栏三种，见表7-9至表7-11。

表 7-9　　　　　　　　　　　　　　**多栏式明细分类账**
　　　　　　　　　　　　　　　　　××明细账

××年		凭证号数	摘要	借方			合计	借或贷	余额
月	日								

表 7-10　　　　　　　　　　　　　**多栏式明细分类账**
　　　　　　　　　　　　　　　　　××明细账

××年		凭证号数	摘要	贷方			合计	借或贷	余额
月	日								

表 7-11　　　　　　　　　　　　　**多栏式明细分类账**
　　　　　　　　　　　　　　　　　××明细账

××年		凭证号数	摘要	借方	合计	贷方	合计	借或贷	余额
月	日								

3. 数量金额式明细账

数量金额式明细账的账页在收入、发出和结存三栏中,再分别设置数量、单价和金额三栏。这种明细账主要适用于既要进行金额核算又要进行实物数量核算的财产物资的明细核算,如原材料、库存商品等,其格式见表 7-12。

表 7-12　　　　　　　　　　　　　**数量金额式明细账**
　　　　　　　　　　　　　　　　××××明细账

类别:　　　　　　　　　　　　　　　　　　　计量单位:
　　品名或规格:　　　　　　编号:　　　　　　存放地点:

××年		凭证号数	摘要	收入			发出			结存		
月	日			数量	单价	金额	数量	单价	金额	数量	单价	金额

明细分类账的登账依据主要为原始凭证、汇总原始凭证或记账凭证。登记明细分类账的方法,应根据本单位业务量的大小和经营管理上的需要,以及所登记的经济业务内容而定。一般来说,债权、债务、固定资产等明细分类账应当逐笔登记,其他明细分类账可以逐笔逐日或定期汇总登记。

四、备查账的设置与登记

备查账是指对一些在序时账簿和分类账簿中不能记载或记载不全的经济业务进行补充登记的账簿,对序时账簿和分类账簿起补充作用。备查账一般不需复式登记,只需反映某项经济活动的增减情况。备查账一般没有固定的格式,可以根据企业的实际需要而自行设定,如表 7-13 和表 7-14 所示。

表 7-13　　　　　　　　　　　　委托加工材料登记簿

材料名称				
规格				
编号				
合同号				
委托单位				
委托数量				
成品名称				
消耗定额				
预计成品量				
委托日				
接收日				
接收成品量				
加工费用				
备注				

表 7-14　　　　　　　　　　　　租入固定资产登记簿

资产名称	规格	编号	合同号	出租单位	租期	租金	使用部门	租入日期	归还日期	备注

第三节 会计账簿启用与登记的规则

一、会计账簿启用的规则

会计账簿是储存会计资料的重要会计档案。为了确保会计账簿记录的合法性和完整性，明确记账的相关责任，会计账簿一般应由专人负责登记。启用会计账簿时，应在账簿封面上写明单位名称和账簿名称。在账簿扉页上应当认真填写"账簿启用表"或"账簿启用及交接登记表"，其格式见表7-1。在记账人员或者会计机构负责人、会计主管人员调动时，应当填写相应的交接记录，并由交接各方人员签名盖章。

在启用订本账时，对于未印制顺序号的账簿，应当从第一页到最后一页顺序编定页数，不得跳页、缺页。在使用活页账时，应当按账户顺序编号，并需定期装订成册，装订后再按实际使用的账页顺序编写页码，另加目录，记录每个账户的名称和页次。

按照我国税法的相关规定，在误用会计账簿的时候，应该粘贴印花税票。在粘贴印花税票时，应粘在账簿的右上角，然后再画线注销。

二、登记会计账簿的规则

（1）在登记会计账簿时，应当将会计凭证日期、编号、业务内容摘要、金额和其他有关资料逐项记入账内，做到数字准确、摘要清楚、登记及时、字迹工整。

（2）在登记完毕后，要在记账凭证上签名或者盖章，并注明已经登账的符号，表示已经记账，避免重记和漏记。

（3）账簿中书写的文字和数字上面要留有适当空格，不要写满格，一般应占格距的1/2。

（4）登记账簿要用蓝黑墨水或者碳素墨水书写，不得使用圆珠笔（银行的复写账簿除外）或者铅笔书写。这是因为，我国会计制度对会计账簿的保管年限作了规定，有5年、15年、25年，甚至更长的，因此，要求账簿保持清晰、耐久，以便长期查核，防止涂改。

（5）下列情况，可以用红色墨水记账：

①按照红字冲账的记账凭证，冲销错误记录；

②在不设借贷等栏的多栏式账页中，登记减少数；

③在三栏式账户的余额栏前，如未印明余额方向的，在余额栏内登记负数余额；

④根据国家统一的会计制度的规定可以用红字登记的其他会计记录。

（6）各种账簿应按页次顺序连续登记，不得跳行、隔页。如果发生跳行、隔页，则应当将空行、空页画线注销，或者注明"此行空白"、"此页空白"字样，并由记账人员签名或者盖章。

（7）凡需要结出余额的账户，结出余额后，应当在"借或贷"等栏内写明"借"或"贷"等字样。没有余额的账户，应在"借或贷"栏内写"平"字，并在"余额"栏用"0"表示。现金日记账和银行存款日记账必须逐日结出余额。

（8）当每一账页登记完毕结转下页时，应当结出本页合计数及余额，写在本页最后一行和下页第一行有关栏内，并在摘要栏内注明"过次页"和"承前页"字样；也可以将本页合计数及金额只写在下页第一行有关栏内，并在摘要栏内注明"承前页"字样，以便对账和结账。

对需要结计本月发生额的账户，结计"过次页"的本页合计数应当为自本月初起至本页末止的发生额合计数；对需要结计本年累计发生额的账户，结计"过次页"的本页合计数应当为自年初起至本页末止的累计数；对既不需要结计本月发生额也不需要结计本年累计发生额的账户，可以只将每页末的余额结转次页。

三、错账的更正方法

当账簿记录出现错误时，为了防止非法改账，应按规定的方法进行更正。由于错账的性质和发现的时间不同，更正的方法也有所不同。常用的错账更正方法主要有以下三种：

1. 划线更正法

划线更正法，又称红线更正法，在每月结账前，如果发现账簿记录中的文字或数字有错误，而其所依据的记账凭证没有错误，即纯属记账时的笔误或计算错误，则应采用划线更正法进行更正。

具体做法是先将错误的数字或文字上画一条红线予以注销，但必须使原有文字或数字清晰可认，以备日后查证；然后，在画线的上方用蓝黑字体填写正确的数字或文字，并由有关人员在更正处盖章，以明确责任。在采用这种方法更正错账时，应注意：对于文字差错，只需划去错误的文字，并相应的予以更正；对于数字差错，应将错误的数额全部划去，而不能只划去错误数额中的个别数字。例如，记账人员将 869.00 误记为 689.00，在更正时，应将 689.00 用红线全部划掉，再在上方写上正确的数字 869.00，不能只划掉 68 两个数字。

2. 红字更正法

红字更正法，又称红字冲销法，是用红字冲销原有记录后再予以更正的方法，主要适用于以下两种情况：

第一种情况：记账以后，发现记账凭证中的应借、应贷会计科目或借、贷方向有误，而账簿记录与记账凭证是相吻合的。其更正方法是：首先，用红字金额填制一张与原错误记账凭证内容完全一致的记账凭证，并据以用红字登记入账，以冲销原错误记录；然后，再用蓝字填制一张正确的记账凭证，并据以用蓝字登记入账。

【例 7-1】2013 年 6 月 5 日，生产车间领用材料 3592 元，直接用于生产产品，填制记账凭证时误记为"制造费用"并据以记账。

借：制造费用　　　　　　　　　　　　　　　　　　　　3592
　　贷：原材料　　　　　　　　　　　　　　　　　　　　　　　3592

当发现这一错误时，应先用红字金额编制一张与错误记账凭证完全相同的记账凭证，并据以登账。红字凭证用会计分录表示如下（方框内数字表示红字）：

借：制造费用　　　　　　　　　　　　　　　　　　3592
　　贷：原材料　　　　　　　　　　　　　　　　　　　3592

然后，用蓝字金额编制一张正确的记账凭证，并据以登账。蓝字记账凭证用会计分录表示如下：

借：生产成本　　　　　　　　　　　　　　　　　　3592
　　贷：原材料　　　　　　　　　　　　　　　　　　　3592

根据上述红字和蓝字记账凭证登记有关账户（用 T 型账简化登记）后，形成的记录如图 7-2 所示。

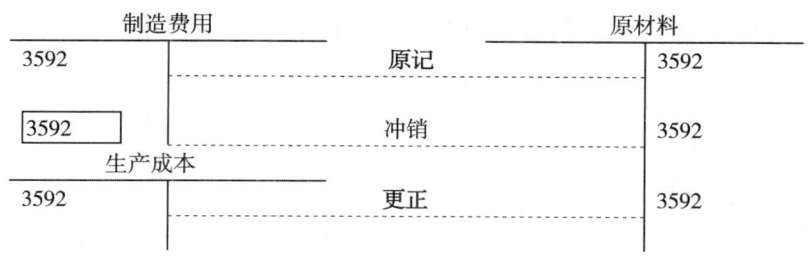

图 7-2　错账更正

第二种情况：记账以后，发现记账凭证中应借、应贷会计科目和记账方向都正确，只是所记金额大于应记金额并据以登记账簿。其更正的方法是：将多记的金额用红字填制一张与原错误记账凭证的会计科目、记账方向相同的记账凭证，并据以用红字登记入账，以冲销多记金额，求得正确的金额。

【例 7-2】某企业职工预借差旅费 1200 元，付以库存现金。在填制凭证时，将金额误记为 2100 元，并已登记入账。

借：其他应收款　　　　　　　　　　　　　　　　　2100
　　贷：库存现金　　　　　　　　　　　　　　　　　　2100

发现上述多记错误后，应以多记金额 900（2100-1200）元，用红字填制一张与上述分录应借、应贷科目一致但金额是红字的记账凭证，并据以登记入账。

借：其他应收款　　　　　　　　　　　　　　　　　900
　　贷：库存现金　　　　　　　　　　　　　　　　　　900

在登账后，有关账户记录如图 7-3 所示。

3. 补充登记法

补充登记法，也称蓝字补记法，记账以后，发现记账凭证中应借、应贷会计科目和记账方向都正确，只是所记金额小于应记金额并据以记账，应采用补充登记法予以更正。更正的方法是：将少记金额用蓝字填写一张与原错误记账凭证科目名称和方向一致的蓝字记账凭证，并据以入账，以补足少记的金额。

【例 7-3】以银行存款支付广告费 2000 元，在编制记账凭证时，将金额错记为 200

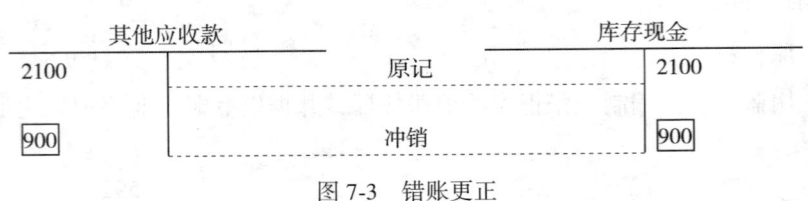

图 7-3　错账更正

元，并已登记入账。错误的记账凭证用会计分录表示如下：

　　借：营业费用　　　　　　　　　　　　　　　　200
　　　贷：银行存款　　　　　　　　　　　　　　　　200

发现上述少记错误以后，将少记金额1800(2000-200)元，用蓝字编制一张与上述会计分录中的科目名称、方向一致的蓝字记账凭证，并据以登记入账。

　　借：营业费用　　　　　　　　　　　　　　　　1800
　　　贷：银行存款　　　　　　　　　　　　　　　　1800

在登账后，有关账户记录如图7-4所示。

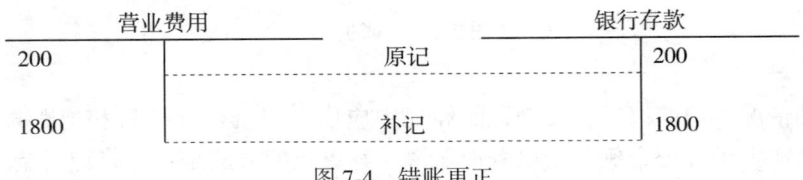

图 7-4　错账更正

以上所介绍的都是属于账簿记录与其所依附记账凭证内容完全一致时所出现的错账的更正方法，当账簿记录与其所依据的记账凭证不一致时，则应首先采用划线更正法更正账簿记录，使之与原记账凭证相符，然后再采用相应的更正方法予以更正。

第四节　对账与结账

登记账簿作为会计核算的专门方法之一，它包括记账、结账和对账三个相互联系、不可分割的工作环节。前面我们详细说明了记账的要求和方法，在此基础上，本节介绍对账和结账的有关规定和方法。

一、对账

对账，即核对账目，是指会计核算过程中对会计账簿的记录进行检查和核对。对账一般可以分为日常核对和定期核对两种。日常核对主要是指登记会计账簿时随时进行的核对。定期核对一般是指月末、季末、年末对会计账簿记录的有关数据进行的核对。为了保证账簿记录的正确性，做到账证相符、账账相符、账实相符、账表相符，对账工作每年至少进行一次。

(一) 对账的内容

1. 账证核对

账证核对是指对各种账簿记录与记账凭证及其所附的原始凭证相核对。这种核对通常是在日常核算中进行的，以使错账能及时得到更正。在月终时，如果出现账账不符的情况，则应将账簿记录与记账凭证重新复核，以确保账证相符。这也是保证账实相符和账表相符的基础。

2. 账账核对

账账核对就是将各种相关账簿之间的有关记录进行核对。通过账账核对，可以使各种会计账簿之间的记录保持一致。账账核对的具体内容包括：

(1) 总分类账内部的核对。主要核对总分类账中全部账户的借方本期发生额合计数与贷方本期发生额合计数是否相等，核对总分类账中全部账户的借方期初余额合计数与贷方期初余额合计数是否相等，核对总分类账中全部账户的借方期末余额合计数与贷方期末余额合计数是否相等。

(2) 总分类账与日记账的核对。主要核对总分类账中"现金"账户和"银行存款"账户的期末余额与相对应的现金日记账的期末余额和银行存款日记账的期末余额是否分别相等。

(3) 总分类账和明细分类账的核对。主要核对各个总分类账户的期初余额与其所属明细分类账户的期初余额之和是否相等，核对各个总分类账户的期末余额与其所属明细分类账户的期末余额之和是否相等，核对各个总分类账户的借方本期发生额与其所属明细分类账借方发生额之和是否相等，核对各个总分类账户的贷方本期发生额与其所属明细分类账贷方发生额之和是否相等。

(4) 会计部门的财产物资明细账与财产物资的保管和使用部门的有关明细分类账的核对。主要核对会计部门的各种财产物资明细账的期末余额与财产物资的保管和使用部门的有关财产物资明细账的期末余额是否相等。

3. 账实核对

账实核对是指在账证相符、账账相符的基础上，对企业的各项财产物资的账面余额与其实存数进行核对，看是否相等。账实核对的具体内容包括：

(1) 库存现金日记账的账面余额与库存现金的实存数进行核对，并保证日清月结。

(2) 银行存款日记账的账面余额与银行对账单进行核对，每月最少一次，并保证相符。

(3) 各种财产物资明细账的账面余额与财产物资的实存数进行核对，并保证相符。

(4) 各种应收款项、应付款项的明细分类账的账面余额与有关债权债务的往来单位或个人进行核对，并保证相符。

4. 账表核对

账表核对是指把会计账簿记录与会计报表的相关项目进行核对。这是因为会计报表就是根据会计账簿及有关资料编制的，两者之间也存在着一定的对应关系。账表核对主要是将会计报表各个报表项目的数据和会计账簿的相关数据进行核对的。

通过上述的对账工作，做到账证相符、账账相符、账实相符、账表相符，确保会计信息真实可靠。

(二)对账的方法

1. 账证核对

账证核对的方法一般可以采用逐笔核对法和抽查法。将账簿记录与记账凭证及其所附原始凭证进行核对,看其时间、凭证号数、会计科目、业务内容及数量金额等是否相符。

2. 账账核对

账账核对的方法应根据核对的内容不同而采用不同的方法。

(1)总分类账内部的核对,一般通过编制总分类账户试算平衡表来进行,其格式可见表7-15。

表7-15　　　　　　　　　　　**总分类账户试算平衡表**

2013年11月30日　　　　　　　　　　　　　　(单位:元)

账户名称	期初余额		本期发生额		期末余额	
	借方	贷方	借方	贷方	借方	贷方
现　金	2000		4000	5000	1000	
银行存款	200000		100000	80000	220000	
应收账款	150000		50000	80000	120000	
预付账款	20000		30000	10000	40000	
短期借款		70000	80000	100000		90000
长期借款		100000	50000	30000		80000
实收资本		200000		8000		208000
盈余公积		2000		1000		3000
合　　计	372000	372000	314000	314000	381000	381000

(2)总分类账与现金日记账和银行存款日记账的核对,可以直接将总分类账的"现金"账户的期末余额与现金日记账的期末余额进行核对,直接将总分类账的"银行存款"账户的期末余额与银行存款日记账的期末余额进行核对。

(3)总分类账和明细分类账的核对,一般是通过编制各个明细分类账户的本期发生额及余额对照表来和相对应的总分类账户进行核对的。例如,"原材料"总分类账户与其所属明细分类账户的核对,应先根据"原材料"所属的各个明细分类账的资料编制"原材料明细分类账户本期发生额及余额对照表",其格式见表7-16,然后将"原材料"总分类账的期初余额、本期发生额、期末余额与"原材料明细分类账户本期发生额及余额对照表"进行核对,看是否相符。

表 7-16　　　　　"原材料"明细分类账户本期发生额及余额对照表

明细分类账户名称	期初余额		本期发生额		期末余额	
	借方	贷方	借方	贷方	借方	贷方
A 材料	20000		100000	80000	40000	
B 材料	5000		15000	9000	11000	
C 材料	15000		75000	70000	20000	
合　计	40000		190000	159000	71000	

（4）会计部门的财产物资明细账与财产物资的保管和使用部门的有关明细分类账的核对，一般是将有关明细账的余额直接和保管账的余额进行核对。

3. 账实核对

账实核对，一般是通过财产清查来进行的，财产清查是会计核算的一种专门方法，将在以后章节中作具体的说明。

4. 账表核对

账表核对，一般要结合后面章节介绍的会计报表的编制方法，将会计报表上的报表项目的数据和相关账簿上的数据进行核对。

二、结账

结账，即在一定时期内所发生的经济业务事项全部登记入账的基础上，按照规定的方法结算出每个账户的本期发生额合计和期末余额，并将期末余额结转至下期或者转入下年新账。将本会计期间所发生的全部经济业务登记入账，主要指的是结转业务，包括：按照权责发生制原则和配比原则进行的预收收入的确认与结转、预付费用的确认与结转、应计收入与应计费用的确认与结转；由于会计核算技巧的需要进行的收入结转、费用结转。结账应在月末、季末和年末进行，不得为赶编财务报表而提前结账，更不能先编财务报表后结账。

由于其结账的目的和结算时期不同，结账时应考虑各账户的特点，分别采用不同的方法。具体如下：

（1）对不需要按月结计本期发生额而只求余额的明细账户，如债权债务等结算类账户明细账、"实收资本"等资本类账户明细账和各项财产物资明细账（存货采用"月末一次加权平均法"的要结出数量结存）等，每次记账以后，都要随时结出余额（至少是每日要结出余额），每月最后一笔余额即为月末余额，不需要再结计一次余额。然后，在最后一笔经济业务记录之下通栏画单红线，以示本期与下期的区分。

（2）现金日记账、银行存款日记账，以及需要按月结计发生额的收入、费用等明细账和存货采用"月末一次加权平均法"的存货类明细账等，在每月结账时，要在最后一笔经济业务记录下面画通栏单红线，并在其下一行结出本月发生额和余额，在"日期"栏内填写本月最后一天的号数，在"摘要"栏内注明"本月合计"，或"月结"，或"本月发生额及余额"字样，再在其下面画通栏单红线。

(3)需要结计本年累计发生额的"本年利润"的总分类账户、"利润分配"总分类账户及所属明细分类账户和采用"表结法"下的损益类账户,在每月结账时,先进行月结,然后再在"月结"行的下一行的"摘要"栏内注明"本年累计"字样,在该行的借、贷方金额栏内登记自年初始至本月末止的累计发生额(该行不填余额),并在下面再通栏画单红线。

(4)总账平时只需结计月末余额,在年终结账时,为了总括反映全年各项资产、负债、所有者权益增减变动的全貌,便于核对账目,要对所有总账结出全年发生额和年末余额,在摘要栏内注明"本年合计"字样,并在合计数下通栏画双红线封账。

(5)年度终了,对于有余额的账户,要将其余额结转下年,即将有余额的账户的余额计入新账第一页第一行的"余额"栏内,并在新账第一页第一行的"摘要"栏内注明"上年结转"字样,既不需要编制记账凭证,也不必将某账户的借方(或贷方)余额再记入本年该账户的贷方(或借方),使本年有余额的账户的余额为零,因为,既然年末是有余额的账户,其余额应当如实地在账户中加以反映;否则,容易混淆有余额的账户和没有余额的账户。对有余额的总账,需在"本年合计"行下一行的"摘要"栏内注明"结转下年"字样,并将余额记入同一行的"余额"栏内,然后在"结转下年"行下画两条通栏红线,封账即可。

现以"库存商品"总分类账户为例来说明结账的方法,见表7-17。

表7-17 总 分 类 账

账户名称:库存商品

2013年		凭证号数	摘要	借方	贷方	借或贷	余额
月	日						
1	1		上年结转			借	50000
	10	汇1	1—10日汇总	30000	40000	借	40000
	20	汇2	11—20日汇总	50000	60000	借	30000
	31	汇3	21—31日汇总	40000	30000	借	40000
	31		本月发生额及余额	120000	130000	借	40000
2	1		月初余额			借	40000
			…	…	…	…	…
			…	…	…	…	…
12	31		本月发生额及余额	150000	130000	借	60000
	31		第四季度发生额及余额	500000	450000	借	60000
	31		本年合计	1900000	1890000	借	60000
	31		结转下年		60000	平	

第五节　会计账簿的更换与保管

一、会计账簿的更换

会计账簿的更换，是指在年度结账完毕后，以新账代替旧账。在每一会计年度终结，新的会计年度开始时，应按照会计制度的规定，进行各类账簿的更换。为了便于账簿的使用和管理，在一般情况下，总分类账、库存现金日记账和银行存款日记账和大部分明细账都应每年更换一次；对于在年度内业务发生量较少，账簿变动不大的部分明细账，如固定资产明细账和固定资产卡片账，可以连续使用，不必每年更换；各种备查账簿也可以连续使用。在建立新账时，除了要遵守账簿启用规则之外，还需要注意以下几点：

(1)在更换新账时，要注明各账户的年份，然后在第一行"日期"栏内写明 1 月 1 日；在"摘要"栏内注明"上年结转"或"下年余额"字样；最后根据上年账簿的账户余额直接写在"余额"栏内。在此基础上，再登记新年度所发生的相关会计事项。

(2)总账应根据各账户经济业务的多少，合理估计各账户在新账中所需要的账页，并填写账户目录，然后据以设立账户。

(3)对于有些有余额的明细账，如应收账款、应付账款、其他应收款、其他应付款等明细账，必须将各明细账户的余额，按照上述的方法，详细填写在新建明细账相同的明细账户下，以备清查和查阅；对于采用借贷方多栏式的应缴增值税明细账，应按照有关明细项目的余额采用正确的结转方法予以结转。

二、会计账簿的保管

会计账簿是各单位的重要会计档案资料，每个单位都必须健全账簿管理制度，妥善保管单位的各种账簿，不得丢失和任意销毁。否则，原有的债权、债务无法理清，重要的经济信息和经济资料将丢失，经济责任将无法明确。考虑到账簿使用的特点，账簿管理制度主要包括日常管理和旧账归档保管两个部分的内容。

(一)会计账簿的日常管理

会计账簿的日常管理包括：(1)各种账簿要分工明确，并指定专人管理，一般是谁负责登记，谁负责管理；(2)会计账簿未经本单位领导或会计部门负责人允许，非经管人员不得翻阅查看会计账簿；(3)会计账簿除需要与外单位核对账目外，一律不准携带外出。对需要携带外出的账簿，必须经本单位领导和会计部门负责人批准，并指定专人负责，不准交给其他人员管理，以保证账簿安全和防止任意涂改账簿等现象的发生。

(二)会计账簿的归档保管

在年度结账后，对需要更换新账的账簿，应将旧账按规定程序整理并装订成册，归档保管。旧账装订时应注意以下事项：(1)在活页账装订时，一般按账户分类装订成册，一个账户装订一册或数册；某些账户账页较少，也可以几个账户合并装订成一册，但应分别按资产、负债及所有者权益类账户分别装订；(2)在装订时，应检查账簿扉页的内容是否填列整齐，要将账簿经管人一览表及账户目录附在账页前面，并加具封面、封底；(3)在装订时，应将账页整齐牢固地装订在一起，并将装订线用纸封口，由经办人员及装订人员、会计主管人员封口处签章。

旧账装订完毕后，交由会计档案保管人员造册归档。在造册归档时，应在各种账簿的封面上注明单位名称、账簿种类、会计年度、账簿册数、第几册及本账簿总页数，并由会计主管人员及经办人员签章；然后，将全部账簿按册数顺序或保管期限统一编写"会计账簿归档登记表"，如表7-18所示。

我国会计制度对会计账簿的保管年限做了相应的规定：日记账一般为15年，其中现金日记账和银行存款日记账为25年；固定资产明细账在固定资产报废清理后应继续保存5年；总分类账、其他明细分类账和备查账应保存15年；涉外账簿应长期保管。保管期满后，要按照会计档案管理办法的规定，由财会部门和档案部门共同鉴定，报经批准后进行处理。

表7-18　　　　　　　　　　会计账簿归档登记表

账簿名称	册数	页数	经管人	批准销毁			备注
				批准人	批准日期	销毁日期	

练　习　题

一、单项选择题

1. "应收账款"明细账的格式一般采用(　　)。
   A. 数量金额式　　B. 多栏式　　C. 订本式　　D. 三栏式
2. 多栏式明细账格式一般适用于(　　)。
   A. 债权、债务类账户　　　　　　B. 财产、物资类账户
   C. 费用成本类和收入成果类账户　　D. 货币资金类账户
3. "原材料"明细账的格式一般采用(　　)。
   A. 数量金额式　　B. 横线登记式　　C. 三栏式　　D. 多栏式
4. 经济业务按发生时间的先后顺序逐日逐笔进行登记的账簿是(　　)。
   A. 总分类账簿　　B. 序时账簿　　C. 备查账簿　　D. 明细分类账簿
5. 在年度结账时，除在摘要栏注明"本年累计"字样外，还应在该行下面画(　　)红线。
   A. 一条　　B. 两条　　C. 三条　　D. 四条
6. 会计人员在填制记账凭账时，将650元错记为560元，并且已登记入账，在月

末结账时，发现此笔错账；在更正时，应采用的方法是( )。

　　A. 划线更正法　　B. 红字更正法　　C. 补充登记法　　D. 核对账目的方法

7. 如果发现记账凭证所用的科目正确，只是所填金额大于应填金额，并已登记入账，则应采用( )更正。

　　A. 划线更正法　　B. 红字更正法　　C. 平行登记法　　D. 补充登记法

8. 总分类账适用于( )账簿。

　　A. 订本式　　B. 活页式　　C. 多栏式　　D. 数量金额式

9. 不可以采用三栏式账页的有( )。

　　A. 总账　　　　　　　　　　B. 应付账款明细账
　　C. 现金日记账　　　　　　　D. 原材料明细账

10. 在记账后，如果发现记账错误是由于记账凭证所列会计科目有错误引起的，则可采用( )。

　　A. 红字更正法　　　　　　　B. 划线更正法
　　C. 补充登记法　　　　　　　D. AB 均可

11. 能够提供企业某一类经纪业务增减变化总括会计信息的账簿是( )。

　　A. 明细分类账　　B. 总分类账　　C. 辅助性账簿　　D. 日记账

12. 能够序时反映企业某一类经济业务会计信息的账簿是( )。

　　A. 明细分类账　　B. 总分类账　　C. 辅助性账簿　　D. 日记账

13. 日记账最大的特点是( )。

　　A. 按现金和银行存款设置账户
　　B. 可以提供现金和银行存款的每日发生额
　　C. 可以提供现金和银行存款的每日动态和静态资料
　　D. 序时逐笔顺序登记并逐日结出余额

14. 下列账簿中，可以采用卡片式账簿的是( )。

　　A. 现金日记账　　　　　　　B. 总分类账
　　C. 管理费用明细账　　　　　D. 固定资产明细账

15. 登记账簿的依据是( )。

　　A. 经济业务　　　　　　　　B. 经济合同
　　C. 审核无误的会计凭证　　　D. 领导批示

二、多项选择题

1. 必须采用订本式账簿的有( )。

　　A. 原材料明细账　　　　　　B. 现金、银行存款日记账
　　C. 应付账款明细账　　　　　D. 总分类账

2. "红字更正法"适用于( )。

　　A. 记账前，发现记账凭证上的文字或数字有误
　　B. 记账后，发现原记账凭证上应借、应贷科目填错
　　C. 记账后，发现原记账凭证上所填金额小于应填金额
　　D. 记账后，发现原记账凭证上所填金额大于应填金额

3. 明细分类账的登记依据可以有（　　）。
   A. 记账凭证　　　　　　　　B. 原始凭证
   C. 汇总原始凭证　　　　　　D. 科目汇总表
4. 下列账簿可以采用三栏式账页的有（　　）。
   A. 原材料明细账　　　　　　B. 应收账款明细账
   C. 库存商品明细账　　　　　D. 银行存款明细账
5. 下列各项中，属于账账核对的有（　　）。
   A. 总分类账记录的核对
   B. 银行存款日记账与银行对账单的核对
   C. 总分类账与日记账的核对
   D. 总分类账与明细分类账的核对
6. 会计工作中可以使用的更正错账的方法有（　　）。
   A. 划线更正法　B. 擦掉重写　C. 红字更正法　D. 补充登记法
7. 对账的内容一般包括（　　）。
   A. 账证核对　　B. 账账核对　　C. 账实核对　　D. 账表核对
8. 在（　　）情况下，可以用红色墨水。
   A. 划线更正法更正错账时画线　　B. 补充登记法登记少记金额时
   C. 冲销账簿记录时　　　　　　　D. 结账时画线
9. 登记账簿的要求有（　　）。
   A. 可用圆珠笔、蓝黑或黑色墨水笔书写
   B. 书写的文字和数字一般占可格长的1/2
   C. 特殊情况应用红色墨水笔记账
   D. 账簿应按页次连续登记，不得跳行隔页
10. 下列各项中，属于账实核对的有（　　）。
    A. 现金日记账账面余额与现金实际库存核对
    B. 会计部门的财产物资明细分类账与财产物资保管和使用部门的有关明细分类账核对
    C. 各种财产物资明细分类账各账户的余额与各种财产物资的实存数额核对
    D. 各种债权债务明细分类账各账户的余额与有关债务、债权单位的账面记录核对

三、判断题

1. 现金日记账和银行存款日记账必须逐日结出余额。（　　）
2. 日记总账就是兼有日记账和总分类账作用的联合账簿。（　　）
3. 各种明细分类账的登记可以逐日逐笔登记，也可以在月末汇总登记。（　　）
4. 登记账簿时要用蓝黑墨水、钢笔或蓝黑圆珠笔书写，不能用铅笔书写。（　　）
5. 记账后发现记账凭证中应借、应贷的会计科目没有错，只是所记金额小于应记金额，从而引起记账错误，可采用划线更正法予以更正。（　　）
6. 单位取得的货币资金收入必须及时入账，不得私设小金库，不得账外设账，严

禁收款不入账。( )
7. 现金日记账应在每日终了时结出余额，并与库存现金进行核对。( )
8. 总分类账、日记账和大部分的明细账要每年更换一次。( )
9. 会计人员在根据记账凭证登记账簿时，误将200元记为2000元，更正这种错误应采用红字更正法。( )
10. 会计账簿记录发生错误或者隔页、缺号、跳行的，应当按照国家统一的会计制度规定的方法更正，并由会计人员在更正处盖章。( )

四、业务技能题

习题（一）

某公司在2012年6月末结账前进行对账时发现如下错账：

（1）生产车间一般耗用原材料2000元，在填制记账凭证时记入了"生产成本"科目，并已登记入账。

（2）以银行存款支付广告费21500元，在填制记账凭证时，将金额记为12500元，而且登记入账。

（3）用现金购买厂部管理部门用办公用品560元，填制记账凭证时会计分录无错误，但在登记管理费用总账时，将560元误记为650元。

要求：①指明上述错账应采用何种更正方法；
②对上述错账进行具体更正。

习题（二）

1. 目的：练习更正错账的方法

2. 资料：光明公司2013年5月31日在进行对账时，发现下列经济业务的记账凭证或账簿记录发生错误：

（1）从银行提取现金3500元，记账凭证没有错误，过账后，账簿金额误记为5300元。

（2）厂部购买办公用品500元，用银行存款支付。该公司记账凭证上编制的会计分录为：

借：制造费用　　　　　　　　　　　　　　500
　　贷：银行存款　　　　　　　　　　　　　　　500

并据以登记入账。

（3）以银行存款偿还短期借款2000元。经检查，发现记账凭证上应借、应贷的会计科目没有错，只是金额误记为20000元，并据以登记入账。

（4）以一张面值为54000元的商业承兑汇票抵付应付账款。经检查，发现记账凭证上应借、应贷的会计科目没有错，只是金额误记为34000元，并据以登记入账。

3. 要求：根据上述资料，采用正确的方法更正错账。

习题（三）

1. 目的：练习现金日记账和银行存款日记账的登记方法

2. 资料：华润公司在2013年5月初的现金余额为借方金额2000元，银行存款余额为借方金额250000元，该公司在5月份发生下列经济业务：

(1) 1日，从光明公司购进甲材料2000千克，单价10元，计20000元；乙材料4000千克，单价20元，计80000元，共计货款100000元，增值税17000元。货款及增值税已用银行存款支付，材料均已验收入库。

(2) 2日，向银行借入期限为3个月的借款200000元，存入银行存款户。

(3) 4日，收到南方公司前欠货款46800元，存入银行存款户。

(4) 5日，从仓库领用甲材料23000元，乙材料65000元，其中A产品耗用46000元，B产品耗用32000元，车间一般耗用8000元，行政管理部门耗用2000元。

(5) 7日，采购员李明出差，预借差旅费2000元，以现金支付。

(6) 11日，采购员李明出差回来，报销差旅费1800元，余款交回。

(7) 12日，销售给安达公司A产品800件，每件100元，计货款80000元，增值税13600元，货款及增值税尚未收到。

(8) 14日，收到12日安达公司所欠货款，已存入银行存款户。

(9) 15日，以银行存款5000元支付广告费。

(10) 17日，以银行存款20000元支付之前欠爱华公司的货款。

(11) 18日，销售给兴东公司B产品1000件，每件200元，计货款200000元，增值税34000元，货款及增值税已收到，并存入银行。

(12) 20日，以银行存款支付水电费3000元，其中，车间2500元，行政管理部门500元。

(13) 30日，从银行提取现金40000元，准备发放职工工资。

(14) 31日，以现金发放本月职工工资。

3. 要求：

(1) 根据上述经济业务编制收款凭证、付款凭证和转账凭证。

(2) 根据上述资料和编制的收款凭证和付款凭证登记下列现金日记账和银行存款日记账，见表7-19和表7-20。

(3) 月末，对现金日记账和银行存款日记账进行结账。

表7-19　　　　　　　　　　　　　现金日记账

××年		凭证号数	摘　要	对方科目	收入	支出	结余
月	日						

续表

××年		凭证号数	摘要	对方科目	收入	支出	结余
月	日						

表 7-20　　　　　　　　　　　　　银行存款日记账

××年		凭证号数	摘要	结算凭证	对方科目	收入	支出	结余
月	日							

第八章　财产清查

【学习目标】
1. 熟悉财产清查的意义和种类
2. 理解永续盘存制和实地盘存制的主要区别
3. 熟悉财产清查的方法
4. 掌握银行存款余额调节表的编制方法
5. 掌握财产清查的会计处理

【技能目标】
1. 能够协助相关人员，运用所学方法对实物、货币资金、往来款项进行清查
2. 对清查的结果能够在账务上进行处理

第一节　财产清查的意义和种类

一、财产清查的意义

（一）财产清查的必要性

所谓财产清查，是指通过对各种财产物资、现金资产和往来款项的实地盘点、账项核对或查询，查明某一时期的实际结存数并与账存数核对，确定账实是否相符的一种会计核算方法。

企业单位各种财产物资的增减变动和结存情况，通过凭证的填制与审核、账簿的登记与核对，已经在账簿体系中得到了正确的反映，但账簿记录的正确定并不足以说明各种财产物资实际结存情况的真实性。在具体会计工作中，即使是账证相符、账账相符，财产物资的账面数与实际结存数仍然可能不相一致。根据资产管理制度以及为编制会计报表提供正确可靠的核算资料的要求，必须使账簿中所反映的有关财产物资和债权债务的结存数额与其实际数额保持一致，做到账实相符。因此，必须运用财产清查这一会计核算的专门方法。

（二）造成账实不符的常见原因

如果清查发现企业各项财产物资的账存数与实存数有不相符的情况，就要分析原因，查明责任，进行处理。其主要原因有：

（1）在财产收发时，由于计量不准确而发生品种或数量上的差错；
（2）财产保管过程中的自然损耗或自然升溢；

(3)因管理不善而出现财产的腐烂变质及毁损;
(4)贪污盗窃、徇私舞弊等违法行为造成财产的短缺;
(5)因未达账项而引起的数额不符。

(三)财产清查的作用

财产清查既是会计核算的一种方法,又是单位内部实施会计控制和会计监督的一种活动。其作用主要表现在:

1. 保证会计核算资料的真实可靠

通过财产清查,可以查明财产物资有无短缺或盈余以及发生盈亏的原因,确定财产物资的实有数,并通过账项的调整达到账实相符,保证会计核算资料的真实性,为编制会计报表奠定基础。

2. 充分挖掘财产物资的潜力

通过财产清查,可以查明财产物资的利用情况,发现其有无超储积压或储备不足以及不配套等现象,以便采取措施,对储备不足的设法补足,对呆滞积压和不配套的及时处理,充分挖掘财产物资潜力,提高资产使用效果。

3. 强化财产管理的内部控制制度

通过财产清查,可以发现财产管理工作中存在的各种问题,诸如收发手续不健全、保管措施不得力、控制手续不严密等,以便采取对策加以改进,健全内部控制制度,保护资产的安全与完整。

4. 完善财产管理的岗位责任制

通过财产清查,可以促使保管人员总结经验,吸取教训,不断学习先进的管理技术,增强敬业精神,提高业务素质。

二、财产清查的种类

(一)按清查的对象和范围分类

1. 全面清查

全面清查是对属于本企业所有或存放在本企业的全部财产进行盘点和核对,内容多,工作量大,范围广。清查内容包括:各种机器设备、房屋、建筑物等所有固定资产;材料、在产品、半成品、产成品等流动资产;现金、银行存款等各种货币资金;在途材料、在途货币资金等在途资金;各种应收、应付、预收、预付的债权债务等结算资金;委托其他单位加工、保管与代销的材料、商品物资,出租、出借的固定资产;代外单位加工、保管的各种财产物资等。

全面清查范围广,参加的部门、人员多,一般来说,在以下几种情况下需进行全面清查:

(1)年终结算,编制年度会计报表前;
(2)企业撤销、合并、分立或发生隶属改变关系时,以明确经济责任;
(3)企业清产核资或进行资产评估时,以摸清家底;
(4)企业发生其他重大体制变更或改制时。

2. 局部清查

局部清查也称重点清查,是指对一个单位的部分实物资产或现金资产或债权债务进行的盘点或核对。这种清查有的要求定期进行,也有不定期进行的。其特点是清查范围小、专业性强、人力与时间的耗费较少。其清查对象主要是流动性较强、易发生损耗以及比较贵重的财产。在企业的日常管理中,局部清查比较少见,主要包括以下情况:

(1) 材料、商品、在产品、产成品等存货在年中进行的轮流盘点或重点清查;
(2) 对贵重物资进行的经常性盘点;
(3) 对库存现金于每日营业终了进行的实地盘点;
(4) 企业与银行之间进行的账项核对;
(5) 企业与有关单位进行的债权和债务查询。

(二) 按清查时间分类

1. 定期清查

定期清查是指按照预先计划安排的时间对财产物资、货币资金、往来款项进行的清查。定期清查一般在月末、季末、年末进行,它既可以是对财产物资、货币资金、往来账款进行的全面清查,也可以是只对其中某些部分进行的局部清查。

2. 不定期清查

不定期清查也称临时清查,是指事先不规定清查日期,根据实际需要而临时进行的清查。一般在以下情况下进行:

(1) 更换财产物资经管人员(出纳员、仓库保管员)时;
(2) 财产物资因自然灾害而遭受损失和被盗时;
(3) 上级主管单位、财政、银行、审计等部门进行查账时;
(4) 按照上级规定,企业改组股份制,进行临时性的资产评估等核资工作时;
(5) 发现有贪污行为时。

在发生上述情况时,可以根据不同需求进行全面清查或局部清查。

第二节 财产清查的方法

一、财产清查前的准备工作

财产清查是一项既复杂又细致的工作,必须有计划有组织的进行。不同的财产清查,其程序也不尽相同。但就其一般程序而言,它主要包括以下几个步骤:

1. 组织准备

在组织上,应成立清查领导小组。该小组应在企业主管负责人和总会计师的领导下,由会计、生产、设备、技术、行政等部门的相关人员组成。清查小组的主要工作职责是:制定财产清查计划,确定清查范围,安排清查工作程序,配备清查工作人员;检查清查工作进度,监督清查工作过程,解决清查工作中的问题;总结清查工作的经验教训,撰写清查工作总结,提出清查结果处理意见。

2. 业务准备

在业务上,会计部门要在清查前将所有的经济业务登记入账并结出余额;财产物资保管部门要在清查前将各项财产物资的收发凭证手续办妥,并结出保管账簿的余额,同时要将各种实物财产码齐排列,加注标签;清查小组人员要准备好必要的清查工具、器具、表格等。

财产清查不仅仅是会计部门的工作,而且它涉及诸多相关部门。因此,各相关部门应密切配合,通力协作,尤其是会计部门与生产部门、仓储部门等,务必要做好相关账簿的核对工作。

账簿的核对即对账,就是一定会计期间(月份、季度、年度)终了时,将账证、账账和账实进行相互对照,以检查账簿记录是否正确、可靠。对账主要包括账证、账账和账实核对三项内容。

账证核对是指将各种账簿记录与会计凭证进行核对。账证核对大多在日常编制凭证和登账过程中进行,但如果在进行账账核对时发现不符,则应重点对不符的账簿记录与会计凭证进行核对,包括所记载的经济业务内容、记账金额、会计科目等,直到查出错误的原因为止。

账账核对是指将各种账簿之间的有关数字进行相互核对。主要包括:

(1)总分类账各账户的期末借方余额合计数与贷方期末余额合计数相互核对,一般可通过编制"试算平衡表"进行;

(2)明细分类账各账户的余额合计数与有关的总分类账的余额相互核对,一般可通过编制"明细分类账发生额及余额对照表"进行;

(3)日记账余额与总分类账余额相互核对;

(4)会计部门各财产物资明细分类账的余额与保管或使用部门的财产物资明细分类账的余额相互核对。

账实核对是指将财产物资的账面结余数与财产物资的实际结余数进行相互核对。账实核对必须在财产清查的基础上进行,其核对的主要内容包括:

(1)每日营业终了,现金日记账余额与库存现金实有数相互核对;

(2)每月月末,银行存款日记账余额与银行对账单相互核对;

(3)各种财产物资明细分类账账面余额与财产物资实存数相互核对;

(4)各种应收、应付款项明细分类账账面余额与相关的债权、债务单位相互核对。

二、实物资产的清查方法

(一)实物资产的盘存制度

会计核算中,在计算各种实物资产期末结存数额时,有两种方法,由此而形成两种盘存制度,即永续盘存制和实地盘存制。

1. 永续盘存制

永续盘存制,也称账面盘存制,是指对于各种财产物资的增减变动,平时要根据会计凭证在账簿上予以连续登记,并随时结算出账面结存数额的一种方法。

采用这种盘存方法,在平时增加或减少某种财产时,都要根据会计凭证逐日逐笔在该财产明细账上作连续登记,并随时结出账面余额。企业在永续盘存制下计算存货本期销售或耗用成本和期末存货成本时,应按下列公式计算:

$$本期销售(耗用)成本 = 本期销售(耗用)数量 \times 单位成本$$

$$账面期末余额 = 账面期初余额 + 本期增加额 - 本期减少额$$

单位成本可以采用加权平均法、先进先出法、个别计价法等方法中的一种方法计算出来。计价方法一经确定，不得随意变更。

永续盘存制的主要优点是：(1)在财产明细账中，可随时掌握财产收入、发出和结存的情况，并进行数量和金额的双重控制从而可加强对财产的日常管理(2)财产明细账的结存数量与实际盘点数进行核对，可及时发现短缺或溢余。(3)财产明细账上的结存数，随时与预定的最高和最低限额进行比较，可及时取得财产积压或不足的信息。

永续盘存制的主要缺点是财产明细分类核算工作量较大，如果月末一次结转销售（耗用）成本，则计算工作过于集中。

2. 实地盘存制

实地盘存制，是指对于各种财产物资的增减变动，平时在账簿上只登记其增加数，而不记录其减少数；期末通过实地盘点确定实物资产的结存数后，倒算出本期减少数并一次登记入账的一种方法。其计算公式如下：

本期减少数=账面期初余额+本期增加数-期末实际结存数

期末存货成本=库存数量(实地盘点数)×单位成本

本期销售(耗用)成本=期初存货成本+本期购货成本-期末存货成本

其单位成本的计价方法和永续盘存制下的方法相同。

实地盘存制的优点是平时对财产发出和结存数量可以不作详细记录，从而简化了财产的明细分类核算工作。

实地盘存制的缺点是：(1)平时对各项财产的收入、发出和结存没有严密的手续，不能及时提供各种财产收、发、结存的动态信息，不利于进行日常管理和监督。(2)由于期末倒挤计算财产减少数使财产减少数中的成分复杂化，除正常耗用或销售的以外把可能存在的损耗、差错、短缺等隐含在本期耗用或销售成本中，这既不利于财产的管理，又影响了成本计算的正确性。(3)由于不能及时反映财产的耗用或销售成本，从而影响成本结转的及时性。一般它只适用于一些价值低、品种杂、进出频繁的商品。

(二)实物资产清查的具体方法

实物资产的清查主要包括：固定资产、原材料、在产品、产成品、低值易耗品及库存商品等，不同品种的财产物资，由于其实物形态、体积重量、码放方式不同，采用的清查方法也不同，清查的具体方法有实地盘点法、技术算盘点法、抽样盘点法和查询核实四种。

(1)实地盘点法。

实地盘点是指在财产物资堆放现场进行逐一清点数量或用计量仪器确定实存数的一种方法。这种方法适用范围广，要求严格，数字准确可靠，清查质量高，但工作量大。如果事先按财产物资的实物形态进行科学的码放，如五五排列、三三制码放等，则都有助于提高清查的速度。

(2)技术推算盘点。

技术推算盘点是利用技术方法，如量方计尺等对财产物资的实存数进行推算的一种方法。这种方法适用于大量成堆、难以逐一清点的财产物资。例如，化肥、水泥、砂石等数量大、价值低廉物资的清查。从本质上讲，它是实地盘点法的一种补充方法。

(3)抽样盘点法。

抽样盘点法是对于数量多、价值小、重量均匀的财产物资，采用从中抽取少量样品，以确定其数量的一种方法。

(4) 查询核实法。

查询核实法是指通过向对方单位发函调查，并与本单位的账存数相核对的方法。如出租的固定资产、包装物、委托加工材料等的清查。

对实物资产进行盘点时，实物保管人员必须在场，并与有关人员要认真核对，及时记录，对清查中发现的异常情况如腐烂、破损、过期失效等，致使不能使用或销售的实物资产，应详细注明并提出处理意见。盘点结果应由有关人员如实填制"盘存单"，并由盘点人和实物保管人签字或盖章。

盘存单用来记录实物盘点结果、反映实物资产实存数额的原始凭证。其格式如表8-1所示。

表 8-1 盘 存 单

单位名称： 盘点时间： 编号：
财产类别： 存放地点：

编号	名 称	计量单位	数量	单价	金额	备注

盘点人签名：_____ 保管人签章_____

盘点完毕，将"盘存单"中所记录的实存数额与账面结存余额核对，发现某些财产物资账实不符时，填制"实存账存对比表"，确定财产物资盘盈或盘亏的数额。"实存账存对比表"是财产清查的重要报表，是调整账面记录的原始凭证，也是分析盈亏原因、明确经济责任的重要依据，应严肃认真地填报。其格式如表8-2所示。

表 8-2 实存账存对照表

单位名称 年 月 日

编号	类别及名称	计量单位	单价	实存		账存		对比结果				备注
								盘盈		盘亏		
				数量	金额	数量	金额	数量	金额	数量	金额	

单位负责人签章_____ 填表人签章_____

"实存账存对比表"又称"盘盈盘亏报告单"，清查人员应以该表为基础核准各种实物资产的盈亏情况，分析查明账实不符的性质和原因，划清经济责任，按规定程序报请有关部门领导予以审批处理，并针对清查中发现的资产管理方面存在的问题，提出改进措施，促使各项资产管理制度的健全和完善。

三、现金资产的清查方法

(一)库存现金的清查

库存现金的清查,是通过实地盘点的方法,确定库存现金的实存数,再与现金日记账的账面余额核对,以查明盈亏情况。在进行现金清查时,为了明确经济责任,出纳员必须在场。在清查过程中不能用白条抵库,即不能用不具有法律效力的借条、收据等抵充库存现金。现金盘点后,应根据盘点的结果及时与现金日记账核对,并填制"现金盘点报告表","现金盘点报告表"也是重要的原始凭证,它既起"盘存单"的作用,又起"实存账存对比表"的作用,"现金盘点报告表"应由盘点人员和出纳员共同签章方能生效(见表8-3)。

表8-3　　　　　　　　　　　　　现金盘点报告表

单位名称:　　　　　　　　　盘点时间:
会计主管:　　　　　　　　　出纳:　　　　　　　　　监盘人:

实点现金			账实核对			
货币面额	张数	金额	项目	单据张数	金额	备注
100元			实点现金			
50元			加:已付款未入账单据			
20元						
10元			减:已收款未入账单据			
5元						
2元			余　额			
1元						
5角			长款			
2角			短款			
1角						
5分						
2分						
1分						
			说　明:			
合　计						
结　论:						

(二)银行存款的清查

1. 银行存款清查方法

对银行存款清查主要采用账项核对的方法,即根据银行存款日记账与开户银行转来的"银行对账单"进行核对。在一般情况下,开户银行会定期将企业一定时期内在该行存款的变化和结存情况,以"对账单"的形式转给存款单位,供其核对。企业接到"银行对账单"后,应与银行存款日记账逐笔核对其发生额及余额,如果两者金额相符,则一般说明无错误;如果双方账目的结存余额不相一致,则原因主要有两个:一是某方(尤其是存款单位)账簿登记发生差错,对于这种情况应查明原因,及时予以更正;二是大多数此类情况是由"未达账项"所造成。

2. 未达账项的类型及调整方法

所谓未达账项,是指企业与开户银行之间(或债权债务单位之间)因结算凭证传递时间的差别,发生的一方已经记账,而另一方尚未接到有关凭证没有记账的款项。未达账项一般有四种情况:

第一,企业已收、银行未收款。本企业送存银行的款项,已作为存款增加记入银行存款日记账,但银行尚未入账。

第二,企业已付、银行未付款。本企业开出支票或其他支款凭证后,已作为存款减少记入银行存款日记账,但持票人尚未到银行办理转账,故银行未作为减少入账。

第三,银行已收、企业未收款。企业委托银行代收的货款和银行应付的存款利息,银行已于收到日计息以后登记入账,作为企业存款的增加,而企业尚未收到通知,所以尚未入账。

第四,银行已付、企业未付款。委托银行代付的款项,银行已于付款后登记入账,作为企业存款的减少,而企业尚未收到通知,所以尚未入账。

在上述第一、第四两种情况下,会使企业账面的存款余额大于银行账面的存款余额,而在第二、第三两种情况下,又会使企业账面的存款余额小于银行账面的存款余额。为了查明银行存款余额的正确数字,同时,也是为了消除未达账项的影响,应当根据银行的对账单同企业的账簿记录逐项进行核对。在核对过程中,如有疑问,应请银行提供证明,若发现银行的记录有错账漏账,则应及时通知银行查明更正。对未达账项则应于查明后编制"银行存款余额调节表"。如果双方账目没有发生其他差错,则所求得的双方账面余额必定相符;否则,就要进一步检查不符的原因。需要指出的是,"银行存款余额调节表"只起对账的作用,不能作为调节账面余额的凭证,银行存款日记账的登记,还应待收到有关原始凭证后再进行。

银行存款余额调节表的常用编制方法是:以企业、银行双方调整前(即银行存款日记账和银行对账单)的账面余额为基础,各自补记对方已入账而本方尚未入账的未达账项,计算出双方各自调整后的余额。其计算公式如下:

银行存款日记账余额+银行已收企业未收数额−银行已付企业未付数额

=银行对账单余额+企业已收银行未收数额−企业已付银行未付数额

上述银行存款清查方法,也适用于银行借款的清查。

3. 未达账项调整方法举例

【例 8-1】 ABC 公司 2012 年 10 月 31 日银行存款日记账余额为 87000 元,开户银行转来的银行对账单余额为 76000 元。经过逐笔核对发现有下列未达账项:

①企业 29 日送存银行转账支票一张,金额为 15000 元,银行尚未入账;

②企业委托银行代收的销货款 9200 元,银行已于 29 日收妥入账,企业未接到收款通知单;

③企业 30 日开出支票一张计 2300 元支付广告费用,银行尚未收到支票;

④银行于 31 日代企业支付水电费 7500 元已登记入账,企业未接到付款通知单。

根据以上未达账项,编制银行存款余额调节表如表 8-4 所示。

表 8-4　　　　　　　　　　　　　**银行存款余额调节表**

2012 年 10 月 31 日　　　　　　　　　　　　(单位:元)

项　目	金　额	项　目	金　额
企业银行存款日记账余额	87000	银行对账单余额	76000
加:银行已收企业未收款	9200	加:企业已收银行未收款	15000
减:银行已付企业未付款	7500	减:企业已付银行未付款	2300
调节后的存款余额	88700	调节后的存款余额	88700

四、结算往来款项的清查方法

对应收款项和应付款项等往来账项的清查,采用的方法是通过函询与债权债务单位核对账目。企业应将清查日截止时的有关结算凭证全部登记入账,在确保本单位应收应付款项余额正确的基础上,编制一式两联对账单,送交对方单位进行核对。"往来款项对账单"的一般格式如表 8-5 所示。

表 8-5

往来款项对账单(对账联)

×××单位:

你单位 2012 年 7 月 26 日购我公司 A 产品 200 件,已付货款 60000 元,尚欠 50000 元,请核对后将回联寄回。

清查单位(盖章)

2012 年 11 月 20 日

沿以下虚线裁开,请将以下"回联"单在确认无误并加盖公章后寄回,谢谢!

往来款项对账单(回执联)

×××清查单位:

贵单位寄来的"往来款项对账单"已收到,经核对相符无误。

××单位盖章

2012 年 11 月 28 日

第三节　财产清查结果的账务处理

一、财产清查结果的账务处理步骤及处理原则

(一)财产清查结果的账务处理步骤

财产清查的结果，必须按国家有关财务制度的规定，严肃认真地给予处理。在财产清查中发现的盘盈、盘亏、毁损和变质或超储、积压等问题，应认真核对数字，按规定的程序上报批准后再行处理；对于长期不清或有争执的债权、债务，也应核准数额上报，待批准后处理。其具体步骤如下：

(1)核准数字，查明原因。根据清查情况，编制全部清查结果的"实存账存对比表"(亦称"财产盈亏报告单")，对各项差异产生的原因进行分析，明确经济责任，据实提出处理意见，呈报有关领导和部门批准。对于债权债务在核对过程中出现的争议问题，应及时组织清理；对于超储积压物资应及时提出处理方案。

(2)调整账簿，做到账实相符。在核准数字，查明原因的基础上，根据"财产盈亏报告单"编制记账凭证，并据以登记账簿，使各项财产物资做到账实相符。在做好以上调整账簿工作后，即可将所编制的"财产盈亏报告单"和所撰写的文字说明，一并报送有关领导和部门批准。

(3)经批准，进行账务处理。当有关领导部门对所呈报的财产清查结果提出处理意见后，应严格按批复意见进行账务处理，编制记账凭证，登记有关账簿，并追回由于责任者个人原因造成的损失。

(二)财产清查结果的账务处理原则

企业在财产清查中对发生的盘盈、盘亏及毁损会计事项，一般的处理原则如下：

(1)对发生的除现金资产以外的流动资产盘亏，应根据企业管理当局的意见进行处理：由责任人失职造成的盘亏损失，应责成责任人赔偿，作为"其他应收款"处理；因管理制度不健全、计量器具不准、定额内自然损耗造成的盘亏损失，作为增加"管理费用"处理；因自然灾害、意外事故导致的非常损失，应由保险公司赔偿的部分作为"其他应收款"处理，其余部分，列作"营业外支出"处理。

(2)对发生的除现金资产以外的流动资产盘盈，当原因不明时，作为冲销企业的"管理费用"处理。

(3)对发生的现金短缺金额，在原因不明时，应责成责任人(出纳员)赔偿，作为"其他应收款"处理；因非正常事故(如抢劫)造成的损失，列作"营业外支出"处理。

(4)对发生的固定资产盘亏金额，如属于自然灾害造成，应由保险公司赔偿的部分作为"其他应收款"处理，残料评估值作为增加，计入"原材料"账户，扣除保险公司赔偿和残料评估值后的部分，列作"营业外支出"处理；责任事故造成的固定资产毁损以及丢失的固定资产，应由责任人酌情赔偿损失，其余部分列作"营业外支出"处理。

(5)对出现的固定资产盘盈，大多是企业自制设备交付使用后未及时入账造成的，应以其净值列作"营业外收入"处理。

二、财产清查结果的账户设置

由于财产清查结果的账务处理需分成两步，报批前已经调整了账簿记录，报批后才能针对盈亏原因作出相应的处理，为了反映和监督各单位在财产清查过程中查明的各种财产的盘盈、盘亏和毁损情况，必须有一个过渡性的账户衔接报批前报批后的相关记录。为了满足会计核算这一要求，企业应当设置和运用"待处理财产损益"科目。

各项待处理财产物资的盘盈净值，在批准前记入该科目的贷方，批准后结转已批准处理财产物资的盘盈数登记在该科目的借方，该科目的贷方余额表示尚待批准处理的财产物资的盘盈数；各项待处理财产物资的盘亏及毁损净值，在批准前记入该科目的借方，批准后结转已批准处理财产物资的盘亏及毁损数并登记在该科目的贷方，该科目的借方余额表示尚待批准处理的财产物资的盘亏及毁损。为分别反映和监督企业固定资产和流动资产的盈亏情况，应开设"待处理财产损益——待处理固定资产损益"和"待处理财产损益——待处理流动资产损益"两个二级明细分类科目进行核算。"待处理财产损益"账户的结构如图8-1所示。

借方	待处理财产损益	贷方
待处理财产物资的盘亏及毁损净值		待处理财产物资的盘盈净值
结转已批准处理财产物资的盘盈数		结转已批准处理财产物资的盘亏及毁损数
尚待批准处理的财产物资的盘亏及毁损		尚待批准处理的财产物资的盘盈数

图8-1 T型"待处理财产损益"账户结构

三、财产清查结果的账务处理举例

以下是 ABC 公司 2012 年 12 月份进行财产清查时发生的经济业务。

【例 8-2】 在财产清查中，发现账外设备一台，市场价值为 36000 元，估算已提折旧 25%。确认该设备归企业拥有，经批准后作为营业外支出。

盘盈时，应编制如下会计分录：

借：固定资产　　　　　　　　　　　　　　　　　　36000
　　贷：累计折旧　　　　　　　　　　　　　　　　　　9000
　　　　待处理财产损益——待处理固定资产损益　　　27000

在批准处理时，编制如下会计分录：

借：待处理财产损益——待处理固定资产损益　　　　27000
　　贷：营业外收入——固定资产盘盈利得　　　　　　27000

【例 8-3】 在财产清查中，盘亏小型运输车一部，账面原价为 42000 元，已提折旧 16000 元。

盘亏时，应注销车辆原值及已提折旧，编制如下会计分录：

借：待处理财产损益——待处理固定资产损益　　　　　26000
　　累计折旧　　　　　　　　　　　　　　　　　　　16000
　　贷：固定资产　　　　　　　　　　　　　　　　　　　　42000

经查，原因为管理不善丢失，责任不清，经批准作为营业外支出处理，应编制会计分录：

借：营业外收入　　　　　　　　　　　　　　　　　　26000
　　贷：待处理财产损益——待处理固定资产损益　　　　　　26000

【例8-4】在财产清查中，发现库存甲材料盈余180千克，单价为7元。

盘盈时，编制如下会计分录：

借：原材料　　　　　　　　　　　　　　　　　　　　1260
　　贷：待处理财产损益——待处理流动资产损益　　　　　　1260

原因查明，为发出材料时计量不准而少发，按规定报经批准后，冲减管理费用。批准处理时编制如下会计分录：

借：待处理财产损益——待处理流动资产损益　　　　　1260
　　贷：管理费用——存货盘盈　　　　　　　　　　　　　　1260

【例8-5】在财产清查中，发现库存乙材料短缺2300千克，单价为4元。

盘亏时，编制如下会计分录：

借：待处理财产损益——待处理流动资产损益　　　　　9200
　　贷：原材料——乙材料　　　　　　　　　　　　　　　　9200

分析其原因：一是由于计量器具不准造成材料领用时多发700千克，按照规定增加管理费用；二是定额内自然损耗200千克，按照规定增加管理费用；三是保管员王明造成100千克丢失，按照规定应责令其赔偿，从下月工资中扣除；四是火灾造成毁损1300千克，按照规定由平安保险公司赔偿80%，其余列入营业外支出。经批准处理时，编制如下会计分录：

借：其他应收款——王明　　　　　　　　　　　　　　400
　　　　　　　——平安保险公司　　　　　　　　　　4160
　　管理费用——存货盘亏　　　　　　　　　　　　　3600
　　营业外支出——存货盘亏　　　　　　　　　　　　1040
　　贷：待处理财产损益——待处理流动资产损益　　　　　　9200

【例8-6】在现金清查结束后，发现短缺140元。

盘亏时，按规定调整"库存现金"账户，编制如下会计分录：

借：待处理财产损益——待处理流动资产损益　　　　　140
　　贷：库存现金　　　　　　　　　　　　　　　　　　　　140

经分析，其中50元应由出纳员承担责任，另90元无法查明原因，列入营业外支出。批准处理时，编制如下会计分录：

借：其他应收款——出纳员　　　　　　　　　　　　　50
　　营业外支出——现金短缺　　　　　　　　　　　　90
　　贷：待处理财产损益——待处理流动资产损益　　　　　　140

【例 8-7】 在现金清查结束后,发现库存现金较账面余额长款 100 元。

盘盈时,按规定调整"库存现金"记录,编制如下会计分录:

借:库存现金　　　　　　　　　　　　　　　　　　100
　　贷:待处理财产损益——待处理流动资产损益　　　　100

现金长款原因不明,报经领导审批后,转作营业外收入处理,应编制如下会计分录:

借:待处理财产损益——待处理流动资产损益　　　　100
　　贷:营业外支出　　　　　　　　　　　　　　　　100

【例 8-8】 杏林公司所欠本公司的货款 2500 元,确认无法收回。

对于往来款项清查中发现的不能够收回的债权,或无法支付的债务,不通过"待处理财产损益"账户处理。经股东大会或董事会,或经理会议或类似机构批准后,对不能够收回的债权,直接冲销"坏账准备"账户的余额;对无法支付的债务,列作企业的"营业外收入"处理。

按照企业会计支付规定,发生坏账损失时应当采用"坏账备抵法",核销应收债权,应编制如下会计分录:

借:坏账准备　　　　　　　　　　　　　　　　　　2500
　　贷:应收账款——杏林公司　　　　　　　　　　　2500

【例 8-9】 本公司在财产清查中发现欠桃林公司的货款 3000 元,因该债权单位已撤销,无法支付。

因债权单位撤销,该项债务没有了明确的收款单位,已经不符合债务的特征,应转作企业的"利得"处理,编制如下会计分录:

借:应付账款——桃林公司　　　　　　　　　　　　3000
　　贷:营业外收入　　　　　　　　　　　　　　　　3000

练 习 题

一、单项选择题

1. 对于库存现金的清查一般采用的方法是(　　)。
   A. 实地盘点法　B. 核对账目法　C. 账证核对法　D. 技术推算法
2. 在实地盘存制下,平时在账簿中对财产物资(　　)。
   A. 只登记收入数,不登记发出数　B. 只登记发出数,不登记收入数
   C. 既登记收入数,又登记发出数　D. 既不登记收入数,也不登记发出数
3. 现金清查时,在盘点结束后应根据盘点结果,编制(　　)。
   A. 盘存单　　　　　　　　　　　B. 实存账存对比表
   C. 现金盘点报告表　　　　　　　D. 对账单
4. 银行存款的清查就是将(　　)进行核对。
   A. 银行存款日记账与总分类账
   B. 银行存款日记账与银行存款收、付款凭证
   C. 银行存款总分类账与银行存款收、付款凭证

D. 银行存款日记账与银行对账单

5. "未达账项"是指单位及其开户银行由于办理结算手续及凭证传递的时间差别而造成的(　　)的账项。

　　A. 一方登记错误　　　　　　　　B. 双方登记错误
　　C. 一方已经入账，而另一方尚未入账　　D. 双方均尚未入账

6. 在财产清查中属于应由责任者个人赔偿的盘亏、毁损财产物资的数额，应记入(　　)。

　　A. "管理费用"账户的借方　　　B. "营业外支出"账户的借方
　　C. "其他应收款"账户的贷方　　D. "其他应收款"账户的借方

7. 对于银行已入账而企业未入账的未达账项，企业应当(　　)。

　　A. 在编制银行存款余额调节表的同时入账
　　B. 根据银行对账单记录的金额入账
　　C. 根据银行对账单编制自制原始凭证入账
　　D. 待银行结算凭证到达后进行账务处理，登记入账

8. 企业的应付账款如果确实无法支付时，应贷记(　　)账户。

　　A. "资本公积"　　　　　　　　B. "营业外支出"
　　C. "管理费用"　　　　　　　　D. "营业外收入"

9. 关于实地盘存制，下列说法正确的有(　　)。

　　A. 平时在有关账簿中，只登记各种财产物资的增加数，不登记减少数
　　B. 平时在有关账簿中，既登记各种财产物资的增加数，又登记减少数
　　C. 平时在有关账簿中，只登记各种财产物资的减少数，不登记增加数
　　D. 平时在有关账簿中，对各种财产物资的增加数和减少数均不予登记

10. 对各项财产物资的盘点结果，应编制并据以调整账面记录的原始凭证是(　　)。

　　A. 入库单　　　　　　　　　　B. 实存账存对比表
　　C. 出库单　　　　　　　　　　D. 领料单

二、多项选择题

1. 财产物资的盘存制度有(　　)。

　　A. 权责发生制　　B. 收付实现制　　C. 实地盘存制　　D. 永续盘存制

2. 财产清查中应采用实地盘点法进行清查的资产主要有(　　)。

　　A. 库存现金　　B. 银行存款　　C. 库存商品　　D. 固定资产
　　E. 应收账款

3. 未达账项有以下几种情况(　　)。

　　A. 银行已记存款增加，企业尚未记账
　　B. 银行已记存款减少，企业尚未记账
　　C. 企业已记存款增加，银行尚未记账
　　D. 企业已记存款减少，银行尚未记账
　　E. 双方都尚未记账

4. "待处理财产损益"科目贷方登记（　　）。
   A. 批准前待处理财产物资盘盈数
   B. 批准前待处理财产物资盘亏及毁损数
   C. 结转已批准处理财产物资盘盈数
   D. 结转已批准处理财产物资的盘亏及毁损数
   E. 本期的营业外支出数
5. 不定期清查主要是在（　　）情况下进行。
   A. 更换现金、财产的保管人员
   B. 发生自然灾害和意外损失
   C. 进行临时性清产核资时
   D. 年末   E. 月末
6. 按照财产清查的对象和范围不同，财产清查可以分为（　　）。
   A. 全面清查   B. 局部清查   C. 内部清查   D. 外部清查
7. 财产物资的盘存制度有（　　）。
   A. 权责发生制 B. 收付实现制 C. 永续盘存制 D. 实地盘存制
8. 下列各项中，可以采用实地盘点法进行清查的有（　　）。
   A. 机器设备   B. 库存现金   C. 银行存款   D. 运输工具
9. 在财产清查中，企业对于盘亏的存货，按管理权限报经批准后处理时，可能借记（　　）账户。
   A. "待处理财产损益"   B. "营业外支出"
   C. "管理费用"   D. "其他应收款"
10. 单位需要进行不定期清查的情况有（　　）。
    A. 更换财产物资或库存现金保管人员时
    B. 发生自然灾害或意外损失时
    C. 财政、审计、税务、人民银行等部门对本单位实施监督检查时
    D. 保管和使用财产物资的相关部门和人员发生徇私舞弊、贪污、盗窃等不法行为时

三、判断题

1. 实地盘存制是指平时根据会计凭证在账簿中登记各种财产的增加数和减少数，在期末时再通过盘点实物，来确定各种财产的数量，并据以确定账实是否相符的一种盘存制度。（　　）
2. 财产清查按照清查的时间可分为定期清查和不定期清查。（　　）
3. 在进行企业银行存款清查时，发现银行存款日记账余额与银行对账单余额不一致，其原因肯定是存在未达账项。（　　）
4. 在永续盘存制下，不需要对财产物资进行实地盘存。（　　）
5. 企业可以根据"银行存款余额调节表"来调整账簿记录以达到账实相符。（　　）
6. 企业发生的坏账损失，不需要通过"待处理财产损益"账户进行核算。（　　）
7. 实地盘存制与永续盘存制比较，在加强对财产物资的管理方面具有明显的优越性，所以，实地盘存制在实际工作中得到广泛运用。（　　）

8. 单位对于超过库存限额的现金应及时送存银行。   (   )

9. 企业的财产损益，应查明原因，在期末结账前处理完毕，处理后"待处理财产损益"账户应无余额。   (   )

10. 银行存款的清查是指将企业银行存款日记账的账面余额与总分类账中银行存款账户的账面余额进行核对。   (   )

四、业务技能题

习题（一）

1. 目的：练习财产清查结果的账务处理。

2. 资料：万方公司2012年12月31日报表决算前进行财产清查时发现如下问题：

（1）现金短缺1000元，经查明是由于出纳收发错误造成的，经批准由出纳赔偿。

（2）原材料甲盘盈1000千克，单价为10元/千克，经查明属于自然升溢。

（3）原材料乙盘亏1000千克，价款10000元，增值税税率为17%，进项税额为1700元，经查明属于计量差错造成。

（4）盘亏设备一台，固定资产原值10000元，已经计提折旧5000元，未计提减值准备，经查明属于失窃，可以获得保险公司赔偿1000元。

3. 要求：作出上述事项批准前后的账务处理。

习题（二）

1. 目的：练习银行存款余额调节表的编制。

2. 资料：京都公司2012年6月30日银行存款日记账的余额为82600元，银行对账单的余额为86800元，经过对银行存款日记账与银行对账单的核对，发现的未达账项如下：

（1）6月23日，委托银行收款，金额2000元，银行已收妥入账，但企业尚未收到收账通知。

（2）6月28日，公司收到转账支票一张，金额2400元，企业已记账，银行尚未记账。

（3）6月份公司开出转账支票共3张，持票人尚未到银行办理转账手续，金额合计5600元。

（4）6月30日，银行代付电费1000元，企业尚未收到付款通知。

3. 要求：根据上述资料，编制银行存款余额调节表。

银行存款余额调节表
2012年6月30日   （单位：元）

项　　目	金　　额	项　　目	金　　额
企业银行存款日记账余额 加：银行已收企业未收款 减：银行已付企业未付款		银行对账单余额 加：企业已收银行未收款 减：企业已付银行未付款	
调节后的存款余额		调节后的存款余额	

习题(三)

1. 目的：练习银行存款余额调节表的编制。

2. 资料：某企业2013年8月31日银行存款日记账的余额为112000元，银行对账单的余额为148000元，经核对，发现以下未达账项：

（1）企业将收到的销货款4000元存入银行，企业已登记银行存款增加，而银行尚未入账。

（2）企业开出转账支票36000元支付购料款，企业已登记银行存款减少，而银行尚未入账。

（3）收到某单位汇来的购货款20000元，银行已登记增加，企业尚未入账。

（4）银行代企业支付水费16000元，银行已登记减少，企业尚未入账。

3. 要求：根据上述资料编制银行存款余额调节表。

习题(四)

1. 目的：练习财产清查结果的会计处理。

2. 资料：某企业在财产清查中发现财产物资盘盈、盘亏的情况如下：

（1）确定甲材料盘盈100千克，按每千克1元入账。经查明，盘盈甲材料属于吸潮自然升溢，按管理权限报经批准后转销。

（2）确定盘亏机床一台，其账面原价48000元，已提折旧26000元。盘亏的机床按管理权限报经批准后转销。

（3）查明无法收回的应收账款800元，按管理权限的不同等级作为坏账损失处理。

（4）确定一项应付账款8000元无法支付，予以转销。

（5）发现账外设备一台，按同类或类似商品市场价格，减去按该项资产的新旧程度估计的价值损耗后的余额为850000元(假定与其计税基础不存在差异)。该盘盈固定资产作为前期差错进行处理。该企业使用的所得税税率为25%。

（6）清查中发现毁损丙材料800千克，单位成本20元。经查明，属于自然灾害造成的损失，根据保险责任范围及保险合同约定，保险公司应给予10000元的赔偿，材料已办理入库手续，价值200元。毁损的丙材料，按管理权限报经批准后转销。

（7）在库存现金清查中发现现金盈余50元，无法查明原因，按管理权限报经批准后转销。

（8）在库存现金清查中发现现金短缺20元。经查明，该短缺属于出纳人员陈某的责任，应由出纳人员陈某赔偿。

3. 要求：根据以上资料编制会计分录。

第九章　账务处理程序

【学习目标】
1. 熟悉账务处理程序的意义和种类
2. 熟悉记账凭证账务处理程序的主要特点、优缺点及适用范围
3. 掌握科目汇总表账务处理程序的主要特点、优缺点及适用范围
4. 熟悉科目汇总表的编制
5. 熟悉汇总收款凭证、汇总付款凭证和汇总转账凭证的编制
6. 掌握汇总记账凭证账务处理程序的主要特点、优缺点及适用范围

【技能目标】
能够掌握记账财务处理程序、科目汇总表账务处理程序、汇总记账账务处理程序、多栏日记账账务处理程序的特点、优缺点及适用范围

第一节　账务处理程序概述

一、账务处理程序的含义

账务处理程序，又称为会计核算形式、会计核算组织程序，是指在会计核算过程中，特定的凭证和账簿组织与记账程序和方法相结合处理会计业务的方式。所谓凭证和账簿组织，是指会计核算所应用的会计凭证和会计账簿的种类、格式及各种凭证之间、凭证与账簿之间、各种账簿之间的关系；所谓记账程序和方法，是指会计人员以运用会计概念和专业判断对会计事项(原始凭证)进行分析开始，经过编制记账凭证对会计事项进行确认、登记明细分类账和总分类账对会计信息进行分类记录和汇总，到编制出会计报表，对会计信息的报告或输出的程序和方法。

会计凭证、会计账簿、会计报表是会计核算程序的三个基本环节，而且彼此之间以一定的形式结合，构成会计核算完成的工作体系。但在具体环节的衔接上，尤其是在登记总分类账的直接依据上有所不同，形成了不同的账务处理程序。不同的会计主体，为了合理而有效地组织会计核算工作，有必要根据单位的类型、规模大小和特点，选择使用不同的账务处理程序。因此，选择、设计账务处理程序是做好会计核算工作的一个重要条件，它对于提高会计工作的质量和效率，正确及时地编制会计报表，提供全面、系统、连续、清晰的会计核算资料，满足企业内外会计信息使用者的需要以及分工协作地组织会计工作，减少会计人员的工作量，节约人力和物力等方面，均有着重要的意义。

二、设计账务处理程序的基本要求

各个会计主体由于业务性质、规模大小各不相同，于是应当设置的会计凭证、账簿的种类、格式和登记方法，以及各种凭证之间，各种账簿之间，以及各种凭证与账簿之间的相互联系和登记程序也就不完全相同。因此，账务处理程序也就不能强求一致。任何单位为科学组织会计核算工作，都应当结合本单位的实际情况、具体条件及特点，采用适当的财务处理程序。合理、适用的账务处理程序，通常应符合以下几个方面的要求：

(1) 应当适应本单位生产、经营管理的特点、规模的大小和业务繁简程度，有利于会计核算的分工，建立岗位责任制。

(2) 应当适应能够正确、及时、完整地提供会计信息，以利于满足与本单位有关的各个方面的决策的有用性。

(3) 应当适用于在保证会计工作生产具有一定的会计信息的前提下，力求简化核算手续，节约核算工作的人力、物力、财力及时间，提高会计核算工作的效率。

三、账务处理程序的种类

在会计实务中，根据登记总账的依据和方法不同，账务处理程序可划分为以下几种：

(1) 记账凭证账务处理程序；
(2) 汇总记账凭证账务处理程序；
(3) 科目汇总表账务处理程序；
(4) 日记总账账务处理程序；
(5) 多栏式日记账账务处理程序。

总的来看，各种账务处理程序的区别在于登记总账的依据不同，而这里的关键在于记账凭证是否汇总和如何汇总。有的账务处理程序对记账凭证不需要汇总，而直接据以登记总账，如记账凭证账务处理程序；有的则需要汇总，但汇总的方法不同，如科目汇总表和汇总记账凭证两种方式；另一种方式是直接利用账户来汇总，而不是对记账凭证进行汇总，如多栏式日记账账务处理程序。因此，我们可以对现有的账务处理程序分为三类，即逐笔过账的账务处理程序、凭证汇总的账务处理程序和账户汇总的账务处理程序。其分类见图9-1所示。

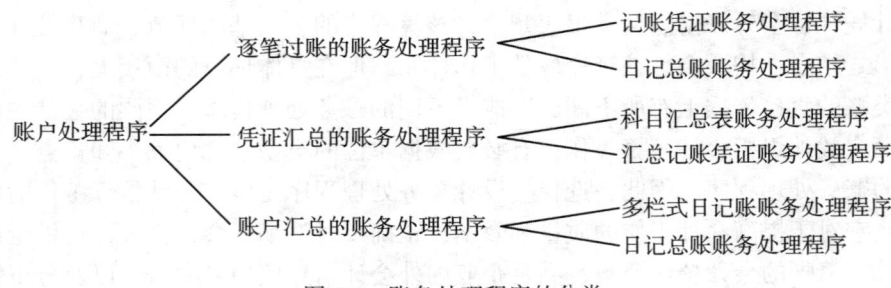

图9-1 账务处理程序的分类

第二节 记账凭证账务处理程序

记账凭证账务处理程序是指根据记账凭证直接逐笔登记总分类账的一种账务处理程序。记账凭证账务处理程序是会计核算中最基本的一种账务处理程序,其他的账务处理程序都是在这种账务处理程序的基础上发展而形成的。

一、记账凭证账务处理程序的特点

记账凭证账务处理程序的主要特点是直接根据各种记账凭证逐笔登记总分类账。在记账凭证核算程序下,现金日记账和银行存款日记账只被用来序时地登记各笔收付款业务,并不作为登记总分类账的依据。

采用记账凭证核算程序,记账凭证可以使用通用记账凭证,也可以使用收款凭证、付款凭证和转账凭证三种格式。如果经济业务较少,则使用通用记账凭证即可。账簿一般需要设置现金日记账、银行存款日记账、明细分类账和总分类账,其中,现金日记账、银行存款日记账和总分类账一般采用三栏式账页,明细分类账根据需要采用三栏式、多栏式或数量金额式账页等。财务报表的种类和格式按照国家统一的会计制度的规定。

二、记账凭证账务处理程序的核算步骤

记账凭证核算程序的基本内容如下:

(1)根据原始凭证或原始凭证汇总表,填制收款凭证、付款凭证和转账凭证或通用的记账凭证。

(2)根据收款凭证、付款凭证及所附原始凭证或通用的记账凭证,逐笔顺序登记现金日记账和银行存款日记账。

(3)根据各种记账凭证和原始凭证或原始凭证汇总表逐笔登记明细分类账。

(4)根据收款凭证、付款凭证和转账凭证或通用的记账凭证逐笔登记总分类账。

(5)期末,将现金日记账、银行存款日记账和明细分类账与有关总分类账核对相符。

(6)期末,根据总分类账和明细分类账的记录以及其他资料编制会计报表。

记账凭证账务处理程序如图9-2所示。

三、记账凭证账务处理程序的优缺点及适用范围

记账凭证账务处理程序的优点有:一是总分类账能够比较详细地反映经济业务发生的来龙去脉,便于查账;二是记账程序简洁明了,易于理解,便于操作。

记账凭证账务处理程序的缺点在于对于规模大、业务量大、凭证数量多的大中型企业,直接根据记账凭证逐笔登记总分类账,工作量大且效率低。

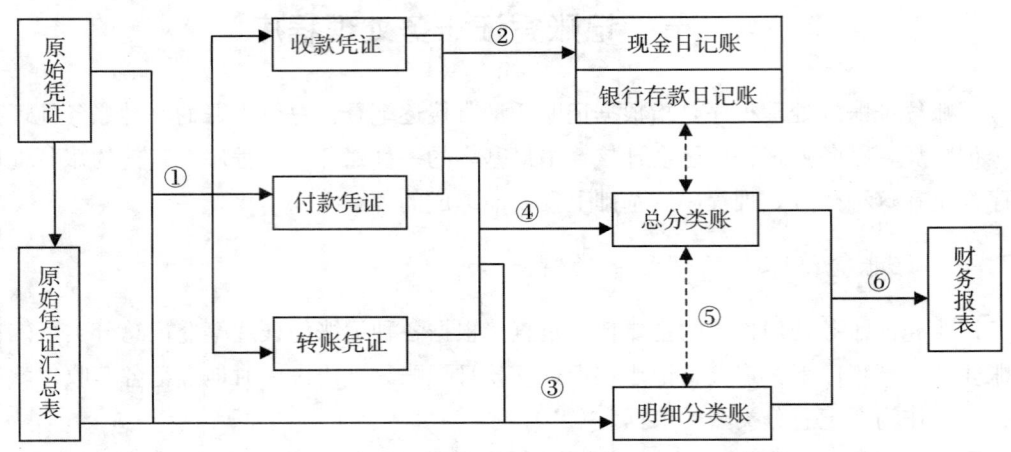

图 9-2 记账凭证账务处理程序的步骤

因此,记账凭证账务处理程序一般适用于规模小、业务量较少、记账凭证数量不多的企业。

四、记账凭证账务处理程序举例

记账凭证核算程序举例

(一)资料 1

(1) ABC 股份有限公司 201×年 5 月初各类总账账户余额如表 9-1 所示。

表 9-1　　　　　　　　**ABC 股份有限公司总账账户余额表**

账户名称	金额	账户名称	金额
现金	400	短期借款	25000
银行存款	21000	长期借款	70000
原材料	5000	应交税费	8200
库存商品	3000	应付账款	900
生产成本	1200	预收账款	800
预付账款	600		
应收账款	1000		
其他应收款	1200	实收资本	7400
固定资产	80000		
累计折旧	8500		
合　计	104900	合　计	104900

(2)5月初"原材料"明细账余额如表9-2所示：

表9-2

材料名称	数量(千克)	单价	金额
甲材料	500	4.02	2010
乙材料	1000	2.02	2020
丙材料	100	9.70	970

(3)该厂5月份发生下列经济业务：

①1日，购入甲材料2000千克、每千克4元；乙材料3000千克、每千克2元，供方代垫运杂费100元，增值税额2380元，货款及运费以银行存款支付(运费以材料重量为标准分配)。

②2日，上述甲、乙两种材料运到本厂，验收入库，并按实际采购成本入账。

③4日，生产A产品，领用甲材料1000千克，每千克4.02元，乙材料1500千克，每千克2.02元。

④6日，向上海工厂销售A产品200件，每件售价100元，货款20000元，应交增值税3400元，货款已收到并存入银行。

⑤9日，以银行存款支付A产品广告费200元。

⑥10日，自银行提取现金20000元，准备发放职工工资。

⑦11日，以现金20000元发放本月职工工资。

⑧31日，结转本月应付职工工资20000元，其中，A产品生产工人工资10000元，车间管理人员工资6000元，厂部管理人员工资4000元。

⑨31日，按职工工资总额的14%提取职工福利费。

⑩31日，提取本月固定资产折旧3000元，其中，生产车间固定资产折旧2000元，行政管理部门固定资产折旧1000元。

⑪31日，结转本月产品负担的制造费用。

⑫31日，本月A产品全部完工，结转完工产品成本。

⑬31日，结转已售产品成本(单位成本93元)。

⑭31日，将本月"管理费用"、"销售费用"、"主营业务成本"结转至"本年利润"账户。

⑮31日，将"主营业务收入"结转至"本年利润"账户。

(二)根据资料，按时间顺序填制记账凭证，详见表9-3。

表 9-3　　　　　　　　　　　　　　　记 账 凭 证

201×年		凭证号数	摘　要	一级科目	明细科目	借方金额	贷方金额
月	日						
5	1	银付1	购材料付款	材料采购	甲材料	8040	
					乙材料	6060	
				应交税费	应交增值税（进项税额）	2380	
				银行存款			16480
5	2	转1	材料验收入库	原材料	甲材料	8040	
					乙材料	6060	
				材料采购	甲材料		8040
					乙材料		6060
5	4	转2	生产产品领用材料	生产成本	A产品	7050	
				原材料	甲材料		4020
					乙材料		3030
5	6	银收1	销售商品	银行存款		23400	
				主营业务收入	A产品		20000
				应交税费	应交增值税（销项税额）		3400
5	9	银付2	支付广告费	销售费用		200	
				银行存款			200
5	10	银付3	提取现金	库存现金		20000	
				银行存款			20000
5	11	现付1	发放职工工资	应付职工薪酬		20000	
				银行存款			20000
5	31	转3	结转本月职工工资	生产成本	A产品	10000	
				制造费用		6000	
				管理费用		4000	
				应付职工薪酬			20000
5	31	转4	提取本月职工福利费	生产成本	A产品	1400	
				制造费用		840	

续表

201×年		凭证号数	摘要	一级科目	明细科目	借方金额	贷方金额
月	日						
				管理费用		560	
				应付职工薪酬			2800
5	31	转5	提取本月折旧费	制造费用		2000	
				管理费用		1000	
				累计折旧			3000
5	31	转6	结转制造费用	生产成本	A产品	8840	
				制造费用			8840
5	31	转7	结转完工产品成本	库存商品	A产品	28490	
				生产成本	A产品		28490
5	31	转8	结转已售产品成本	主营业务成本	A产品	18600	
				库存商品	A产品		18600
5	31	转9	结转费用、成本	本年利润		24360	
				管理费用			5560
				销售费用			200
				主营业务成本	A产品		18600
5	31	转10	结转主营业务收入	主营业务收入	A产品	20000	
				本年利润			20000

(三) 根据收款凭证、付款凭证登记日记账

以银行存款日记账为例,见表9-4。

表9-4　　　　　　　　银行存款日记账

201×年		凭证号数	摘要	对方账户	收入	支出	结余
月	日						
5	1		期初余额				21000
	1	银付1	购材料付款	材料采购		14100	
				应交税费		2380	4520
	6	银收1	销售产品收款	主营业务收入	20000		
	…	…	…	…			

(四) 登记明细分类账

以原材料明细账为例,见表9-5。

表9-5　　　　　　　　　　　　原材料明细账

类别:甲材料　　　　　　　　　　　　　　　　　　　　　　　（计量单位:千克）

201×年		凭证号数	摘要	收入			发出			结存		
月	日			数量	单价	金额	数量	单价	金额	数量	单价	金额
5	1		期初余额							500	4.02	2010
	2	转1	材料入库	2000	4.02	8040				2500	4.02	10050
	4	转2	生产产品领材料				1000	4.02	4020	1500	4.02	6030
			本月合计	2000		8040	1000		4020	1500		6030

(五) 登记总分类账

以生产成本、银行存款总账为例,见表9-6和表9-7。

表9-6　　　　　　　　　　　　生产成本(总账)　　　　　　　　　　　　（单位:元）

201×年		凭证号数	摘要	借方	贷方	借或贷	余额
月	日						
5	1		期初余额			借	1200
	4	转2	生产产品领料	7050		借	8250
	31	转3	结转本月职工工资	10000		借	18250
	31	转4	提取本月职工福利费	1400		借	19650
	31	转6	结转制造费用	8840		借	28490
	31	转7	结转本月完工产品成本		28490		0
			本月合计	27290	28490		0

表9-7　　　　　　　　　　　　银行存款(总账)　　　　　　　　　　　　（单位:元）

201×年		凭证号数	摘要	借方	贷方	借或贷	余额
月	日						
5	1		期初余额			借	21000
	1	银付1	购材料付款		14100		
					2380	借	4520
	6	银收1	销售产品收款	20000			
				3400		借	27920
	9	银付2	支付广告费		200	借	27720
	10	银付3	提现		20000	借	7720
			本月合计	23400	36680	借	7720

(六)将总账与日记账核对、总账与所属明细账核对(略)
(七)编制试算平衡表(略)
(八)编制会计报表(略)

第三节 科目汇总表账务处理程序

科目汇总表账务处理程序是先根据记账凭证定期编制科目汇总表,然后再根据科目汇总表登记总分类账的一种账务处理程序。它是在记账凭证账务处理程序的基础上,针对解决登记总分类账工作量较大的问题而形成的一种账务处理程序。

一、科目汇总表账务处理程序的特点

科目汇总表核算程序的特点是先根据记账凭证定期编制科目汇总表,然后再根据科目汇总表登记总分类账。

采用科目汇总表核算程序时,其账簿设置、各种账簿的格式以及记账凭证的格式与记账凭证核算程序基本相同,另外增设科目汇总表。

科目汇总表又称记账凭证汇总表,是根据收款凭证、付款凭证和转账凭证或通用的记账凭证,按照相同的账户归类,定期汇总计算每一账户的借方发生额和贷方发生额,并将发生额填入科目汇总表的相应栏目内,对于现金账户和银行存款账户的借方发生额和贷方发生额,也可以直接根据现金日记账和银行存款日记账的收支合计数填列,而不再根据收款凭证和付款凭证归类汇总填列。科目汇总表的一般格式如图9-3所示。

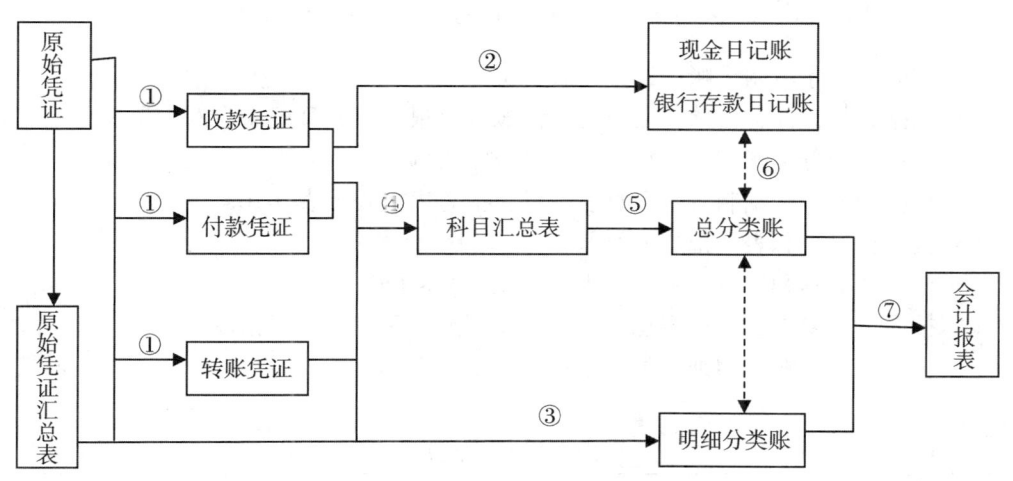

图9-3 科目汇总表账务处理程序的步骤

二、科目汇总表账务处理程序的核算步骤

科目汇总表核算程序的基本内容如下:

(1)根据原始凭证或原始凭证汇总表,填制收款凭证、付款凭证和转账凭证或通用的记账凭证。

(2)根据收款凭证、付款凭证及所附原始凭证逐笔顺序登记现金日记账和银行存款日记账。

(3)根据记账凭证和原始凭证或原始凭证汇总表,逐笔登记明细分类账。

(4)根据各种记账凭证,定期编制科目汇总表。

(5)根据科目汇总表登记总分类账。

(6)按照对账要求,定期将总分类账与日记账、明细分类账相核对。

(7)期末根据总分类账和明细分类账编制会计报表。

三、科目汇总表账务处理程序的优缺点及适用范围

科目汇总表账务处理程序的优点主要体现在四个方面:其一,由于依据定期编制的科目汇总表登记总分类账,因而减少了依据记账凭证逐笔登记总分类账的工作量;其二,汇总工作可在平时进行,从而减轻了月末核算的工作量;其三,较本章第四节所述的汇总记账凭证编制方法简单和易于理解;其四,由于科目汇总表本身兼有试算平衡的作用,根据其登记总账可减少登账的错误。

科目汇总表账务处理程序的缺点在于:科目汇总表和总账中都不反映各账户之间的对应关系,不便于了解经济业务的来龙去脉,也不便于开展会计检查与会计分析工作。

因此,科目汇总表账务处理程序一般适用于经济规模较大、经济业务频繁、记账凭证数量较多、会计机构分工较细的企事业单位。

四、科目汇总表账务处理程序举例(见上述资料1)

(1)按时间顺序填制记账凭证,见表9-3。

(2)根据收款凭证、付款凭证登记日记账,以银行存款日记账为例,见表9-4。

(3)登记明细分类账,以原材料明细分类账为例,见表9-5。

(4)根据记账凭证编制科目汇总表。科目汇总表格式见表9-10。

(5)根据科目汇总表登记总分类账。

以生产成本和银行存款总账为例,见表9-8和表9-9。

(6)按照对账要求,定期将总分类账与日记账、明细分类账相核对。

(7)根据总分类账和明细分类账编制会计报表。

表9-8　　　　　　　　　　生产成本(总账)　　　　　　　　　(单位:元)

201×年		凭证号数	摘　要	借方	贷方	借或贷	余额
月	日						
5	1	科汇	期初余额			借	12000
	31		1—31日汇总表过入	27290	28490	平	0
			本月合计	27290	28490	平	0

表9-9　　　　　　　　　　　　　银行存款(总账)　　　　　　　　　　　　　(单位：元)

201×年		凭证号数	摘　要	借方	贷方	借或贷	余额
月	日						
5	1	科汇	期初余额			借	21000
	31		1—31日汇总表过入	23400	36680	借	7720
			本月合计	23400	36680	借	7720

表9-10　　　　　　　　　　　　　　科目汇总表
编号：　　　　　　　　　200×年5月1日至200×年5月31日　　　　　　　　　(单位：元)

会计科目	账目页数	本期发生额		记账凭证起讫号数
		借　方	贷　方	
银行存款		23400	36680	银行收款凭证1 银行付款凭证1-3 现金付款凭证1 转账凭证1-10
库存现金		20000	20000	
在途物资		14100	14100	
原材料		14100	7050	
库存商品		28490	18600	
生产成本		27290	28400	
累计折旧			3000	
应交税费		2380	3400	
本年利润		24360	20000	
应付职工薪酬		20000	22800	
制造费用		8840	8840	
主营业务成本		18600	18600	
管理费用		5560	5560	
销售费用		200	200	
主营业务收入		20000	20000	
合计		213220	213220	

第四节　汇总记账凭证账务处理程序

一、汇总记账凭证账务处理程序的特点

汇总记账凭证核算程序的特点是根据记账凭证定期编制汇总记账凭证，然后根据汇总记账凭证登记总分类账采用汇总记账凭证核算程序，其账簿设置、各种账簿的格式以及记账凭证的格式与记账凭证核算程序基本相同，另外增设汇总记账凭证。

汇总记账凭证也是一种记账凭证，它是根据收款凭证、付款凭证和转账凭证定期

(一般为每隔5天或10天)汇总编制而成,其种类可分为汇总收款凭证、汇总付款凭证和汇总转账凭证,其格式见表9-11至表9-13。

1. 汇总收款凭证

汇总收款凭证是根据现金和银行存款收款凭证汇总编制而成的。在编制时,汇总收款凭证应按现金账户、银行存款账户的借方设置,并按其对应的贷方账户归类汇总。在月终时,结计出汇总收款凭证的合计数,分别记入现金、银行存款总分类账户的借方以及各对应账户的贷方。

表9-11　　　　　　　　　　　　汇总收款凭证
借方科目:现金　　　　　　　　　　年　月　　　　　　　　汇总第　号

贷方科目	金额			合计
	1-10号收款凭证 第　号至第　号	11-20号收款凭证 第　号至第　号	21-30号收款凭证 第　号至第　号	
合计				

2. 汇总付款凭证

汇总付款凭证是根据现金和银行存款付款凭证汇总编制而成的。在编制时,汇总付款凭证应按现金账户、银行存款账户的贷方设置,并按其对应的借方账户归类汇总。在月终时,结算出汇总付款凭证的合计数,分别记入现金、银行存款总分类账户的贷方以及各对应账户的借方。

在填制时,应注意现金和银行存款之间的相互划转业务,如果同时填制收款凭证和付款凭证,那么在汇总时,应以付款凭证为依据,收款凭证就不再汇总。

表9-12　　　　　　　　　　　　汇总付款凭证
贷方科目:银行存款　　　　　　　　年　月　　　　　　　　汇总第　号

借方科目	金额			合计
	1-10号收款凭证 第　号至第　号	11-20号收款凭证 第　号至第　号	21-30号收款凭证 第　号至第　号	
合计				

3. 汇总转账凭证

汇总转账凭证是根据转账凭证汇总编制而成的。在编制时，汇总转账凭证应按现金账户、银行存款账户的贷方设置，并按其相对应的借方账户归类汇总。在月终时，结算出汇总转账凭证的合计数，分别记入该汇总转账凭证所开设的应贷账户的贷方和各个对应账户的借方。为了便于汇总转账凭证的编制，在平时编制转账凭证时，应使账户的对应关系保持一个贷方账户与一个或几个借方账户相对应，尽量避免一个借方账户或几个借方账户与几个贷方账户相对应。即编制的会计分录应为一借一贷或一贷多借，和各个对应账户的借方。尽量避免一借多贷或多借多贷，否则会给汇总转账凭证的编制带来不便。

表9-13　　　　　　　　　　　　汇总转款凭证

贷方科目：　　　　　　　　　　年　月　　　　　　　汇总第　　号

借方科目	金额			合计
	1-10号收款凭证第　号至第　号	11-20号收款凭证第　号至第　号	21-30号收款凭证第　号至第　号	
合计				

二、汇总记账凭证账务处理程序的核算步骤

（1）根据原始凭证或原始凭证汇总表编制收款凭证、付款凭证和转账凭证。
（2）根据收款凭证、付款凭证及所附原始凭证逐笔顺序登记现金日记账和银行存款日记账。
（3）根据各种记账凭证和原始凭证及原始凭证汇总表登记明细分类账。
（4）根据各种记账凭证编制各种汇总记账凭证。
（5）根据各种汇总记账凭证登记总分类账。
（6）按对账要求，定期将总分类账与日记账、明细分类账相核对。
（7）期末根据总分类账和明细分类账编制会计报表。
汇总记账凭证账务处理程序的步骤见图9-4。

三、汇总记账凭证账务处理程序的优缺点及适用范围

在汇总记账凭证核算程序下，可以利用汇总记账凭证，把许多记账凭证上的数据汇总起来，月末一次记入总分类账。这种账务处理程序的优点有三个方面：其一，可以简化总分类账的登记工作；其二，收款凭证以借方科目汇总，付款凭证和转账凭证以贷方科目汇总，并且分类平衡，使记账数字不容易失误；其三，在汇总凭证和总账账页中明

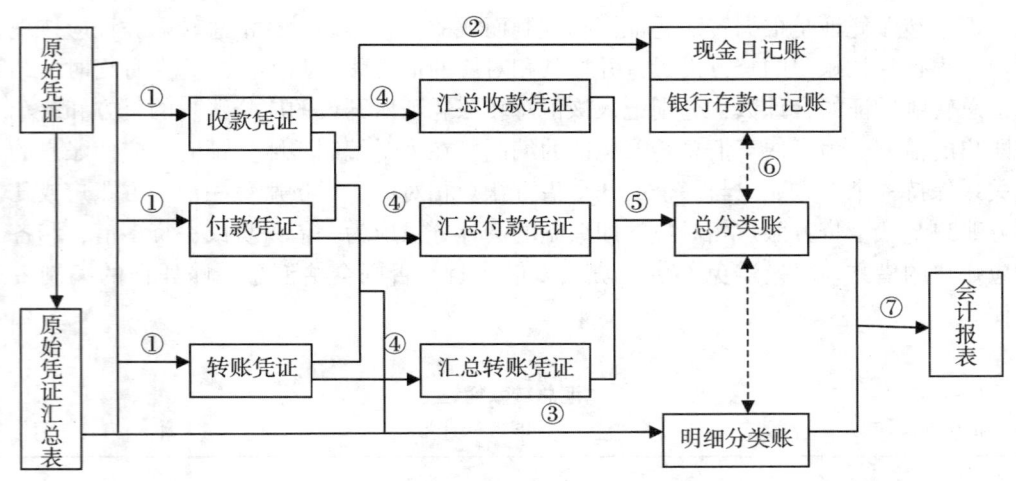

图 9-4 汇总记账凭证账务处理程序的步骤

确反映会计科目与账户的对应关系,便于分析经济业务内容,发生差错也容易寻找。

汇总记账账务处理程序的缺点是:增加了编制汇总凭证的手续。倘若企业经济业务量少,编制汇总记账凭证的手续就显得麻烦。

因此,这种核算程序只适用于规模较大,经济业务量较多和会计分工较细的企业。

第五节 日记总账账务处理程序

一、日记总账账务处理程序的特点

设置日记总账是这种核算程序的主要特点。日记总账既是日记账,要根据业务发生的时间顺序登记,又是总账,将所有账户的总分类核算都集中在一张账页上,因此日记总账是序时账和分类账相结合的联合账簿。

日记总账由两部分组成:一部分登记经济业务发生或完成的日期、凭证号码、摘要及发生额等,用来进行序时核算;另一部分对所运用的账户按行按栏对称排列,每一账户设借、贷两栏,用来进行总分类核算。日记总账的格式如表 9-14 所示。

在登记日记总账时,既可以根据记账凭证逐日逐笔登记,也可以将收款凭证、付款凭证逐日汇总后登记。登记日记总账时,每笔经济业务的金额在记入日记总账"发生额栏"的同时,还应记入同行所涉及账户的"借方"或"贷方"栏。月终时结出各栏合计数,计算各账户的月末借方或贷方余额,进行账簿记录的核对工作。主要核对全部账户的借方发生额的合计数与贷方发生额的合计数是否相符,各账户的借方余额合计数与贷方余额合计数是否相符。

在日记总账核算程序下,除了日记总账外,其余部分与上述几种核算程序相同。设置的会计凭证有收款凭证、付款凭证和转账凭证。设置的账簿有现金日记账和银行存款日记账,一般采用三栏式,也可采用多栏式;设置日记总账和各种明细账,根据需要可采用三栏式、数量金额式或多栏式。

表9-14　　　　　　　　　　　日　记　总　账　　　　　　　　　　　　　第　页

年		凭证号数	摘　要	发生额	____科目		____科目		…	____科目	
月	日				借方	贷方	借方	贷方	借方	贷方	借方	贷方

二、日记总账账务处理程序的核算步骤

(1)根据原始凭证或原始凭证汇总表编制收款凭证、付款凭证和转账凭证。
(2)根据收款凭证、付款凭证及所附原始凭证登记现金日记账和银行存款日记账。
(3)根据各种记账凭证和原始凭证及原始凭证汇总表登记明细分类账。
(4)根据收款凭证、付款凭证和转账凭证逐笔登记日记总账。
(5)按对账要求,定期将日记总账与现金日记账、银行存款日记账和明细分类账相核对。
(6)根据日记总账和明细分类账编制会计报表。

日记总账账务处理程序的步骤见图9-5。

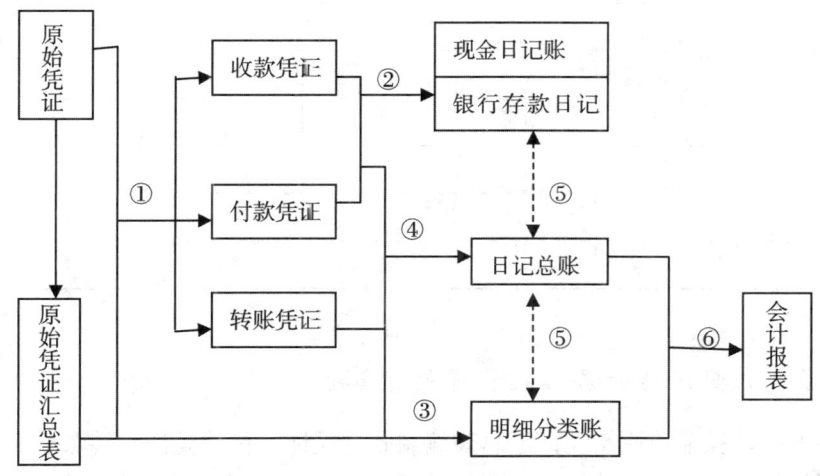

图9-5　日记总账账务处理程序的步骤

三、日记总账账务处理程序的优缺点及适用范围

在日记总账核算程序下,将日记账和分类账结合在一起,大大简化了记账手续;同时,将全部账户分专栏列在一张账页上,可以清楚地表现出账户之间的对应关系和经济业务全貌,有利于进行会计分工。但如果账户较多,则会造成账页过大,栏次过多,既不便使用,容易发生串行等记账差错,也不便于业务分工。因此,这种账务处理程序一般适用于经营规模较小、经济业务较简单、账户数量少的小型企事业单位。

第六节 多栏式日记账账务处理程序

一、多栏式日记账账务处理程序的特点

多栏式日记账账务处理程序的主要特点是:设置多栏式库存现金日记账和多栏式银行存款日记账,并根据多栏式日记账登记总分类账;对于转账业务,可以根据转账凭证逐笔登记总分类账,也可以根据转账凭证编制的转账凭证科目汇总表登记总分类账。多栏式日记账格式如表9-15所示。

表9-15　　　　　　　　　　**多栏式日记账格式(银行存款)**

××年		凭证号数	摘要	银行存款		物资采购借方	主营业务收入贷方	管理费用贷方	其他			
月	日			借方	贷方				账户名称	借方	贷方	过账
			合　计									

二、多栏式日记账账务处理程序的核算步骤

(1)根据原始凭证或原始凭证汇总表编制收款凭证、付款凭证和转账凭证;

(2)根据收款凭证和付款凭证,逐笔登记多栏式库存现金日记账和多栏式银行存款日记账;

(3)根据原始凭证、汇总原始凭证或收款凭证、付款凭证、转账凭证,逐笔登记各种明细分类账;

(4)月末,根据多栏式库存现金日记账和多栏式银行存款日记账登记总分类账,根据转账凭证(或转账凭证科目汇总表)登记总分类账;

(5)月末,将各明细分类账期末余额合计数与有关总分类账的期末余额核对,检查其是否相符;

(6)月末,在账账核对无误的情况下,根据总分类账和明细分类账编制会计报表。

多栏式日记账账务处理程序的步骤见图9-6。

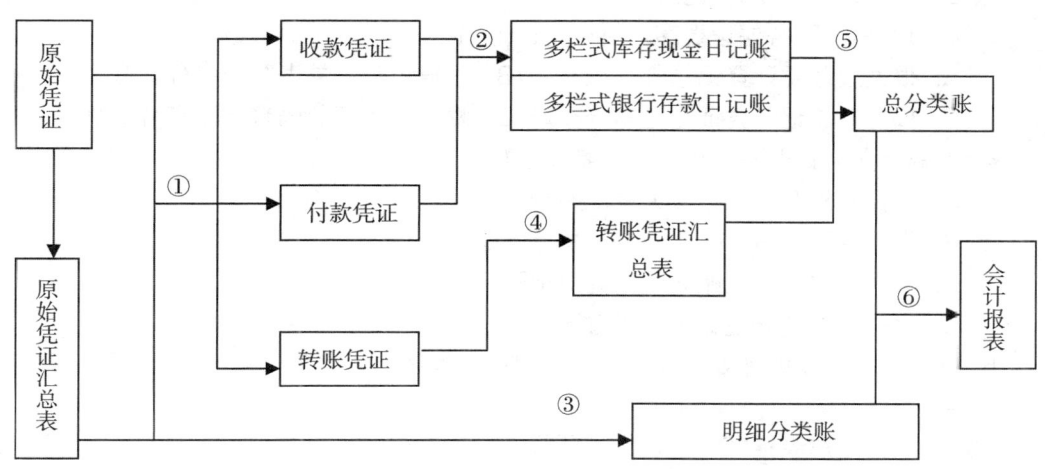

图9-6 多栏式日记账账务处理程序核算步骤

三、多栏式日记账账务处理程序的优缺点及适用范围

多栏式日记账账务处理程序的优点可体现在两个方面:其一,由于各种收付款项的经济业务是通过多栏式日记账汇总后登入总分类账的,于是简化了凭证归类和总分类账的登账工作;其二,多栏式日记账中按账户的对应关系设置专栏,便于分析和检查每一项与收付款有关的经济业务。

多栏式日记账账务处理的不足之处也有两个方面:其一,由于总分类账中的"库存现金"、"银行存款"账户是根据多栏式库存现金日记账和多栏式银行存款日记账登记的,导致总分类账对多栏式日记账起不到控制作用;其二,倘若企业经济业务较复杂,多栏式日记账所设置的专栏就会增多,账页过长,不便于会计人员记账。

因此,多栏式日记账账务处理程序适用于经济业务量较少、会计科目较少、收付款业务较多的经济单位。

练 习 题

一、单项选择题

1. 各种账务处理程序之间的主要区别在于( )。

A. 会计凭证的种类不同　　　　B. 总分类账的格式不同
C. 登记总分类账的依据和方法不同　　D. 编制财务报表的方法不同

2. 记账凭证财务处理程序的特点是(　　)。
A. 根据各种记账凭证编制有关汇总记账凭证
B. 根据记账凭证逐笔登记总分类账
C. 根据各种记账凭证编制科目汇总表
D. 根据汇总记账凭证登记总分类账

3. 科目汇总表账务处理程序的特点是(　　)。
A. 根据记账凭证登记总分类账　　B. 根据科目汇总表登记总分类账
C. 根据汇总记账凭证登记总分类账　D. 根据科目汇总表登记明细分类账

4. 汇总记账凭证账务处理程序的特点是(　　)。
A. 根据各种汇总记账凭证登记明细分类账
B. 根据各种汇总记账凭证登记总分类账
C. 根据各种汇总记账凭证登记日记账
D. 根据记账凭证登记总分类账

5. 在科目汇总表账务处理程序下，登记总分类账的依据是(　　)。
A. 原始凭证　　　B. 记账凭证
C. 科目汇总表　　D. 汇总原始凭证

6. 科目汇总表的基本编制方法是(　　)。
A. 按照不同会计科目进行归类，定期汇总
B. 按照相同会计科目进行归类，定期汇总
C. 按照借方会计科目进行归类，定期汇总
D. 按照贷方会计科目进行归类，定期汇总

7. 汇总收款凭证是按(　　)。
A. 收款凭证上的借方科目设置　　B. 收款凭证上的贷方科目设置
C. 付款凭证上的借方科目设置　　D. 付款凭证上的贷方科目设置

8. 汇总付款凭证是按(　　)。
A. 收款凭证上的借方科目设置　　B. 收款凭证上的贷方科目设置
C. 付款凭证上的借方科目设置　　D. 付款凭证上的贷方科目设置

9. 汇总转账凭证是按(　　)。
A. 收款凭证上的贷方科目设置　　B. 付款凭证上的贷方科目设置
C. 转账凭证上的借方科目设置　　D. 转账凭证上的贷方科目设置

10. 记账凭证账务处理程序的适用范围是(　　)。
A. 规模较大、经济业务较多的单位　B. 规模较小、经济业务较多的单位
C. 规模较小，经济业务较少的单位　D. 会计基础工作比较规范的单位

二、多项选择题
1. 下列各项中，可以作为登记总分类账依据的有(　　)。
A. 原始凭证　　B. 记账凭证　　C. 科目汇总表　　D. 汇总记账凭证

2. 关于记账凭证账务处理程序，下列说法正确的是（　　）。
   A. 简单明了，易于理解
   B. 总分类账可以详细地反映经济业务的发生和完成情况
   C. 在经济业务较多的情况下，登记总分类账的工作量较大
   D. 一般适用于规模较小、经济业务较少的单位

3. 关于科目汇总表的账务处理程序，下列说法正确的有（　　）。
   A. 科目汇总表可以起到进行全部账户发生额试算平衡的作用
   B. 可以减轻登记总分类账的工作量
   C. 汇总的方法比较简单
   D. 在科目汇总表和总分类账上能够明确反映账户的对应关系

4. 关于汇总记账凭证账务处理程序，下列说法正确的有（　　）。
   A. 汇总记账凭证和总分类账不能明确反映账户的对应关系
   B. 可以减轻登记总分类账的工作量
   C. 一般适用于规模较小、经济业务较少的单位
   D. 主要适用于规模较大、经济业务较多的单位

5. 在汇总记账凭证账务处理程序下，下列可以作为登记总分类账依据的有（　　）。
   A. 汇总原始凭证　　　　　　　　B. 汇总收款凭证
   C. 汇总付款凭证　　　　　　　　D. 汇总转账凭证

三、判断题

1. 编制财务报表是单位财务处理程序的组成部分。　　　　　　　　　　（　　）
2. 记账凭证账务处理程序的特点是直接根据汇总记账凭证逐笔登记总分类账和明细分类账。　　　　　　　　　　　　　　　　　　　　　　　　　　　　　　（　　）
3. 记账凭证账务处理程序是最基本的一种账务处理程序。　　　　　　　（　　）
4. 汇总记账凭证账务处理程序能减轻登记总分类账的工作量，且便于了解账户之间的对应关系。　　　　　　　　　　　　　　　　　　　　　　　　　　　（　　）
5. 科目汇总表账务处理程序的缺点是在科目汇总表和总分类账上不能明确反映账户的对应关系，不便于了解经济业务的来龙去脉，不便于查对账目。　　（　　）
6. 汇总转账凭证是按每一贷方科目分别设置，根据一定期间内的全部转账凭证，按与之相对应的借方科目归类汇总。　　　　　　　　　　　　　　　　（　　）
7. 记账凭证账务处理程序、科目汇总表账务处理程序和汇总记账凭证账务处理程序的第一步，都必须根据原始凭证或汇总原始凭证填制记账凭证。　　（　　）
8. 在科目汇总表账务处理程序下，总分类账应当采用设对方科目的三联式账页。
　　　　　　　　　　　　　　　　　　　　　　　　　　　　　　　　（　　）
9. 不论是采用记账凭证账务处理程序，还是采用科目汇总表账务处理程序，或者采用汇总记账凭证账务处理程序，财务报表的种类和格式都应当按照国家统一的会计制度的规定。　　　　　　　　　　　　　　　　　　　　　　　　　　　（　　）
10. 为便于编制汇总转账凭证，平时在编制转账凭证时，对转账凭证中账户的对应关系，要求"一借一贷"或"一借多贷"，而不宜采用"一贷多借"或"多贷多借"。（　　）

四、业务技能题

习题(一)

1. 目的：练习记账凭证核算程序。

2. 资料：某单位 2013 年 10 月经济业务如下：

(1) 收到某单位归还欠款 50000 元存入银行；

(2) 从银行提取现金 30000 元，以备零星开支；

(3) 生产 A 产品领用甲材料 800 千克，单价 20 元；

(4) 购进甲材料 1000 千克，单价 20 元，购进乙材料 500 千克，单价 4 元，全部款项由存款支付，材料未到。

(5) 销售 A 产品 500 件，单位售价 100 元，销项增值税 8500 元，款项已收；

(6) 银行存款支付广告费 20000 元；

(7) 开出支票一张金额 2500 元，购买办公用品；

(8) 收到银行结息通知书，本季度短期借款利息 5000 元，经查前两个月已预提 3500 元；

(9) 结转本月销售 A 产品的成本 2300 元；

(10) 分配本月工资费用 30000 元，其中，生产工人工资 15000 元，车间管理人员工资 5000 元，企业管理人员工资 6000 元，销售人员工资 4000 元；

(11) 收到投资投入的资金 50000 元，已存入银行；

(12) 上缴本月所得税 3000 元；

(13) 借入 6 个月期短期借款 60000 元，存入银行账户。

3. 要求：

(1) 根据上述资料编制收款凭证、付款凭证和转账凭证；

(2) 根据上述资料设置现金日记账和银行存款日记账。

习题(二)

1. 目的：练习汇总凭证和汇总付款凭证的编制。

2. 资料：本教材第六章实训题第 3 题中长江公司 2013 年 4 月 3 日发生的经济业务填制的银行存款收款凭证和付款凭证。

3. 要求：编制汇总收款凭证和汇总付款凭证。汇总收款凭证和汇总付款凭证的格式如表 9-8 和表 9-9 所示。

第十章 会计报告

【学习目标】
1. 了解财务会计报告的概念、种类、组成及编制原则
2. 熟知财务会计报告的构成及编制的基本要求
3. 掌握资产负债表、利润表的格式及编制方法
4. 了解现金流量表、所有者权益变动表的格式及编制方法

【技能目标】
1. 熟悉会计报告的种类和编制要求
2. 掌握会计报表编制方法
3. 会编制资产负债表和利润表

第一节 财务会计报告

一、财务会计报告的概念及构成

(一) 财务会计报告的概念

财务会计报告,是指企业对外提供的反映企业某一特定日期财务状况和某一会计期间的经营成果、现金流量等会计信息的文件。

编制财务会计报告是会计核算的又一种专门方法,也是会计工作的一项重要内容。财务会计报告是企业根据日常会计核算资料归集、加工和汇总后形成的,是企业会计核算的最终成果。在日常的会计核算中,企业通过填制和审核会计凭证、登记账簿,把各项经济业务完整、连续登记在会计账簿中,虽然比会计凭证反映的信息更加条理化、系统化,但就某一会计期间的经济活动的整体而言,其所能提供的仍是分散的、部分的信息,不能通过其内在联系,集中揭示和反映该会计期间经营活动和财务收支的全貌。因此,每个会计期末,必须根据账簿上记录的资料,按照规定的报表格式、内容和编制方法,作进一步的归集、加工和汇总,编制成相应的会计报表,全面、综合地反映企业的财务账款、经营成果和现金流量等会计信息,为信息使用者的预测和决策提供信息服务。

(二) 财务会计报告的构成

财务会计报告包括会计报表、会计报表附注、财务情况说明书。

(1) 会计报表是财务会计报告的主体部分。会计报表至少包括资产负债表、利润表、现金流量表、所有者权益变动表。

(2) 会计报表附注是对资产负债表、利润表、现金流量表、所有者权益变动表等报

表中列示项目的文字描述或明细资料，以及未能在这些报表中列示项目的补充说明。

(3) 财务情况说明书是对企业一定会计期间生产经营以及财务、成本进行分析说明的书面文字报告。

(三) 财务报表的意义

财务报表是提供会计信息的重要手段，可以为会计信息者提供有用的会计信息。所以，企业及时准确地编报财务报表对整个社会经济活动的发展具有非常重要的意义。

1. 有助于企业内部管理水平的提高

企业的管理当局利用企业定期编制的财务报表可以系统全面地了解到企业的生产经营情况，能够评价企业的财务状况和经营成果，能够分析发现企业存在的一些问题，从而能及时采取相应措施来解决问题，进而能够完善和提高企业的管理水平。

2. 有助于企业的外部信息使用者进行相应的决策

财务报表是企业外部人员获取企业信息的主要来源渠道，财务报表所反映出的会计信息能够帮助这些人作出决策。例如，对于企业的投资者和潜在投资者来说，通过财务报表可以评价企业的获利能力、预测企业的发展前景，从而决定是否追加投资于该企业；对于银行等金融机构来说，通过财务报表可以评价企业的偿债能力，从而决定是否贷款给该企业。

3. 有助于政府管理部门加强宏观调控

各企业的财务报表经过逐级上报汇总，可以使政府管理部门了解到各行业、各地区和全国的经济发展情况，能分析和评价整个国民经济的运行情况，从而有利于政府进行宏观调控，促进国民经济持续、健康、稳定地发展。

(四) 财务报表的分类

1. 按财务报表所反映的经济内容分类

按财务报表所反映的经济内容不同，可分为静态会计报表和动态会计报表。

静态会计报表是反映企业在某一特定日期（通常为月末、季末、半年末、年末）资产、负债和所有者权益状况的会计报表，如资产负债表。

动态会计报表是反映企业在一定时期的经营成果和现金流量情况的会计报表，如利润表和现金流量表。

2. 按财务报表的编制时间分类

按财务报表的编制时间可分为中期会计报表和年度会计报表。

中期会计报表是指以短于一个完整的会计年度的报告期间为基础编制的会计报表，包括月报、季报和半年报。中期会计报表至少应包括资产负债表、利润表、现金流量表和附注。其中中期资产负债表、利润表、现金流量表应当是完整的报表，中期会计报表的附注相对于年度会计报表来说可以适当简化。

年度会计报表简称年报，是以一个完整的会计年度报告为报告期总括反映企业年终财务状况和经营成果的报表。年报应当是完整的财务报表，包括资产负债表、利润表、现金流量表、所有者权益变动表和附注。

3. 财务报表按编报会计主体不同分类

财务报表按编报会计主体不同分为个别会计报表和合并会计报表。个别会计报表是指反映企业本身的财务状况、经营成果和现金流量的会计报表。

合并会计报表是以母公司和子公司组成的企业集团为会计主体，根据母公司和子公司编制的个别会计报表为基础，由母公司编制的反映整个企业集团财务状况、经营成果和现金流量的会计报表。

4. 账务报表按其服务的不同对象分类

财务报表按其服务的对象，可以分为对内报表和对外报表。

对内报表是指企业内部经营管理服务而编制的不对外公开的会计报表，它不要求统一格式，没有统一指标体系，如成本表就属于对内报表；对外报表是指企业为满足国家宏观经济管理部门、投资者、债权人及其他有关会计信息使用者对会计信息的需求而编制的对外提供服务的会计报表，它要求有统一的报表格式、指标体系和编制时间等，资产负债表、利润表和现金流量表等均属于对外报表。

(五) 财务报表的编制要求

我国的《会计基础工作规范》对财务报表的编制作了不同的要求，总的来说，有以下三个方面的要求：

1. 形式上的要求

《会计基础工作规范》第66条规定："各单位对外报送的财务报告应当根据国家统一会计制度规定的格式和要求编制。单位内部使用的财务报告，其格式和要求由各单位自行规定。"我国会计制度对财务报表的编制格式有统一的规定，企业应当严格执行，不得随意更改，见表10-1和表10-2。

表10-1　　　　　　　　　　　　　　资产负债表　　　　　　　　　　　会企01表
编制单位：　　　　　　　　　　　　＿＿＿年＿＿＿月＿＿＿日　　　　　　　（单位：元）

资　产	期末余额	年初余额	负债和所有者权益（或股东权益）	期末余额	年初余额
流动资产：			流动负债：		
货币资金			短期借款		
交易性金融资产			交易性金融负债		
应收票据			应付票据		
应收账款			应付账款		
预付账款			预收账款		
应收利息			应付职工薪酬		
应收股利			应交税费		
其他应收款			应付利息		
存货			应付股利		
一年内到期的非流动资产			其他应付款		
其他流动资产			一年内到期的非流动负债		

续表

资　　产	期末余额	年初余额	负债和所有者权益（或股东权益）	期末余额	年初余额
流动资产合计			其他流动负债		
非流动资产：			流动负债合计		
可供出售的金融资产			非流动负债：		
持有至到期投资			长期借款		
长期应收款			应付债券		
长期股权投资			长期应付款		
投资性房地产			专项应付款		
固定资产			预计负债		
在建工程			递延所得税负债		
工程物资			其他非流动负债		
固定资产清理			非流动负债合计		
生产性生物资产			负债合计		
油气资产			所有者权益（或股东权益）：		
无形资产			实收资本（或股本）		
开发支出			资本公积		
商誉			减：库存股		
长期待摊费用			盈余公积		
递延所得税资产			未分配利润		
其他非流动资产			所有者权益（或股东权益）合计		
非流动资产合计					
资产总计			负债和所有者权益（或股东权益）总计		

表 10-2　　　　　　　　　　　　利　润　表　　　　　　　　　　　会企02表

编制单位：　　　　　　　　　　　　　　　　年度　　　　　　　　　　（单位：元）

项　　目	行次	本年金额	上年金额
一、营业收入			
减：营业成本			
营业税金及附加			
销售费用			

续表

项　　目	行次	本年金额	上年金额
管理费用			
财务费用			
资产减值损失			
加：公允价值变动收益(损失以"-"号填列)			
投资收益(损失以"-"号填列)			
其中：对联营企业和合营企业的投资收益			
二、营业利润(亏损以"-"号填列)			
加：营业外收入			
减：营业外支出			
其中：非流动资产处置损失			
三、利润总额(亏损总额以"-"号填列)			
减：所得税费用			
四、净利润(净亏损以"-"号填列)			
五、每股收益：			
（一）基本每股收益			
（二）稀释每股收益			

2. 内容上的要求

《会计基础工作规范》第 67 条规定："会计报表应当根据登记完整、核对无误的会计账簿记录和其他有关资料编制，做到数字真实、计算准确、内容完整、说明清楚。"

编制财务报表应客观真实地反映财务状况和经营成果，这就要求数字必须是真实的，不能是虚假的。否则，有关的会计信息使用者会根据虚假的信息作出错误的决策。

财务报表的编制要按会计制度中规定的方法来计算编制，要保证计算结果准确无误。财务报表之间、财务报表各项目之间，凡有对应关系的数字，应当相互一致。本期财务报表与上期财务报表之间有关的数字应当相互衔接。

各单位应当按照国家统一会计制度的规定认真编写会计报表附注及其说明，做到项目齐全，内容完整，说明清楚。

3. 时间上的要求

信息具有很强的时效性，所以企业应按国家会计制度规定的期限及时编制财务报表并及时向有关部门报送。一般来说，年报财务报表在每年公历的 12 月 31 日编制，半年报财务报表在公历每年的 6 月 30 日和 12 月 31 日编制，季报财务报表在公历的 3 月 31 日、6 月 30 日、9 月 30 日和 12 月 31 日分别编制，月报财务报表在公历每个月的最后一天编制。

二、资产负债表

(一) 资产负债表的含义及作用

1. 资产负债表的含义

资产负债表是反映企业在某一特定日期(月末、季末、半年末、年末)财务状况的报表。资产负债表是以基本会计等式"资产=负债+所有者权益"为原理编制的静态报表,通过编制资产负债表,可以反映企业在特定时点拥有的资产总额及其分布状况;表明企业在特定时点程度的债务总额、偿还时间和偿还对象;提供企业所有者在特定时点所拥有的权益及其形成的原因,据以判断资本保值、增值情况以及对负债的保值程度,为信息使用者提供决策的依据。

2. 资产负债表的作用

(1)通过资产负债表,可以了解企业所拥有的经济资源及其构成和分布情况,可以分析企业资产结构的合理性。

(2)通过资产负债表,可以了解企业的负债水平和长短期负债的比例关系,把负债与资产和所有者权益联系起来可以在一定程度上了解企业的偿债能力。

(3)通过资产负债表,可以了解所有者权益构成和分布情况,可以分析投资者投入资本的保值和增值情况。

(4)通过资产负债表,将期初数和期末数相对比,可以分析企业财务状况的变动趋势。

(二) 资产负债表的结构

资产负债表由表首、正表和附注三个部分组成。表首部分列示报表名称、编制单位、编制日期、货币计量单位等内容;正表是报表的主体,分别列示资产、负债和所有者权益的具体项目;附注是正表内容的补充说明,披露会计政策变更、关联方关系及交易、重要项目的详细分解、或有事项、期后事项等内容。

资产负债表应当按照资产、负债和所有者权益(或者股东权益)分类分项列示。资产负债表的格式有账户式和报告式两种,其简化形式分别见表10-3和表10-4。

表10-3 账户式资产负债表

资　产	负　债
××	××
××	××
…	…
	所有者权益
	××
	××
	…
资产总计	负债和所有者权益总计

表 10-4　　　　　　　　　　　报告式资产负债表

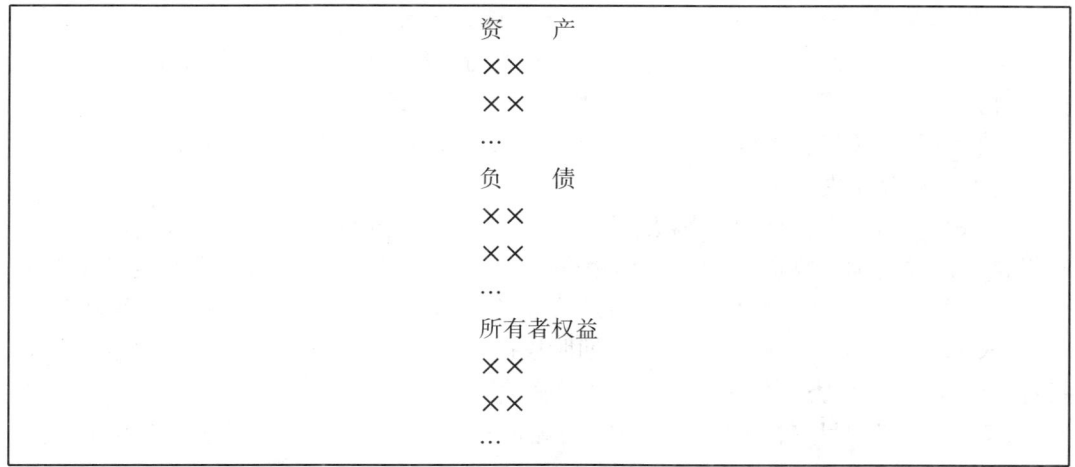

账户式资产负债表和报告式资产负债表只是形式上的差别，在编制基础上基本相同。我国会计制度规定资产负债表的结构采用账户式。账户式资产负债表具有以下特点：

（1）以会计等式"资产＝负债+所有者权益"为原理，采用左右结构，左边列示资产项目，右边列示负债和所有者权益项目，资产总额等于负债和所有者权益的合计数。

（2）资产负债表左方各资产项目按资产流动性的大小进行排列，流动性大的排在前面，流动性小的排在后面。

（3）资产负债表的右方为负债和所有者权益项目，负债项目在上方，所有者权益项目在下方。负债内部各报表项目按负债的流动性大小进行排列，流动性大的排在前面，流动性小的排在后面。所有者权益内部各报表项目按永久性程度的高低进行排列，永久性程度高的排在前面，永久性程度低的排在后面。

（三）资产负债表的编制方法

资产负债表的各项目都有"年初余额"和"期末余额"两栏。"年初余额"栏内各项目的数字，应根据上年末资产负债表"期末余额"栏内所列数字填列。所以，编制资产负债表主要是确定"期末余额"栏内各项目的具体金额数字是多少。

编制资产负债表所需的数据主要来源于总分类账和明细分类账。所以，资产负债表上的各报表项目与账户有密切的联系，但是又不完全等同。资产负债表上的大部分报表项目可以直接根据对应账户余额填列，少数报表项目则需要对相关账户的余额进行分析计算以后才能填列。总的来说，资产负债表的各报表项目的填列方法主要有以下五种：

1. 根据总分类账户的期末余额直接填列

资产负债表中的有些项目，可根据有关总分类账户的期末余额直接填列，如"交易性金融资产"、"固定资产清理"、"递延所得税资产"、"短期借款"、"交易性金融负债"、"应付票据"、"应付职工薪酬"、"应交税费"、"应付利息"、"应付股利"、"其他应付款"、"递延所得税负债"、"实收资本"、"资本公积"、"盈余公积"等项目。这类报表项目名称与账户名称完全一致。

2. 根据若干总分类账户的期末余额分析计算后填列

资产负债表中的有些项目，则需根据若干总分类账户的期末余额分析计算填列，这类项目主要有"货币资金"、"存货"、"固定资产"、"未分配利润"等。

"货币资金"项目，需根据"库存现金"、"银行存款"、"其他货币资金"三个总分类账户期末余额合计数填列。

"存货"项目，需根据"材料采购"、"原材料"、"低值易耗品"、"库存商品"、"周转材料"、"委托加工物资"、"委托代销商品"、"生产成本"等总分类账户的期末余额合计，减去"受托代销商品款"、"存货跌价准备"总分类账户的期末余额后的净额填列。

"长期股权投资"项目，需根据"长期股权投资"总分类账户期末余额减去"长期股权投资减值准备"总分类账户期末余额后的净额填列。

"固定资产"项目应根据"固定资产"总账的期末余额，减去"累计折旧"和"固定资产减值准备"总分类账户的期末余额后的净额填列。

"未分配利润"项目应根据"本年利润"和"利润分配"总分类账户的余额分析计算填列。

"无形资产"项目，应根据"无形资产"总账期末余额减去"累计摊销"、"无形资产减值准备"总账期末余额后的净额填列。

3. 根据有关明细分类账户的期末余额分析计算填列

资产负债表中的有些项目，需要根据几个明细账账户的借方余额或贷方余额，分析调整计算填列，这类项目主要有"应收账款"、"预收账款""应付账款"、"预付账款"等。

"应收账款"项目，需要分别根据"应收账款"和"预收账款"各明细分类账户的期末借方余额合计减去"坏账准备"明细分类账户中有关应收账款计提的坏账准备期末余额后的金额填列。

"预收账款"项目，需要分别根据"预收账款"和"应收账款"各明细科分类账户的期末贷方余额合计数填列。

"应付账款"项目，需要分别根据"应付账款"和"预付账款"的各明细分类账户的期末贷方余额合计数填列。

"预付账款"项目，需要分别根据"应付账款"和"预付账款"的各明细分类账户的期末借方余额合计数，减去"坏账准备"明细分类账户中有关预付款项计提的坏账准备期末余额后的金额填列。

4. 根据总分类账户和明细分类账户的余额分析计算填列

资产负债表的有些项目，需要依据总账科目和明细科目两者的余额分析填列，这类项目主要有"长期借款"、"应付债券"、"长期应付款"、"应收票据"。

"长期借款"项目，应根据"长期借款"总账余额扣除"长期借款"明细分类账户中将在1年内到期的部分填列。

"应付债券"项目，应根据"应付债券"总账余额扣除"应付债券"明细分类账户中将于1年内到期的部分填列。

"长期应付款"项目,应根据"长期应付款"总账余额,减去"未确认融资费用"总账余额,再减去"长期应付款"明细分类账中将在1年内到期的部分。

"应收票据"项目,应根据"应收票据"总账的期末余额,减去"坏账准备"明细分类账户中有关应收票据计提的坏账准备期末余额后的净额填列。

5. 根据有关账户余额减去其备抵账户余额后的净额填列

例如,"应收账款"、"长期股权投资"、"在建工程"等项目,应当根据"应收账款"、"长期股权投资"、"在建工程"等科目的期末余额减去"坏账准备"、"长期股权投资减值准备"、"在建工程减值准备"等账户余额后的净额填列。

(四)资产负债表各项目的填列说明

1. 资产项目的填列说明

(1)"货币资金"项目,反映企业库存现金、银行结算户存款、外埠存款、银行汇票存款、银行本票存款、信用卡存款、信用证保证金存款等的合计数。本项目应根据"库存现金"、"银行存款"、"其他货币资金"总账期末余额的合计数填列。

(2)"交易性金融资产"项目,反映企业持有的以公允价值计量且其变动计入当期损益的为交易目的所持有的债券投资、股票投资、基金投资、权证投资等金融资产。本项目应当根据"交易性金融资产"总账的期末余额填列。

(3)"应收票据"项目,反映企业因销售商品、提供劳务等而收到的商业汇票,包括银行承兑汇票和商业承兑汇票。本项目应根据"应收票据"总账的期末余额,减去"坏账准备"明细账中有关应收票据计提的坏账准备期末余额后的净额填列。

(4)"应收账款"项目,反映企业因销售商品、提供劳务等经营活动应收取的款项。本项目应根据"应收账款"和"预收账款"明细分类账户的期末借方余额合计减去"坏账准备"明细账中有关应收账款计提的坏账准备期末余额后的金额填列。如"应收账款"明细分类账期末有贷方余额的,应在资产负债表"预收款项"项目内填列。

(5)"预付款项"项目,反映企业按照购货合同规定预付给供应单位的款项等。本项目应根据"预付账款"和"应付账款"各明细分类账户的期末借方余额合计数,减去"坏账准备"明细账中有关预付款项计提的坏账准备期末余额后的金额填列。如"预付账款"明细分类账期末有贷方余额的,应在资产负债表"应付账款"项目内填列。

(6)"应收利息"项目,反映企业应收取的债券投资等的利息。本项目应根据"应收利息"总账的期末余额,减去"坏账准备"明细账中有关应收利息计提的坏账准备期末余额后的净额填列。

(7)"应收股利"项目,反映企业应收取的现金股利和应收取其他单位分配的利润。本项目应根据"应收股利"总账的期末余额,减去"坏账准备"明细账中有关应收股利计提的坏账准备期末余额后的净额填列。

(8)"其他应收款"项目,反映企业除应收票据、应收账款、预付账款、应收股利、应收利息等经营活动以外的其他各种应收、暂付的款项。本项目应根据"其他应收款"总账的期末余额,减去"坏账准备"明细账中有关其他应收款计提的坏账准备期末余额后的净额填列。

(9)"存货"项目,反映企业期末在库、在途和在加工中的各种存货的可变现净值。

本项目应根据"材料采购"、"原材料"、"低值易耗品"、"库存商品"、"周转材料"、"委托加工物资"、"委托代销商品"、"生产成本"等总分类账户的期末余额合计,减去"受托代销商品款"、"存货跌价准备"总分类账户的期末余额后的净额填列。材料采用计划成本核算,以及库存商品采用计划成本核算或售价核算的企业,还应按加或减材料成本差异、商品进销差价后的净额填列。

(10)"1年内到期的非流动资产"项目,反映企业将于1年内到期的非流动资产项目金额。

(11)"长期股权投资"项目,反映企业持有的对子公司、联营企业和合营企业的长期股权投资。本项目应根据"长期股权投资"总账的期末余额,减去"长期股权投资减值准备"总账的期末余额后的净额填列。

(12)"固定资产"项目,反映企业各种固定资产原价减去累计折旧和累计减值准备后的净额。本项目应根据"固定资产"总账的期末余额,减去"累计折旧"和"固定资产减值准备"总账的期末余额后的净额填列。

(13)"在建工程"项目,反映企业期末各项未完工程的实际支出,包括交付安装的设备价值、未完建筑安装工程已经耗用的材料、工资和费用支出等的可收回金额。本项目应根据"在建工程"总账的期末余额,减去"在建工程减值准备"总账的期末余额后的净额填列。

(14)"工程物资"项目,反映企业尚未使用的各项工程物资的实际成本。本项目应根据"工程物资"总账的期末余额填列。

(15)"固定资产清理"项目,反映企业因出售、毁损、报废等原因转入清理但尚未清理完毕的固定资产的净值,以及固定资产清理过程中所发生的清理费用和变价收入等各项金额的差额。本项目应根据"固定资产清理"总账的期末借方余额填列,如"固定资产清理"总账期末为贷方余额,以"-"号填列。

(16)"无形资产"项目,反映企业持有的无形资产,包括专利权、非专利技术、商标权、著作权、土地使用权等。本项目应根据"无形资产"总账的期末余额,减去"累计摊销"和"无形资产减值准备"总账期末余额后的净额填列。

(17)"开发支出"项目,反映企业开发无形资产过程中能够资本化形成无形资产成本的支出部分。本项目应当根据"研发支出"账户所属的"资本化支出"明细分类账户的期末余额填列。

(18)"长期待摊费用"项目,反映企业已经发生但应由本期和以后各期负担的分摊期限在1年以上的各项费用。长期待摊费用中在1年内(含1年)摊销的部分,在资产负债表"1年内到期的非流动资产"项目填列。本项目应根据"长期待摊费用"总账的期末余额减去将于1年内(含1年)摊销的数额后的金额填列。

(19)"其他非流动资产"项目,反映企业除长期股权投资、固定资产、在建工程、工程物资、无形资产等以外的其他非流动资产。

2. 负债项目的填列说明

(1)"短期借款"项目,反映企业向银行或其他金融机构等借入的期限在1年以下(含1年)的各种借款。本项目应根据"短期借款"总账的期末余额填列。

(2)"应付票据"项目，反映企业购买材料、商品和接受劳务供应等而开出、承兑的商业汇票，包括银行承兑汇票和商业承兑汇票。本项目应根据"应付票据"总账的期末余额填列。

(3)"应付账款"项目，反映企业因购买材料、商品和接受劳务供应等经营活动应支付的款项。本项目应根据"应付账款"和"预付账款"的各明细分类账户的期末贷方余额合计数填列。如"应付账款"明细分类账期末有借方余额的，应在资产负债表"预付款项"项目内填列。

(4)"预收款项"项目，反映企业按照销售合同等规定预收购买单位的款项。本项目应根据"预收账款"和"应收账款"各明细科分类账户的期末贷方余额合计数填列。如"预收账款"明细分类账期末有借方余额，应在资产负债表"应收账款"项目内填列。

(5)"应付职工薪酬"项目，反映企业根据有关规定应付给职工的工资、职工福利、社会保险费、住房公积金、工会经费、职工教育经费、非货币性福利、辞退福利等各种薪酬。外商投资企业按规定从净利润中提取的职工奖励及福利基金，也在本项目列示。

(6)"应交税费"项目，反映企业按照税法规定计算应交纳的各种税费，包括增值税、消费税、营业税、所得税、资源税、土地增值税、城市维护建设税、房产税、土地使用税、车船使用税、教育费附加、矿产资源补偿费等。企业代扣代交的个人所得税，也通过本项目列示。企业所交纳的税金不需要预计应交数的，如印花税、耕地占用税等，不在本项目列示。本项目应根据"应交税费"总账的期末贷方余额填列；若"应交税费"总账期末为借方余额，则应以"-"号填列。

(7)"应付利息"项目，反映企业按照规定应当支付的利息，包括分期付息到期还本的长期借款应支付的利息、企业发行的企业债券应支付的利息等。本项目应当根据"应付利息"总账的期末余额填列。

(8)"应付股利"项目，反映企业分配的现金股利或利润。企业分配的股票股利，不通过本项目列示。本项目应根据"应付股利"总账的期末余额填列。

(9)"其他应付款"项目，反映企业除应付票据、应付账款、预收款项、应付职工薪酬、应付股利、应付利息、应交税费等经营活动以外的其他各项应付、暂收的款项。本项目应根据"其他应付款"总账的期末余额填列。

(10)"1年内到期的非流动负债"项目，反映企业非流动负债中将于资产负债表日后1年内到期部分的金额，如将于1年内偿还的长期借款。

(11)"长期借款"项目，反映企业向银行或其他金融机构借入的期限在1年以上(不含1年)的各项借款。本项目应根据"长期借款"总账余额扣除"长期借款"明细分类账户中将在1年内到期的部分填列。

(12)"应付债券"项目，反映企业为筹集长期资金而发行的债券本金和利息。本项目，应当根据"应付债券"总账余额扣除"应付债券"所属明细中将于1年内到期的部分填列。

(13)"其他非流动负债"项目，反映企业除长期借款、应付债券等项目以外的其他非流动负债。其他非流动负债项目应根据有关账户期末余额减去将于1年内(含1年)到期偿还数后的余额填列。非流动负债各项目中将于1年内(含1年)到期的非流动负债,应在"1年内到期的非流动负债"项目内单独反映。

3. 所有者权益项目的填列说明

(1)"实收资本(或股本)"项目,反映企业各投资者实际投入的资本(或股本)总额。本项目应根据"实收资本(或股本)"总账的期末余额填列。

(2)"资本公积"项目,反映企业资本公积的期末余额。本项目应根据"资本公积"总账的期末余额填列。

(3)"盈余公积"项目,反映企业盈余公积的期末余额。本项目应根据"盈余公积"总账的期末余额填列。

(4)"未分配利润"项目,反映企业尚未分配的利润。本项目应根据"本年利润"和"利润分配"账户的余额分析计算填列。未弥补的亏损在本项目内以"-"号填列。

【例10-1】某企业2011年12月31日结账后有关账户余额如表10-5所示。

表10-5　　　　某企业2011年12月31日结账后有关科目余额　　　　(单位:万元)

总账科目	明细科目	借方余额		贷方余额	
		总账余额	明细科目余额	总账余额	明细科目余额
应收账款		1800			
	—A公司		2000		
	—B公司				200
预收账款				5000	
	—C公司				8000
	—D公司		3000		
坏账准备				1200	

则"应收账款"项目金额 = 2000+3000-1200 = 3800(万元)

"预收账款"项目金额 = 200+8000

【例10-2】某企业2011年12月31日结账后有关账户余额如表10-6所示。

表10-6　　　　某企业2011年12月31日结账后有关科目余额　　　　(单位:万元)

总账科目	明细科目	借方余额		贷方余额	
		总账余额	明细科目余额	总账余额	明细科目余额
应付账款				4500	
	—A公司				6500
	—B公司		2000		

续表

总账科目	明细科目	借方余额		贷方余额	
		总账余额	明细科目余额	总账余额	明细科目余额
预付账款		3000			
	—C公司		4000		
	—D公司				1000
坏账准备				1000	

则"预付账款"项目金额 = 2000+4000−1000 = 5000（万元）

"应付账款"项目金额 = 6500+1000 = 7500（万元）

（五）资产负债表的编制举例

【例 10-3】东方公司 2013 年 12 月 31 日的资产负债表以及 2013 年 12 月 31 日有关账户的余额，分别见表 10-7 和表 10-8 所示。

根据上述资料，编制该公司 2014 年 12 月 31 日的资产负债表，见表 10-7。

表 10-7　　　　　　　　　　　资产负债表　　　　　　　　　　会企 01 表
编制单位：东方公司　　　　　　2013 年 12 月 31 日　　　　　　（单位：元）

资产	期末余额	年初余额	负债和所有者权益（或股东权益）	期末余额	年初余额
流动资产：		（略）	流动负债：		（略）
货币资金	1406300		短期借款	300000	
交易性金融资产	15000		交易性金融负债	0	
应收票据	246000		应付票据	200000	
应收账款	299100		应付账款	953800	
预付账款	100000		预收账款	0	
应收利息	0		应付职工薪酬	110000	
应收股利	0		应交税费	36600	
其他应收款	5000		应付利息	1000	
存货	2580000		应付股利	0	
一年内到期的非流动资产	0		其他应付款	50000	
其他流动资产	100000		一年内到期的非流动负债	1000000	
流动资产合计	4751400		其他流动负债	0	
非流动资产：			流动负债合计	2651400	
可供出售的金融资产	0		非流动负债：		

续表

资产	期末余额	年初余额	负债和所有者权益（或股东权益）	期末余额	年初余额
持有至到期投资	0		长期借款	600000	
长期应收款	0		应付债券	0	
长期股权投资	250000		长期应付款	0	
投资性房地产	0		专项应付款	0	
固定资产	1100000		预计负债	0	
在建工程	1500000		递延所得税负债	0	
工程物资	0		其他非流动负债	0	
固定资产清理	0		非流动负债合计	600000	
生产性生物资产	0		负债合计	3251400	
油气资产	0		所有者权益（或股东权益）：		
无形资产	600000		实收资本（或股本）	5000000	
开发支出	0		资本公积	0	
商誉	0		减：库存股	0	
长期待摊费用	0		盈余公积	100000	
递延所得税资产	0		未分配利润	50000	
其他非流动资产	200000		所有者权益（或股东权益）合计	5150000	
非流动资产合计	3650000				
资产总计	8401400		负债和所有者权益（或股东权益）总计	8401400	

表 10-8

账户余额表

2014 年 12 月 31 日　　　　　　　　　　　　　　（单位：元）

总分类账户	明细账户	借方余额	贷方余额	总分类账户	明细账户	借方余额	贷方余额
库存现金		2000		短期借款			50000
银行存款		706135		应付票据			100000
其他货币资金		7300		应付账款			953800
交易性金融资产		80000			—X 企业	100000	
应收票据		64200			—Y 企业		400000

续表

总分类账户	明细账户	借方余额	贷方余额	总分类账户	明细账户	借方余额	贷方余额
应收账款		600000			—Z企业		653800
	—甲企业	300000		其他应付款			50000
	—乙企业	500000		应付职工薪酬			180000
	—丙企业		200000	应交税费			226731
预付账款		100000		应付利息			0
	—A公司	200000		应付股利			32215.85
	—B公司		100000	1年内到期的非流动负债			0
其他应收款		5000		长期借款			1160000
材料采购		275000		股本			5000000
原材料		45000		资本公积			0
周转材料		38050		盈余公积			124770.4
库存商品		2126650		利润分配			190717.75
其他流动资产		90000			—未分配利润		190717.75
长期股权投资		250000					
固定资产		2401000					
累计折旧			170000				
固定资产减值准备			30000				
工程物资		150000					
在建工程		578000					
无形资产		600000					
累计摊销			60000				
递延所得税资产		9900					
其他非流动资产		200000					
合计		8068235		合计			8068235

表10-9中数据的来源，年初余额来源于表10-7中的数据，年末余额主要根据表10-8中数据进行填列，现将年末余额中需要进行计算的有关金额说明如下：

表 10-9　　　　　　　　　　　　　　　**资产负债表**　　　　　　　　　会企 01 表
编制单位：东方公司　　　　　　　　　2014 年 12 月 31 日　　　　　　　　（单位：元）

资产	期末余额	年初余额	负债和所有者权益（或股东权益）	期末余额	年初余额
流动资产：			流动负债：		
货币资金	715435	1406300	短期借款	50000	300000
交易性金融资产	80000	15000	交易性金融负债	0	0
应收票据	64200	246000	应付票据	100000	200000
应收账款	800000	299100	应付账款	1153800	953800
预付账款	300000	100000	预收账款	200000	0
应收利息	0	0	应付职工薪酬	180000	110000
应收股利	0	0	应交税费	226731	36600
其他应收款	5000	5000	应付利息	0	1000
存货	2484700	2580000	应付股利	32215.85	0
一年内到期的非流动资产	0	0	其他应付款	50000	50000
其他流动资产	90000	100000	一年内到期的非流动负债	0	1000000
流动资产合计	4539335	4751400	其他流动负债	0	0
非流动资产：			流动负债合计	1992746.85	2651400
可供出售的金融资产	0	0	非流动负债：		
持有至到期投资	0	0	长期借款	1160000	600000
长期应收款	0	0	应付债券	0	0
长期股权投资	250000	250000	长期应付款	0	0
投资性房地产	0	0	专项应付款	0	0
固定资产	2201000	1100000	预计负债	0	0
在建工程	578000	1500000	递延所得税负债	0	0
工程物资	150000	0	其他非流动负债	0	0
固定资产清理	0	0	非流动负债合计	1160000	600000
生产性生物资产	0	0	负债合计	3152746.85	3251400
油气资产	0	0	所有者权益（或股东权益）：		
无形资产	540000	600000	实收资本（或股本）	5000000	5000000

续表

资产	期末余额	年初余额	负债和所有者权益（或股东权益）	期末余额	年初余额
开发支出	0	0	资本公积	0	0
商誉	0	0	减：库存股	0	0
长期待摊费用	0	0	盈余公积	124770.4	100000
递延所得税资产	9900	0	未分配利润	190717.75	50000
其他非流动资产	200000	200000	所有者权益（或股东权益）合计	5315488.15	5150000
非流动资产合计	3928900	3650000			
资产总计	8468235	8401400	负债和所有者权益（或股东权益）总计	8468235	8401400

（1）"货币资金"=库存现金+银行存款+其他货币资金
　　　　　　=2000+706135+7300
　　　　　　=715435

（2）"应收账款"项目=应收账款明细账借方期末余额合计
　　　　　　+预收账款明细账借方期末余额合计-计提的相关坏账准备
　　　　　　=(300000+500000)+0-0
　　　　　　=800000

（3）"预收账款"项目=应收账款明细账贷方期末余额合计
　　　　　　+预收账款明细账贷方期末余额合计
　　　　　　=200000+0
　　　　　　=200000

（4）"应付账款"项目=应付账款明细账贷方期末余额合计
　　　　　　+预付账款明细账贷方期末余额合计
　　　　　　=(400000+653800)+100000
　　　　　　=1153800

（5）"预付账款"项目=应付账款明细账借方期末余额合计
　　　　　　+预付账款明细账借方期末余额合计-计提的相关坏账准备
　　　　　　=100000+200000-0
　　　　　　=300000

（6）"存货"项目=材料采购+原材料+周转材料+库存商品-存货跌价准备
　　　　　　=275000+45000+38050+2126650-0
　　　　　　=2484700

第二节 利 润 表

一、利润表的含义及作用

(一)利润表的含义

利润表是反映企业一定会计期间(月份、季度、半年度、年度)经营成果的财务报表。利润表也称为动态报表,以会计等式"利润=收入-费用"为原理,以表格的形式,反映企业在某一会计期间的收入、费用、利润及它们之间的关系。

(二)利润表的作用

(1)通过利润表可以反映企业利润的形成的实现和构成情况。

(2)通过利润表,把收入、成本费用和利润相比较,可以分析企业的获利能力的高低,也可以在一定程度上反映企业经营业绩的高低。

(3)通过利润表,把若干期数据放到一起,可以用来分析和预测企业未来的获利能力。

(4)通过利润表的附表(利润分配表),可以了解企业利润分配情况。

二、利润表的结构

利润表主要由表首和表身两个部分组成。表首主要反映利润表的名称、编制单位、编制日期和金额单位;表身反映企业在报告期间的各项收入、各项成本费用和利润。

利润表的格式按照收入、费用、利润三大项目的排列方式不同可分为单步式和多步式两种,其格式分别见表10-10和表10-11。

表 10-10　　　　　　　　　　　　**单步式利润表**

编制单位:　　　　　　　　　　　　＿＿＿＿年＿＿月　　　　　　　　　　　　(单位:元)

项 目	行次	本月数	本年累计数
一、收入			
主营业务收入			
其他业务收入			
公允价值变动收益(损失以"-"号填列)			
投资收益			
营业外收入			
收入合计			
二、费用			
营业成本			
营业税金及附加			
销售费用			

续表

项　　目	行次	本月数	本年累计数
管理费用			
财务费用			
资产减值损失			
营业外支出			
所得税费用			
费用合计			
三、净利润			

表 10-11　　　　　　　　　　　　　多步式利润表

编制单位：　　　　　　　　　　　　　　年　　月　　　　　　　　　　　　　　（单位：元）

项　　目	行次	本月数	本年累计数
一、营业收入			
减：营业成本			
营业税金及附加			
销售费用			
管理费用			
财务费用			
资产减值损失			
加：公允价值变动收益（损失以"-"号填列）			
投资收益（损失以"-"号填列）			
其中：对联营企业和合营企业的投资收益			
二、营业利润（亏损以"-"号填列）			
加：营业外收入			
减：营业外支出			
其中：非流动资产处置损失			
三、利润总额（亏损总额以"-"号填列）			
减：所得税费用			
四、净利润（净亏损以"-"号填列）			
五、每股收益：			
（一）基本每股收益			
（二）稀释每股收益			

我国会计制度规定企业利润表采用多步式，由表10-11可以看出，多步式利润表是分三步计算出净利润的。

第一步，以营业收入为基础，计算出营业利润。

营业利润＝营业收入－营业成本－营业税金及附加－销售费用－管理费用－财务费用－资产减值损失＋公允价值变动收益（－公允价值变动损失）＋投资收益（－投资损失）

第二步，以营业利润为基础，计算出利润总额。

利润总额＝营业利润＋营业外收入－营业外支出

第三步，以利润总额为基础，计算出净利润。

净利润＝利润总额－所得税费用

普通股或潜在普通股已公开交易的企业，以及正处于公开发行普通股或潜在普通股过程中的企业，还应当在利润表中列示每股收益信息。每股收益包括每股收益和稀释每股收益两项指标。

三、利润表的编制方法

月度利润表的各项目应填列"本月数"和"本年累计数"（见表10-11），"本月数"栏内各项目的数字应据有关损益类账户的本月发生额进行填列，"本年累计数"栏内各项目数字应根据"上月利润表的本年累计数"加上"本月利润表的本月数"进行填列。

年度利润表的各项目应填列"本年金额"和"上年金额"，"本年金额"栏内各项目应根据有关损益类账户的本年累计发生额进行填列，"上年金额"栏内各项目应根据"上年利润表的本年金额"进行填列。

（一）利润表各项目的填列说明

（1）"营业收入"项目，反映企业经营主要业务和其他业务所确认的收入总额。本项目应根据"主营业务收入"和"其他业务收入"账户的发生额分析填列。

（2）"营业成本"项目，反映企业经营主要业务和其他业务所发生的成本总额。本项目应根据"主营业务成本"和"其他业务成本"账户的发生额分析填列。

（3）"营业税金及附加"项目，反映企业经营业务应负担的消费税、营业税、城市建设维护税、资源税、土地增值税和教育费附加等。本项目应根据"营业税金及附加"账户的发生额分析填列。

（4）"销售费用"项目，反映企业在销售商品过程中发生的包装费、广告费等费用和为销售本企业商品而专设的销售机构的职工薪酬、业务费等经营费用。本项目应根据"销售费用"账户的发生额分析填列。

（5）"管理费用"项目，反映企业为组织和管理生产经营发生的管理费用。本项目应根据"管理费用"的发生额分析填列。

（6）"财务费用"项目，反映企业筹集生产经营所需资金等而发生的筹资费用。本项目应根据"财务费用"账户的发生额分析填列。

（7）"资产减值损失"项目，反映企业各项资产发生的减值损失。本项目应根据"资产减值损失"账户的发生额分析填列。

(8)"公允价值变动收益"项目,反映企业应当计入当期损益的资产或负债公允价值变动收益。本项目应根据"公允价值变动损益"账户的发生额分析填列,如为净损失,本项目以"-"号填列。

(9)"投资收益"项目,反映企业以各种方式对外投资所取得的收益。本项目应根据"投资收益"账户的发生额分析填列。如为投资损失,本项目以"-"号填列。

(10)"营业利润"项目,反映企业实现的营业利润。如为亏损,本项目以"-"号填列。

(11)"营业外收入"项目,反映企业发生的与经营业务无直接关系的各项收入。本项目应根据"营业外收入"账户的发生额分析填列。

(12)"营业外支出"项目,反映企业发生的与经营业务无直接关系的各项支出。本项目应根据"营业外支出"账户的发生额分析填列。

(13)"利润总额"项目,反映企业实现的利润。如为亏损,本项目以"-"号填列。

(14)"所得税费用"项目,反映企业应从当期利润总额中扣除的所得税费用。本项目应根据"所得税费用"账户的发生额分析填列。

(15)"净利润"项目,反映企业实现的净利润。如为亏损,本项目以"-"号填列。

(二)利润表的编制举例

【例10-4】 甲公司2013年12月份及1—11月份有关损益类账户本年累计发生额见表10-12。

表10-12　　　　　　　　　损益类账户发生额　　　　　　　　　(单位:元)

账户名称	1—11月份发生额	12月份发生额
主营业务收入	1200000	200000
其他业务收入	50000	4000
主营业务成本	710000	70000
其他业务成本	40000	3000
营业税金及附加	2000	600
销售费用	20000	2000
管理费用	157100	20000
财务费用	41500	4000
资产减值损失	30900	2000
投资收益	31500	4000
营业外收入	50000	6000
营业外支出	19700	2000
所得税费用	102399	36432

另外,该公司年初未分配利润为200000,按净利润的10%提取法定盈余公积,按

净利润的5%提取法定公益金,该年向投资者分配利润150000元。

根据以上资料编制该公司2013年12月份的利润表(见表10-13)。

表10-13

利 润 表

编制单位:甲公司　　　　　　　　2013年12月　　　　　　　　(单位:元)

项　目	行次	本月数	本年累计数
一、营业收入		204000	1454000
减:营业成本		73000	823000
营业税金及附加		600	2600
销售费用		2000	22000
管理费用		20000	177100
财务费用		4000	45500
资产减值损失		2000	32900
加:公允价值变动收益(损失以"-"号填列)		—	—
投资收益(损失以"-"号填列)		4000	35500
其中:对联营企业和合营企业的投资收益		—	—
二、营业利润(亏损以"-"号填列)		106400	386400
加:营业外收入		6000	56000
减:营业外支出		2000	21700
其中:非流动资产外置损失		—	—
三、利润总额(亏损总额以"-"号填列)		110400	420700
减:所得税费用		36432	138831
四、净利润(净亏损以"-"号填列)		73968	281869
五、每股收益:			
(一)基本每股收益		—	—
(二)稀释每股收益		—	—

第三节　现金流量表

一、现金流量表的含义及作用

(一)现金流量表的含义

现金流量表是反映企业在一定会计期间现金和现金等价物流入和流出的报表。现金流量所指现金是有特定的内涵，包括现金和现金等价物。

现金是指企业库存现金以及可以随时用于支付的存款，包括库存现金、银行存款和其他货币资金等。不能随时用于支付的存款不属于现金。

现金等价物，是指企业持有的期限短、流动性强、易于转换为已知金额现金、价值变动风险很小的投资。期限短，一般是指从购买日起3个月内到期。现金等价物通常包括3个月内到期的债券投资等。权益性投资变现的金额通常不确定，因而不属于现金等价物。企业应当根据具体情况，确定现金等价物的范围，一经确定，不得随意变更。

(二) 现金流量的分类

现金流量，是指现金和现金等价物的流入和流出，可以分为三类，即经营活动产生的现金流量、投资活动产生的现金流量和筹资活动产生的现金流量。

1. 经营活动产生的现金流量

经营活动，是指企业投资活动和筹资活动以外的所有交易和事项，包括销售商品或提供劳务、购买商品或接受劳务、收到返还的税费、经营性租赁、支付工资、支付广告费用、交纳各项税款等。

2. 投资活动产生的现金流量

投资活动，是指企业长期资产的购建和不包括在现金等价物范围内的投资及其处置活动，包括取得和收回投资、购建和处置固定资产、购买和处置无形资产等。

3. 筹资活动产生的现金流量

筹资活动，是指导致企业资本及债务规模和构成发生变化的活动，包括发行股票或接受投入资本、分派现金股利、取得和偿还银行借款、发行和偿还公司债券等。

(三) 现金流量表的作用

(1)通过现金流量表，可以了解企业在一定会计期间内现金和现金等价物流入和流出的信息，便于使用者了解和评价企业获取现金和现金等价物的能力，据以预测企业未来现金流量。

(2)通过现金流量表，可以分别了解企业经营活动、投资活动和筹资活动的现金流量，可以分析现金的构成情况。

(3)现金流量表，是按收付实现制来编制的，可以用来分析企业收益的质量，能更真实地反映企业的财务状况。

二、现金流量表的结构

我国的现金流量表是以公式"现金净流量=现金收入-现金支出"为原理，采用报告式结构，分类反映企业经营活动、投资活动和筹资活动产生的现金流量，最后汇总反映企业某一期间现金及现金等价物的净增加额。现金流量表的结构分为两个部分：第一部分为正表，第二部分为补充资料，分别见表10-14和表10-15。

表 10-14　　　　　　　　　　　　**现金流量表**　　　　　　　　　　会企03表
编制单位：　　　　　　　　　　　　_____年度　　　　　　　　　　（单位：元）

项　目	行次	金额
一、经营活动产生的现金流量：		
销售商品、提供劳务收到的现金		
收到的税费返还		
收到的其他与经营活动有关的现金		
经营活动现金流入小计		
购买商品、接受劳务支付的现金		
支付给职工以及为职工支付的现金		
支付的各项税费		
支付的其他与经营活动有关的现金		
经营活动现金流出小计		
经营活动产生的现金流量净额		
二、投资活动产生的现金流量：		
收回投资所收到的现金		
取得投资收益所收到的现金		
处置固定资产、无形资产和其他长期资产而收到的现金净额		
处置子公司以及其他营业单位收到的现金净额		
收到的其他与投资活动有关的现金		
投资活动现金流入小计		
购建固定资产、无形资产和其他长期资产所支付的现金		
投资支付的现金		
取得子公司及其他营业单位支付的现金净额		
支付的其他与投资活动有关的现金		
投资活动现金流出小计		
投资活动产生的现金流量净额		
三、筹资活动产生的现金流量：		
吸收投资所收到的现金		
取得借款所收到的现金		
收到的其他与筹资活动有关的现金		
筹资活动现金流入小计		
偿还债务所支付的现金		

续表

项　　目	行次	金额
分配股利、利润和偿付利息所支付的现金		
支付的其他与筹资活动有关的现金		
筹资活动现金流出小计		
筹资活动产生的现金流量净额		
四、汇率变动对现金及现金等价物的影响		
五、现金及现金价物净增加额		
加：期初现金及现金等价物余额		
六、期末现金及现金等价物余额		

表 10-15　　　　　　　　　　**现金流量表补充资料**　　　　　　　　（单位：元）

补　充　资　料	本期金额	上期金额
1. 将净利润调节为经营活动现金流量：		
净利润		
加：资产减值准备		
固定资产折旧、油气资产折耗、生产性生物资产折旧		
无形资产摊销		
长期待摊费用摊销		
处置固定资产、无形资产和其他长期资产的损失（收益以"-"号填列）		
固定资产报废损失（收益以"-"号填列）		
公允价值变动损失（收益以"-"号填列）		
财务费用（收益以"-"号填列）		
投资损失（收益以"-"号填列）		
递延所得税资产减少（增加以"-"号填列）		
递延所得税负债增加（减少以"-"号填列）		
存货的减少（增加以"-"号填列）		
经营性应收项目的减少（增加以"-"号填列）		
经营性应付项目的增加（减少以"-"号填列）		
其他		
经营活动产生的现金流量净额		
2. 不涉及现金收支的重大投资和筹资活动：		

续表

补 充 资 料	本期金额	上期金额
债务转为资本		
一年内到期的可转换公司债券		
融资租入固定资产		
3. 现金及现金等价物净变动情况：		
现金的期末余额		
减：现金的期初余额		
加：现金等价物的期末余额		
减：现金等价物的期初余额		
现金及现金等价物净增加额		

三、现金流量表的编制方法

在编制现金流量表时，投资活动和筹资活动的现金流量项目可以根据企业的相关情况分析填列就可以了，但对于经营活动的现金流量项目的确定稍微麻烦一点。经营活动的现金流量的编制方法有直接法和间接法。

直接法，是指通过现金收入和现金支出的主要类别列示经营活动的现金流量。采用直接法编制经营活动的现金流量时，一般以利润表中的营业收入为起算点，调整与经营活动有关的项目的增减变动，然后计算出经营活动的现金流量。在采用直接法具体编制现金流量表时，可以采用工作底稿法或 T 型账户法，也可以根据有关科目记录分析填列。一般来说，现金流量表正表中经营活动的现金流量各项目按直接法来填列。

间接法，是指以本期净利润为起点，调整不涉及现金的收入、费用、投资收益、营业外收支及应收应付款项等项目的增减变动，从而确定经营活动产生的现金流量。一般来说，现金流量表补充资料中的经营活动产生的现金流量按间接法来填列。补充资料所填列的经营活动产生的现金流量净额应该等于正表中经营活动产生的现金流量净额。

对于现金流量表的编制方法及其运用，将在会计专业的后续课程中详细介绍，我们在这里先有一个大致了解就可以了。

第四节 会计报表附注

一、会计报表附注概述

附注是对资产负债表、利润表、现金流量表和所有者权益变动表等报表中列示项目的文字描述或明细资料，以及对未能在这些报表中列示项目的说明等。附注是财务报表的重要组成部分。

附注应当披露财务报表的编制基础，相关信息应当与资产负债表、利润表、所有者权益变动表和现金流量表等报表中所示的项目相互参照。

附注披露的基本要求有：

(1)附注披露的信息应当是定量、定性信息的结合，从而能从量和质两个角度对企业经济事项完整地进行反映，也才能满足信息使用者的决策需求。

(2)附注应当按照一定的结构进行系统合理的排列和分类，有顺序地披露信息。由于附注的内容繁多，因此更应按逻辑顺序排列，分类披露，条理清晰，具有一定的组织结构，以便于使用者理解和掌握，也更好地实现财务报表的可比性。

(3)附注相关信息应当与资产负债表、利润表、现金流量表和所有者权益变动表等报表中列示的项目相互参照，以有助于使用者联系相关联的信息，并由此从整体上更好地理解财务报表。

二、会计报表附注的内容

企业应当按照规定披露附注信息，主要包括下列内容：

1. 企业的基本情况

(1)企业注册地、组织形式和总部地址。

(2)企业的业务性质和主要经营活动。

(3)母公司以及集团最终母公司的名称。

(4)财务报告的批准报出者和财务报告的批准报出日。

2. 财务报表的编制基础

企业应当以持续经营为基础编制财务报表。在编制财务报表时，企业应当对持续经营的能力进行估计。如果已决定进行清算或停止营业，或者已确定在下一个会计期间将被迫进行清算或停止营业，则不应再以持续经营为基础编制财务报表。如果某些不确定的因素导致对企业能否持续经营产生重大怀疑，则应当在财务报表附注中对此首先予以披露，并进一步披露财务报表的编制基础，以及企业未能以持续经营为基础编制财务报表的原因。

3. 遵循企业会计准则的声明

企业应当声明编制的财务报表符合企业会计准则的要求，真实完整地反映了企业的财务状况、经营成果和现金流量等有关信息，以此明确企业编制财务报表所依据的制度基础。

4. 重要会计政策

根据财务报表列报准则的规定，企业应当披露采用的重要会计政策和会计估计，不重要的会计政策和会计估计可以不披露。

5. 重要会计估计

财务报表列报准则强调了对会计估计不确定因素的披露要求，企业应当披露会计估计中所采用的关键假设和不确定因素的确定依据，这些关键假设和不确定因素在下一会计期间内很可能导致对资产、负债账面价值进行重大调整。

6. 会计政策和会计估计变更以及差错更正的说明

企业应当按照《企业会计准则第 28 号——会计政策、会计估计变更和差错更正》及其应用指南的规定，披露会计政策和会计估计变更以及差错更正的有关情况。

7. 报表重要项目的说明

企业对报表重要项目的说明，应当按照资产负债表、利润表、现金流量表和所有者权益变动表及其项目列示的顺序，采用文字和数字描述相结合的方式进行披露。报表重要项目的明细金额合计，应当与报表项目金额相衔接。

8. 其他需要说明的重要事项

包括或有和承诺事项、资产负债表日后非调整事项、关联方关系及其交易等，具体的披露要求须遵循相关准则的规定。

练 习 题

一、单项选择题

1. 会计报表中各项目数字的直接来源是（   ）。
   A. 会计凭证　　　　　　　　　B. 会计账簿
   C. 科目汇总表　　　　　　　　D. 汇总记账凭证

2. 下列报表中（   ）属于反映经营成果的报表。
   A. 资产负债表　　　　　　　　B. 现金流量表
   C. 利润表　　　　　　　　　　D. 所有者权益变动表

3. 依照我国会计准则的要求，资产负债表采用的格式是（   ）。
   A. 单步报告式　　B. 多步报告式　　C. 账户式　　D. 混合式

4. 提供企业资产的流动性和偿债能力情况的报表是（   ）。
   A. 资产负债表　　B. 利润表　　C. 现金流量表　　D. 利润分配表

5. 资产负债表中资产的排列顺序是按（   ）。
   A. 项目收益性　　B. 项目重要性　　C. 项目流动性　　D. 项目时间性

6. 期末，"预收账款"所属明细账户如果出现借方余额，那么在编制资产负债表时，应将其填列在（   ）项目。
   A. 应付账款　　B. 预付账款　　C. 应收账款　　D. 预收账款

7. 某企业 2014 年 12 月 31 日结账后的"库存现金"科目余额为 20 万元，"银行存款"科目余额为 4000 万元，"其他货币资金"科目余额为 100 万元。该企业 2014 年 12 月资产负债表中的"货币资金"项目金额为（   ）万元。
   A. 4020　　　　B. 4120　　　　C. 4100　　　　D. 4000

8. 某企业 2012 年 4 月 1 日从银行借入期限为 3 年的长期借款 500 万元，在编制 2014 年 12 月 31 日资产负债表时，此项借款应填入的报表项目是（   ）。
   A. 短期借款　　　　　　　　　B. 长期借款
   C. 其他长期负债　　　　　　　D. 1 年内到期的非流动负债

9. 现金流量表编制的基础是（   ）。

A. 权责发生制　　B. 收付实现制　　C. 永续盘存制　　D. 实地盘存制
10. 利润表的内容不包括( )。
　　A. 收入　　　　B. 费用　　　　C. 利润　　　　D. 权益

二、多项选择题
1. 会计报表包括( )。
　　A. 资产负债表　　　　　　　　B. 利润表
　　C. 现金流量表　　　　　　　　D. 所有者权益变动表
2. 会计报告由( )构成。
　　A. 会计报表　　　　　　　　　B. 报表附注
　　C. 明细表　　　　　　　　　　D. 所有者权益变动表
3. 资产负债表中的预付账款项目应根据( )填列。
　　A. 应付账款总账余额
　　B. 应付账款所属明细账借方余额合计
　　C. 应付账款所属明细账贷方余额合计
　　D. 预付账款所属明细账借方余额合计
4. 我国现金流量表将现金流量分为( )。
　　A. 经营活动产生的现金流量
　　B. 投资活动产生的现金流量
　　C. 筹资活动产生的现金流量
　　D. 生产活动产生的现金流量
5. 下列各项中，属于现金流量表中的现金及现金等价物的有( )。
　　A. 库存现金　　B. 银行存款　　C. 其他货币资金　　D. 现金等价物
6. 下列各项中，应列入利润表"营业成本"项目的有( )。
　　A. 销售材料的成本　　　　　　B. 无形资产处置净损失
　　C. 固定资产盘亏净损失　　　　D. 经营出租固定资产的折旧额
7. 影响企业营业利润的账户有( )。
　　A. 主营业务收入　　　　　　　B. 其他业务成本
　　C. 营业外支出　　　　　　　　D. 营业税金及附加
8. 利润表的特点是( )。
　　A. 根据相关账户的本期发生额编制
　　B. 根据相关账户的期末余额编制
　　C. 属于静态报表
　　D. 属于动态报表
9. 下列各项中属于经营活动现金流量的有( )。
　　A. 销售商品收到的现金　　　　B. 购买固定资产支付的现金
　　C. 吸收投资收到的现金　　　　C. 偿还应付账款支付的现金

三、判断题
1. 资产负债表上的时间为一时期数，利润表上的时间为一时点数。　　( )

2. "长期借款"项目,应根据"长期借款"总账的期末余额来填列。( )
3. 利润表中各个项目要根据有关账户的期末余额分析计算来进行填列。( )
4. "应收账款"各明细账的余额不一定都填列在资产负债表的左方。( )
5. 为保证财务报表报送的及时性,可以先编财务报表,后进行对账和结账。
( )
6. 在计算利润总额时,应从营业利润中扣除销售费用、财务费用及管理费用。
( )
7. 现金流量表是以收付实现制为基础编制的动态报表。( )
8. 资产负债表中的"存货"是项目,不是会计科目。( )
9. 作为利润表编制基础的平衡公式是"收入-费用=利润"。( )
10. 企业在编制会计报表前一般应该进行账证、账账、账实核对,并进行期末事项调整,以保证会计信息的有用性。( )

四、业务技能题

习题(一)

1. 目的:根据账户余额填列资产负债表中相关项目的金额。
2. 资料:某公司2013年12月31日有关账户余额如下表所示:

有关账户余额表 (单位:元)

总分类账户	明细分类账户	借方余额	贷方余额
库存现金		8000	
银行存款		200000	
其他货币资金		50000	
应收账款		400000	
	—A 企业	500000	
	—B 企业		100000
应付账款			200000
	—C 企业	100000	
	—D 企业		300000
预收账款			150000
	—E 企业	50000	
	—F 企业		200000
预付账款		70000	
	—G 企业	70000	
原材料		76000	
生产成本		150000	

续表

总分类账户	明细分类账户	借方余额	贷方余额
库存商品		600000	
长期借款			400000
本年利润			650000
利润分配		250000	

另外，长期借款中有一笔 250000 元的借款将在 2014 年 9 月 1 日到期。

3. 要求：根据以上资料计算填列该公司在 2013 年 12 月 31 日的资产负债表上相关报表项目的金额，见下表。

资产负债表部分报表项目

项目	年末余额	项目	年末余额
货币资金		应付账款	
应收账款		预收账款	
预付账款		1 年内到期的长期负债	
存货		长期借款	
		未分配利润	

习题（二）

1. 目的：掌握资产负债表的编制方法。
2. 资料：万达公司 2013 年 12 月 31 日的全部总分类账户和有关明细账户的余额如下表所示：

账户余额表
2013 年 12 月 31 日　　　　　　　　　　　　　　（单位：元）

账户名称	借方金额	贷方金额	账户名称	借方金额	贷方金额
库存现金	1000		短期借款		60000
银行存款	15000		应付账款		10000
交易性金融资产	14000		—A 公司		7000
应收账款	23000		—B 公司	5000	
—甲公司	10000		—C 公司		8000

续表

账户名称	借方金额	贷方金额	账户名称	借方金额	贷方金额
—乙公司		2000	预收账款		1000
—丙公司	15000		—E公司		4000
预付账款	4700		—F公司	3000	
—X公司	5000		其他应付款		6000
—Y公司		300	应付职工薪酬		34300
其他应收款	5000		应交税费		400
原材料	27000		长期借款		30000
生产成本	8000		应付债券		84000
库存商品	20000		实收资本		280000
持有至到期投资	202000		资本公积		6000
固定资产	400000		盈余公积		22080
累计折旧		74000	利润分配		125920

3. 要求：根据上述资料编制万达公司2013年12月31日的资产负债表，见下表。

资产负债表

编制单位：万达公司　　　　　　　2013年12月31日　　　　　　　　（单位：元）

资产	期末余额	年初余额	负债和所有者权益（或股东权益）	期末余额	年初余额
流动资产：		（略）	流动负债：		（略）
货币资金			短期借款		
交易性金融资产			交易性金融负债		
应收票据			应付票据		
应收账款			应付账款		
预付账款			预收账款		
应收利息			应付职工薪酬		
应收股利			应交税费		
其他应收款			应付利息		
存货			应付股利		

续表

资产	期末余额	年初余额	负债和所有者权益（或股东权益）	期末余额	年初余额
1年内到期的非流动资产			其他应付款		
其他流动资产			1年内到期的非流动负债		
流动资产合计			其他流动负债		
非流动资产：			流动负债合计		
可供出售的金融资产			非流动负债：		
持有至到期投资			长期借款		
长期应收款			应付债券		
长期股权投资			长期应付款		
投资性房地产			专项应付款		
固定资产			预计负债		
在建工程			递延所得税负债		
工程物资			其他非流动负债		
固定资产清理			非流动负债合计		
生产性生物资产			负债合计		
油气资产			所有者权益(或股东权益)：		
无形资产			实收资本(或股本)		
开发支出			资本公积		
商誉			减：库存股		
长期待摊费用			盈余公积		
递延所得税资产			未分配利润		
其他非流动资产			所有者权益(或股东权益)合计		
非流动资产合计					
资产总计			负债和所有者权益(或股东权益)总计		

习题(三)

1. 目的：掌握利润表的编制方法。

2. 资料：远方公司 2013 年 12 月 31 日各损益类账户的全年累计发生额如下表所示：

损益类账户全年累计发生额 (单位：元)

账户名称	借方发生额	贷方发生额
主营业务收入		1300000
其他业务收入		150000
投资收益		50000
营业外收入		30000
主营业务成本	820000	
其他业务成本	110000	
营业外支出	18000	
营业税金及附加	36000	
销售费用	5000	
管理费用	116500	
财务费用	2000	
所得税费用	139425	

3. 要求：根据以上资料编制远方公司2013年度的利润表，见下表。

利 润 表

编制单位：远方公司　　　　2013年度　　　　　　　　　　（单位：元）

项　目	行次	本年金额	上年金额
一、营业收入			（略）
减：营业成本			
营业税金及附加			
销售费用			
管理费用			
财务费用			
资产减值损失			
加：公允价值变动收益（损失以"-"号填列）			
投资收益（损失以"-"号填列）			
其中：对联营企业和合营企业的投资收益			
二、营业利润（亏损以"-"号填列）			
加：营业外收入			
减：营业外支出			

续表

项　　目	行次	本年金额	上年金额
其中：非流动资产外置损失			
三、利润总额(亏损总额以"-"号填列)			
减：所得税费用			
四、净利润(净亏损以"-"号填列)			
五、每股收益：			
(一)基本每股收益			
(二)稀释每股收益			

参 考 文 献

[1]李海波. 新编会计学原理(第14版)[M]. 上海：立信会计出版社，2010.
[2]吕学典，董红. 基础会计学(第3版)[M]. 北京：高等教育出版社，2014.
[3]刘永哲，陈立军. 中级财务会计[M]. 大连：东北财经大学出版社，2012.
[4]陈勇. 基础会计[M]. 北京：现代教育出版社，2014.
[5]褚文凤. 基础会计实务[M]. 长春：东北师范大学出版社，2011.
[6]单治国，张华，王强. 基础会计实训指导[M]. 北京：现代教育出版社，2012.
[7]曲云，白晓. 基础会计原理与实务[M]. 武汉：武汉大学出版社，2012.
[8]财政部会计资格评价中心. 初级会计实务[M]. 北京：中国财政经济出版社，2013.
[9]财政部会计司. 企业会计准则讲解[M]. 北京：人民出版社，2010.
[10]中国注册会计师协会. 会计[M]. 北京：中国财政经济出版社，2013年.
[11]财政部. 企业会计准则——基本准则[M]. 北京：经济科学出版社，2006.
[12]财政部. 企业会计准则——应用指南[M]. 北京：中国财政经济出版社，2006.